HABIT
해빗

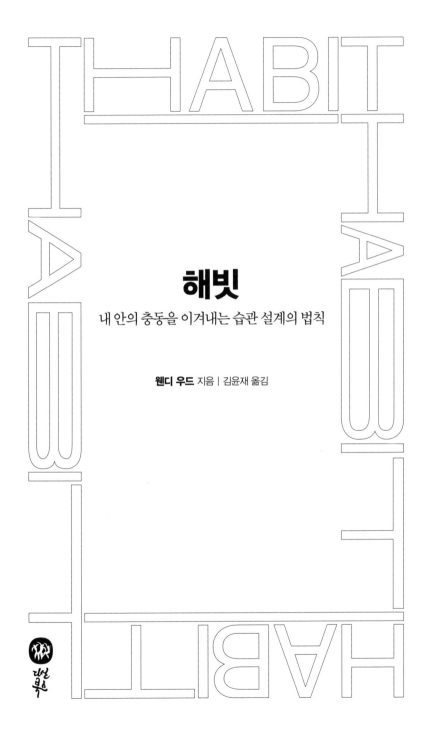

해빗

내 안의 충동을 이겨내는 습관 설계의 법칙

웬디 우드 지음 | 김윤재 옮김

이 책에 쏟아진 찬사

나는 대학에서 성공적인 목표 달성 방법을 공부하고 가르치며 재능과 노력을 뛰어넘는 유일한 무기가 '그릿(GRIT)'이라고 굳게 믿었다. 그런데 이 책을 읽고 지금까지의 내 의견을 수정하지 않을 수 없었다. 이 책에는 분명 '그릿'을 대체할 유일한 무기가 들어 있다. 그 무기를 찾아내 삶에 적용한다면 믿을 수 없는 기적이 시작될 것이다.

- 앤절라 더크워스, 『그릿 GRIT』 저자

나는 고작 한 권의 책이 누군가의 삶을 변화시킬 수 있으리라 믿지 않았다. 그러나 이 책은 지난 수십 년간의 내 믿음을 무너뜨릴 만큼 압도적이었다. 큰 비용을 들이지 않고도 언제나 최상의 선택을 하도록 돕는 '넛지(Nudge)'와 마찬가지로, 웬디 우드의 『해빗』 역시 누구나 원하는 삶을 손쉽게 누릴 수 있는 획기적이고 파괴적인 지혜를 선사한다. 이 책이 수많은 이의 삶에 새로운 생명을 불어넣어 줄 것이라 확신한다.

- 캐스 선스타인, 『넛지』 공저자

자신을 변화시킨다는 게 얼마나 어려운 일인가? 누구나 삶은 팍팍하고 고달프다. 단 한 번이라도 한숨 쉬지 않고 살아본 사람이 있을까? 이 책은 시도 때도 없이 스마트폰을 쳐다보는 무의미한 행동부터 밥 먹듯이 늦잠 자고 지각하는 못된 버릇까지, 우리 삶을 조금씩 갉아먹는 안 좋은 습관을 몰아낼 가장 현실적이고 영리한 방법을 소개한다. 한 번이라도 불합리한 충동과 욕망에 굴복해 삶을 낭비해본 사람이라면 반드시 이 책을 읽고 웬디 우드가 말하는 습관 설계 법칙을 삶에 적용하기 바란다.

- 애덤 그랜트, 『오리지널스』 저자

최신 뇌과학과 심리학은 어떻게 내면의 충동에 저항하고 무기력을 극복하는가? 21세기 과학계에서 이 질문에 제대로 답할 수 있는 사람은 웬디 우드밖에 없다. 전 세계가 주목한 단 하나의 습관 과학 보고서인 이 책은 한계가 자명한 인간의 의지력 대신 누구나 내면에 간직하고 있는 습관의 힘으로 삶의 불확실성을 뛰어넘어 원하는 것을 얻는 습관의 과학을 다루고 있다. 이 책을 쓰는 데 그녀보다 더 적합한 인물은 도저히 상상할 수 없다.

- 댄 애리얼리, 『댄 애리얼리 부의 감각』 저자

이 책을 읽고 나서야 알게 되었다. 인간 행동의 근원을 연구하는 무수한 학자들이 왜 그토록 웬디 우드의 연구에 몰두하고 있는지를. 이 책은 인간 의식의 기저에 깔린 무의식적 영역에 대해 가장 정밀하게 탐구한 매혹적인 책이다. 마침내 과학은 인간 행동의 근원을 하나씩 밝혀내기 시작했고, 웬디 우드는 그 최전방에 있는 이 분야 최고의 전문가다.

- 데이비드 케슬러, 『과식의 종말』 저자

현재 전 세계 지성 가운데 웬디 우드보다 습관 형성의 원리를 깊이 있게 연구한 사람은 없다. 이 책에서 저자는 독자에게 이렇게 묻는다. "당신은 일시적이고 제멋대로인 충동의 노예가 될 것인가, 아니면 늘 일관되고 꾸준한 습관의 주인이 될 것인가?" 목표 달성을 방해하고 계획에 어깃장을 놓던 나쁜 습관과 작별하고 싶다면 습관의 과학을 통해 삶의 불확실성을 뛰어넘어 원하는 것을 얻는 습관의 과학을 배우기 바란다.

- 로버트 치알디니, 『설득의 심리학』 저자

지난 수십 년간 심리학계를 선도한 과학자이자 세계에서 가장 저명한 인간 행동 연구자가 자신의 모든 경력을 쏟아부어 엄청난 책을 냈다. 수천 건이 넘는 실험 결과와 방대한 인터뷰 자료를 통해 웬디 우드는 삶의 성공 방정식에 관한 명쾌한 해답을 발견했다. "우선 자신을 용서한 다음, 상황을 바꿔 삶을 더 쉽게 만들어라!" 저자가 제안하는 습관 설계 법칙은 마치 마법처럼 조용하고 은밀하게 우리의 삶을 송두리째 뒤바꿀 것이다.

- 조나 버거, 『컨테이저스 전략적 입소문』 저자

지난 4만 년간 인류는 습관의 힘을 통해 황폐한 대지 위에서도 살아남을 수 있는 강력한 시스템을 창조했다. 그리고 이 습관의 위력은 오늘날까지도 유효하며, 그 어느 때보다 산만하고 소란스러운 세상을 돌파하는 가장 강력한 무기가 될 수 있다. 습관의 힘을 활용해 목표를 쉽고 빠르게 달성할 것인가, 아니면 스스로를 혹사시켜 힘들고 처절하게 실패할 것인가?

- 샘 고슬링, 『스눕』 저자

웬디 우드는 독자들에게 이렇게 묻는다. "인간은 왜 충동에 휘둘리고 무기력을 되풀이하는가?" 습관이라는 무한한 우주를 탐색하고 여행하는 데 웬디 우드만큼 탁월한 안내자는 없다. 자신의 행동을 이해하고 더 나은 습관을 형성하고 싶은 생각을 한 번이라도 해본 사람이라면 이 책을 읽고 충동과 무기력에 맞서 삶의 주인으로 거듭나는 방법을 터득하게 될 것이다.

- 애덤 알터, 『멈추지 못하는 사람들』 저자

웬디 우드는 여러 학술지의 편집장을 역임한 심리학 분야의 최고 권위자다. 습관을 다루는 그녀의 연구는 늘 창의적이고 사려 깊으며 심오하다. 최고 수준의 과학 저널에 수차례 실린 그녀의 연구 자료를 수많은 과학자가 열람하고 인용한다. 분야를 막론하고 학계의 모든 전문가가 그녀와 함께 프로젝트를 진행하기 위해 몇 년째 기다리고 있다. 객관적으로 볼 때, 심리학 분야를 통틀어 습관과 행동이라는 주제에 대해 웬디 우드보다 더 좋은 책을 쓸 수 있는 사람은 이 세상에 없다.

습관을 다룬 책은 지겨울 정도로 많다. 하지만 이 책은 그런 책들과는 완전히 다르다. 습관이라는 광범위한 주제를 이토록 독창적이고 치밀하게 서술한 책은 아직까지 없었다. 웬디 우드는 인간의 행동과 마음, 충동과 욕망을 가장 과학적으로 분석해낼 수 있는 몇 안 되는 특별한 과학자다.

2019년 출간된 책 중 가장 인상적이고 강렬한 데뷔작. 이 책은 다이어트, 저축, 출퇴근 같은 거의 모든 사람이 매달리는 일상의 반복적 행동에 대한 가장 최신의 연구 결과를 집대성했다. 데이터에 기반을 둔 저자의 조언은 변화를 두려워하는 수많은 독자에게 희망이 될 것이며, 충동의 홍수 속에서 더 나은 행동을 지속하는 데 결정적인 도움을 줄 것이다.

모든 것을 가능하게 해주고,

심지어 책까지 쓰게 해준 스티브에게

Wendy Wood

잠재된 43퍼센트의 무의식을 깨워라

．

글쓰기는 생각보다 쉽지 않다. 내가 대학원생이었을 때는 특히 더 그랬다. 시간이 너무 부족해서 수업 중에도 틈틈이 글을 썼고, 새벽에 귀가해 강박에 시달리다 노트북에 엎어져 잠든 적도 많았다. 글쓰기는 언제나 끔찍할 정도로 괴로웠다. 나는 늘 뒤처지는 느낌이 들었고 그럴수록 더 스스로를 몰아붙이다 나약한 내 자신을 자책하며 괴로워했다. 하지만 이제는 글쓰기가 두렵지 않다. 아침에 눈뜨자마자 30분 정도 집중해 글을 쓰는 방식이 가장 쉽고 효율적이라는 걸 깨달았기 때문이다. 이 행동이 일상에 자리 잡자 직장에서 늦게까지 야근을 하든, 아이들을 돌보느라 밤늦게 잠을 자든 글을 쓰는 데 아무런 문제가 되지 않았다.

나는 직업상 글을 쓸 일이 매우 많은데 이러한 글쓰기 습관 덕분에 빠듯한 일정 안에도 무사히 원고를 마감하고 있다. 매번 끔찍한 고통의 터널 속으로 스스로를 밀어 넣지 않고도 결정을 자동화해 컴퓨터 앞에 앉는 일이 자연스러운 삶의 일부로 굳어진 것이다. 글을 쓰겠다고 굳이 다짐하거나 따로 결정을 내릴 필요가 없어졌다. 나는 이것이 습관의 힘이라고 믿는다.

설문 조사 결과에 따르면 미국인의 80퍼센트 이상이 습관의 작동 방식에 대해 스스로 충분히 이해하고 있다고 답했다. 대다수의 사람이 좋은 습관과 나쁜 습관이 어떻게 형성되는지 이미 잘 알고 있다는 소리다. 하지만 주위를 둘러보면 여전히 안 좋은 습관 때문에 무기력을 반복하다 무너져 내리거나, 자신은 좋은 행동을 반복한다고 생각하지만 실제로는 행복을 유예하며 힘겹게 버티는 사람이 많다. 꽤 오랫동안 습관이라는 분야는 객관적인 근거나 과학의 조언이 아니라 그저 누군가의 초인적인 성공담이나 그릇된 자기계발 신화에 지배당했다.

가장 대표적인 미신은 습관이 형성되는 시간을 측정할 수 있다는 주장이다. 한 가지 습관이 삶에 단단히 뿌리를 내리는 데 얼마의 시간이 걸릴까? 어느 학자는 21일이면 습관이 형성된다고 호언장담했다. 당연히 과학적 근거가 부실한, 잘못 알려진 사실이다. 습관이 몸에 각인되기까지 걸리는 시간은 사람마다 다르다. 게다가 행동의 종류에 따라 자동화되기까지 필요한 반복의 양이 천차만별이다. 여러 연구에 따르면, 점심식사 때마다 과일을 먹는 간단한 식습관은 약 65일간 그 행동을 반복하면 습관이 됐다. 탄산음료 대신 건강한 음료를 마시는 습관은 59일간의 반복이 필요했다. 하지만 매일 30분 이상 운동을 하는 습관은 약 91일이 걸렸다. 이런 숫자들을 정말 신뢰할 수 있을까? 그들은 제한된 실험 환경에서 특정 습관이 형성되는 데 걸리는 기간을 측정했지만, 반대로 그 습관이 사라지기까지 얼마나 걸리는지에 대해선 언급하지 않았다.

스트레스가 올바른 습관을 형성하는 데 큰 방해가 된다고 믿는 사람도 있다. 정말 그럴까? 내가 연구한 바에 따르면 오히려 습관은 스트레스에 강력한 저항력을 갖고 있다. 일상의 스트레스는 좋은 습관이든 나쁜 습관이든 가리지 않고 그 지속력을 강화시킨다. 삶에 거대한 변화가 닥치고 감당할 수 없는 고통이 찾아와도 습관은 그 질긴 생명력을 이어갔다. 오히려 물을 먹고 쑥쑥 자라는 나무처럼 습관은 스트레스 속에서 번성했다. 나는 이 역설적인 연구 결과가 매우 흥미로웠다. 어쩌면 바로 이러한 습관의 특별함이 내가 수십 년간 습관 과학 연구에 매달리게 된 계기가 된 것일지도 모르겠다.

사람들은 자신의 삶을 스스로 제어할 수 있다고 착각하며 산다. "시작이 반이다!"라고 외치며 호기롭게 시작하지만 금세 고통을 견디지 못하고 원점으로 돌아간다. 우리가 자꾸만 실패를 반복하는 이유는 뭘까? 인간 내면의 충동적 본성은 우리가 생각하는 것보다 훨씬 강력하다. 삶의 목표 중 대다수가 예측할 수 없고 통제할 수 없는 강렬한 충동 때문에 방향을 잃고 좌초된다. 그리고 그 끝에는 끔찍한 무기력이 기다리고 있다.

스스로를 변화시키는 것이란 얼마나 힘든 일인가? 올바른 선택을 하루도 쉬지 않고 꾸준히 해나가기란 얼마나 어려운가? 미국인의

84퍼센트는 채소가 몸에 좋다는 걸 알지만 늘 베이컨과 햄을 장바구니에 담는다. 체중 관리에 실패하는 사람 중 71퍼센트가 날씬한 몸매라는 목표에 집착하지만 밤마다 정반대의 행동을 한다. 우리가 아는 것, 우리가 목표로 추구하는 것, 우리가 의지를 불태우는 것 등은 사실 삶에서 큰 도움이 안 된다. 그럼에도 많은 사람이 여전히 자신이 잘 제어되고 있다는 거대한 착각에 빠져 산다.

성공한 이들을 보며 우리는 그들이 매사에 자신을 엄격하게 몰아붙이고, 필적할 수 없는 강렬한 끈기로 똘똘 뭉친 사람들이라고 여긴다. 더 일찍 일어나고, 날씬한 몸매를 유지하고, 담배와 술을 끊고, 부부 관계를 회복하고, 스마트폰을 덜 들여다보는 습관을 새롭게 형성하려면 비범한 의지력을 발휘하고 유혹에 꾸준히 저항해야 한다고 믿는다. 그러나 지난 수년간의 연구 결과에 의하면 성공한 사람들은 이런 불굴의 정신력으로 좋은 습관을 형성하지 않았다. 그들은 무언가를 자제하거나 인내할 상황 자체를 만들지 않았다. 자제력 대신 습관을 활용했다. 내가 지난 수년간 만난, '충동에 휘둘리지 않고 일상을 체계적으로 관리하는 사람들'의 특징은 결코 스스로의 의지력과 끈기를 과신하지 않았다. 고통스럽게 문제를 해결하지 않았다. 일주일에 4회 이상 달리는 사람 중 93퍼센트는 날마다 운동하는 장소와 시간, 즉 '상황'에만 집중했다. 하지만 수많은 사람이 이렇게 살지 않는다.

올바른 습관을 들이려면 먼저 습관이 우리가 좌우할 수 있는 대상이 아니라는 걸 깨달아야 한다. 의식이 깨어 있는 시간 중 거의 절반 동안 인간의 뇌는 이른바 '습관 시스템'에 의존한다. 샤워, 옷 입기,

수면 등 삶을 구성하는 가장 기본적인 문제부터 이메일 확인, 문서 읽기, 운동 등 상대적으로 더 복잡한 문제에 이르기까지 별다른 고민이나 판단을 거치지 않고 무의식적으로 반복한다는 것이다. 나는 항상 이런 질문에 매력을 느꼈다. "우리가 인생의 중요한 목표를 마치 저녁에 소파에 앉듯이 자동조종 모드로 달성하도록 뇌를 훈련시킬 수 있다면 어떻게 될까?", "다이어트, 일찍 일어나기, 날마다 운동하기 같이 우리가 끔찍하게 싫어하는 일들을 애쓰지 않고도 완수할 수 있다면 어떻게 될까?"

여기 흥미로운 실험이 하나 있다. 연구팀이 사람들에게 팝콘을 준다음 영화가 끝난 후 수거해서 그들이 얼마나 먹었는지 확인했다. 실험 참가자들은 몰랐지만 그들 중 절반은 일주일 전에 만든 눅눅한 팝콘을 받았다. 공짜로 줘도 먹지 못할 음식이었다. 과연 사람들은 팝콘을 얼마나 남겼을까? 그들은 가리지 않고 그냥 다 먹었다. 신선한 팝콘이든 눅눅한 팝콘이든 대다수의 사람은 자신의 평소 습관에 따라 주어진 팝콘을 그대로 먹었다. 빈 통을 반납하며 팝콘이 너무 눅눅해서 맛이 없었다고 불평을 늘어놓는 사람도 있었다. 하지만 그런 그들조차도 팝콘을 다 먹었다. 이처럼 습관은 의식적 자아 바깥 영역에서 작동한다. 우리가 자주 반복하는 행동일수록 인식조차 안 된다는 뜻이다.

사람들은 커피를 마시면 에너지가 샘솟는다고 생각하지만 그런 연구 결과는 어디에도 없다. 그저 정해진 시간에, 정해진 장소에서 반복적으로 커피를 마시는 것뿐이다. 커피뿐만이 아니다. 사람을 대하는 방식, 회의 때 취하는 동작, 쇼핑 패턴, 운동 횟수, 먹고 마시는 주기와 양 등 수많은 일상이 인간의 의식 밖에서 이루어진다. 이런데도 여전히 우리는 목표를 이루고 변화를 꾀할 때 그저 꾸준하고 성실한 노력에만 기댄다. 노력에 노력을 더하고 꾸준히 반복하다 보면 언젠가는 긍정적인 변화를 이뤄낼 수 있으리라 낙관한다. 사람들에게 비만에 이르지 않도록 살을 빼는 데 가장 큰 장벽이 뭐냐고 물으면 대개 의지력을 언급한다. 비만 인구 중 4분의 3 이상이 음식의 유혹을 참지 못해서 비만이라는 형벌에 짓눌려 산다고 믿는다. 입술을 꽉 깨문 채 견디고 버티고 맞서고 부딪치고 이겨내지 못해 삶이 이 모양이 꼴이라고 자책한다. 그것이 유일한 성공의 법칙이라고 확신한다. 이들은 지난 수십 년간 과학이 축적한 습관의 힘을 삶에 적용하는 전략을 무시한 채 가시밭길을 걸어가고 있다. 이것이 대다수의 사람이 변화에 실패하는 이유다. 스스로를 착취하다 삶을 낭비하는 것이다. 이제 이런 삶을 끝장내야 한다.

지난 1세기에 걸쳐 더 많이 먹고, 더 많이 쓰고, 더 많이 시청하고, 더 많이 소비하도록 설계된 수많은 제품과 서비스가 세상에 등장했다. 넷플릭스의 스트리밍 서비스는 유저가 밤새도록 영화와 드라마를 시청하도록 유도하고, 수많은 온라인 쇼핑몰은 원클릭 결제 시스템과 결합해 소비자의 과다 지출을 촉진하고, 대형 마트의 계산대는 달콤하기만 하고 영양가는 없는 정크푸드를 구입하도록 유혹한다.

이 모든 것이 우리가 원하지 않는 행동을 자동으로 반복하도록 조작된 함정들이다. 이런 세상에서 오직 개인의 의지력에만 의존해 저항하는 건 진이 빠지는 일이다. 마치 압력밥솥처럼 분노가 폭발할 때까지 욕망과 충동을 억누르고 살라는 것이나 마찬가지다. 그렇게 해서는 평상심을 유지할 수 없다. 수많은 다이어트 업체 운영자들조차도 자신들의 처방이 장기적으로는 효과가 없다는 걸 인정하고 있다. 충동에 정면으로 맞서는 건 해결책이 아니다. 무의미하고 고통스러운 싸움에 불과하다.

1부에서는 이와 같이 우리의 인내심이 갓 나온 수프보다도 빨리 식는 이유를 살펴볼 것이다. 그리고 지난 수백 년의 심리학 연구와 최신 뇌과학의 발견을 바탕으로 금세 고갈되어 사라질 인간의 의지력, 판단력, 목표의식 등 실행제어 기능을 대신해 삶을 더 나은 방향으로 이끌어줄 습관의 작동 원리에 대해 설명할 것이다. 이로써 우리는 곧 '시작'보다 '지속'이, '탁월함'보다 '꾸준함'이 인간의 삶을 더 생산적이고 가치 있게 만든다는 사실을 깨달을 것이다.

2부에서는 안 좋은 습관을 제거하고, 장기적으로 삶에 도움을 주는 습관을 뿌리내리는 방법을 설명할 것이다. 내가 이끄는 연구팀은 지난 30여 년간 축적한 방대한 실험 데이터를 토대로 평범한 절대 다수의 사람이 공감하고 바로 써먹을 수 있는 습관 설계 법칙을 다섯 가지로 정리했다. 상황을 재배열하고(1단계) 마찰력을 활용하고(2단계) 자신만의 신호를 포착하고(3단계) 보상을 행동에 내재화하고(4단계) 이 모든 것을 반복하는(5단계) 것이 최근 연구가 밝혀낸 가장 과학적이고 확실한 습관 설계 법칙이다.

마지막 3부에서는 좀 더 범위를 넓혀 습관이 우리 삶에서 어떻게 기능하고 그러한 개인의 습관이 모여 사회를 어떻게 바꿀 수 있는지 살펴볼 것이다. 극심한 스트레스와 파멸적인 중독에 맞서 습관 과학의 힘을 어떻게 활용할 수 있는지 알아보고, 또 습관을 대하는 태도만으로도 우리 삶이 좀 더 고요하고 평온하게 정돈될 수 있다는 사실을 설명할 것이다. 3부를 다 읽고 나면 생각보다 우리 사회가 개인의 습관 형성에 깊이 연관되어 있다는 점을 깨닫게 될 것이다.

나는 꽤 오랜 시간 인간 행동의 근원을 탐구하는 과학 연구를 이어왔다. 이 흥미로운 탐구 끝에 내가 발견한 진실은 겉으로 드러난 인간의 행동 뒤에는 1000만 가지 우주가 꿈틀거리고 있다는 사실이다. 습관은 어떻게 사용하느냐에 따라 인생을 구원해줄 수도 있고, 눅눅한 팝콘을 맛있다고 착각하고 우걱우걱 입속으로 쑤셔 넣게 만들 수도 있다. 이 책에서 나는 우리 뇌가 보상에 어떻게 반응하도록 만들어졌는지, 주변 환경으로부터 어떻게 신호를 받아들이는지, 인간 행동을 촉발하는 결정적 동인이 무엇인지 등을 추적함으로써 습관의 형성 과정을 낱낱이 해부했다.

마지막으로 한국의 독자들에게 이 말을 해주고 싶다. 내면의 충동과 세상의 욕망에 제대로 저항하지 못하는 것은 당신의 잘못이 아니다. 당신이 처한 환경이 조작되어 있다는 것을 받아들이고 우선 자신을 용서하라. 그리고 자신을 둘러싼 상황을 바꿔 삶을 더 쉽게 만들어라. 움켜쥔 삶을 내려놓는 순간 습관의 마법이 시작될 것이다. 당신은 더 나은 사람이 될 수 있고 더 나은 삶을 살 자격이 있다. 그리고 습관은 당신의 삶을 제자리에 갖다 놓아줄 것이다. 아직 늦지 않았다.

웬디 우드

습관 과학 분야
최고의 전문가를 소개하며

•

이채호
(웬디 우드의 제자, 동국대학교 경영학과 교수)

웬디 우드를 떠올릴 때 가장 먼저 생각나는 두 단어는 완벽함과 여유로움이다. 어떻게 이 두 단어가 공존할 수 있을까?

　세계적 석학인 웬디 우드의 업적과 활동량은 경이롭다. 미국의 양대 심리학회인 '미국심리학회'와 '미국심리학협회'에서 석학회원Fellow에 선정되었고 다수의 국제 저명 학술지의 편집장을 역임했다. 많은 대학원생의 논문을 지도하며 지금껏 100편이 넘는 논문을 게재했고, 학장으로서 대학의 행정에도 기여했다. 글로벌 기업들을 컨설팅하고 언론 매체를 통해 대중과 활발히 소통한다. 미술, 와인, 요리 등 다방면의 문화에도 조예가 깊으며 매일 새벽 달리기와 요가로 꾸준히 건강을 관리한다.

놀랍게도 웬디 우드는 이 모든 활동을 여유롭게, 그것도 최고 수준으로 해낸다. 지난 10년간 지켜본 웬디 우드는 늘 우아하고 기품이 있었다. 서두르는 모습을 보인 적이 없다. 이 경이로운 생산성과 여유로움의 비법은 무엇일까?

정답은 '습관 과학'이다. 웬디 우드는 수십 년의 연구 성과를 스스로의 삶에서 실현했다. 모든 일상을 습관화하여 수많은 업무를 효율적으로 처리하고, 그렇게 확보한 시간과 에너지로 삶을 더 다채롭게 누리고 주위를 돌본다. 『해빗』은 웬디 우드의 삶 그 자체다.

그녀의 주변은 늘 활기가 넘친다. 전 세계 학자들이 웬디 우드의 연구에 주목하고 삶과 지혜를 공유하려 모여든다. 그리고 언제나 논문 지도를 원하는 학생들로 가득하다. 웬디 우드는 교수, 직원, 학생 등 관계하는 모든 사람을 따뜻하게 대하고 그들의 삶에 선한 영향을 끼친다.

습관 과학은 내 삶도 풍요롭게 했다. 박사학위 논문을 작성하던 때다. 박사학위 논문은 수년에 걸쳐 완성하는 무척 고된 작업이다. 당시 내 논문 지도 교수였던 웬디 우드는 논문 회의를 매주 한 번 1시간씩 정기적으로 진행했다. 나는 이 날을 중심으로 일주일의 주요 일과를 재배열하고 꾸준히 반복했다. 일상이 논문 작성을 중심으로 습관화되니 작업의 능률이 오르고 진행 속도가 빨라졌다. 그 덕분에 스트레스에서 벗어나 박사학위 과정을 잘 마쳤고 습관의 힘을 실감했다. 나는 아예 웬디 우드의 글쓰기 습관을 내 것으로 만들었다. 매일 아침 똑같은 시간에 똑같은 카페에 가서 정해진 시간 동안 논문을 쓴다. 이 간단한 습관 형성만으로도 나의 생산성은 몇 배나 높아졌고 그 덕분에 삶은 훨씬 여유롭고 풍요로워졌다. 이처럼 습관은 단순하지만 그 힘은 강력하다.

『해빗』의 출간을 계기로 한국의 독자들에게 웬디 우드를 소개할 수 있어 무척 기쁘다. 나만 아는 최고의 영화, 음악, 여행지를 사랑하는 이에게 소개할 때의 행복감을 느낀다. 웬디 우드의 습관 설계 법칙을 통해 여러분의 삶도 획기적으로 변하기를 바란다.

이채호

동국대학교 경영학과 교수. 고려대학교에서 경영학 학사학위를, 서울대학교에서 경영학 석사학위를 받았다. 미국 서던캘리포니아대학교에서 경영학(마케팅 전공) 박사학위를 받았고 소비 행복, 경험 마케팅, 인공지능(AI) 시대의 소비자 행동 등 다양한 주제를 연구하고 있다. 웬디 우드와 함께 쓴 논문을 《심리 과학(Psychological Science)》 등 여러 국제 학술지에 발표했다. 행복을 증진하는 올바른 소비법을 연구한 내용이 CNBC, AP통신 등 미국 내 주요 매체를 통해 대중에게 널리 알려졌다. 여러 기업과 공공기관을 대상으로 컨설팅과 강연을 하고 있다.

·

자동화된 무의식이 만드는
습관 설계의 법칙

·

1단계 늘 동일하게 유지되는 안정적인 상황을 조성하라

2단계 좋은 습관으로 향하는 마찰력은 줄이고
　　　　나쁜 습관으로 향하는 마찰력은 높여라

3단계 행동(반응)을 자동으로 유발하는 자신만의 신호를 찾아라

4단계 언제나 기대 이상으로, 신속하고 불확실하게 보상하라

5단계 마법이 시작될 때까지 이 모든 것을 반복하라

차 례

1부 무엇이 우리를
지속하게 하는가

2부 습관은 어떻게 일상에 뿌리내리는가

3부 습관은 어떻게 삶을 변화시키는가

1부

무엇이 우리를
지속하게 하는가

1장

비의식적 자아

습관은 영원한 지속이다

•

습관은 두 번째 천성이다.
- 마르쿠스 툴리우스 키케로

페이스북에 새해 목표를 올리는 심리

내 사촌동생은 가끔 페이스북에 야심 찬 목표를 올린다. 시작은 늘 똑같다. 생각보다 살이 너무 쪘다며 후회하고, 비만 때문에 등 통증이 더 심해졌다고 투덜거린다. 그러다가 뭔가가 꽉 막힌 것 같다면서, 아무래도 자신의 삶은 영영 바뀌지 못할 것이라고 절망한다. 급기야 SNS 친구들에게 도움을 청하며 이 악순환을 끊어달라고 절규한다. 다행히 소셜미디어 세상은 그녀에게 용기를 북돋아준다.

"너는 할 수 있어. 힘내!"

"네가 할 수 없는 건 아무것도 없어."

"넌 내가 아는 사람 중에서 가장 의지가 굳센 여자야."

"다이어트 따위에 넌 절대 지지 않을 거야."

아름다운 장면이지만, 사실 그들은 사촌동생이 설계한 정교한 사회적 관계망 안에서 자신에게 주어진 역할을 충실히 수행한 것뿐이다. 이로써 사촌동생의 약속은 또래 그룹과 공유되었고, 목표를 달성해야 할 이유가 더 강력해지고 선명해졌다. 과연 그녀는 원하는 만큼 체중을 감량할 수 있을까? 나는 내 사촌동생이 세운 일생일대의 목표와 그것의 달성 여부에는 그다지 관심이 없다. 그보다는 그녀가 자신의 야심 찬 계획을 굳이 공개적인 온라인 공간에 올린 이유에 주목할 뿐이다.

그녀는 새로운 삶을 시작하겠다고 나섰다. 결심은 간결하고 명확하다. 게다가 그녀는 이 결심을 공개적으로 천명했다. 그러나 이 결말이 어찌될지, 사실 우리는 알고 있다. 만약 그녀가 자신이 세운 목표를 너끈히 해결할 수 있을 만큼 합리적이고 경제적인 인간이라면, 굳이 SNS에 자신의 치부를 드러내면서까지 다이어트 계획을 공표하지 않았을 것이다.

나 자신을 변화시킨다는 게 정말 얼마나 어려운 일인가? 이것이 바로 우리가 처한 잔인한 현실이다. 다른 사람과 마찬가지로 내 사촌동생도 직관적으로 이미 답을 알고 있었다. 살을 빼는 (좋은) 습관을 들이는 일이 너무나 어렵다는 것을. 그래서 그녀는 좀 더 실질적인 대책을 강구했다. 자신의 계획을 실천하겠다고 SNS에 공개적으로 맹세해 실패의 대가를 더욱 무겁게 한 것이다. 살을 빼지 않는 게 오히려 더 어렵도록 자신이 처한 환경을 조성하기 시작했다. 이 방법은 성공해야 마땅했다.[1] 그리고 실제로 효과가 있었다. 처음 포스트를 올린 지 2주 뒤에 그녀는 새로운 게시물을 올렸다. 1킬로그램이 빠졌다면서.

"출발이 아주 훌륭하네!"

하지만 그다음엔 조용했다. 한 달 후, 그녀는 여전히 노력 중이지만 별 성과가 없다는 글을 올렸다. "너희에게 알려줄 정도의 감량은 아직 못 했어." 그리고 그 이후 한동안 다이어트에 관한 게시물이 올라오지 않았다.

여섯 달 뒤 그녀를 다시 만났다. 살은 전혀 빠지지 않은 상태였다. 변한 것이라곤 기분 나쁜 실패가 또 하나 늘었다는 사실뿐. 그것도 아주 값비싼 공개적 실패 말이다. 자신의 행동을 바꾸려고 노력하는 수많은 사람과 마찬가지로 그녀의 최종 결과는, 그냥 아무것도 바뀌지 않았다. 그녀에게는 살을 빼야 한다는 분명한 이유와 그에 필적하는 강력한 의지도 있었고, 주변의 열렬한 지지까지 폭넓게 얻었다. 변화를 이뤄내기에 충분한 조건이 갖춰진 것처럼 보였지만, 결과는 아니었다.

이 문제의 해결책은 무엇일까? 나는 우리가 충분히 합리적이지도 않고 인간의 의지력Willpower이라는 것이 대단히 나약하다는 것을 인정하는 데서 출발해야 한다고 생각한다. 우리의 행동 뒤에 숨은 원인은 웬만해선 잘 드러나지 않기 때문이다. 혹시 이런 생각을 해본 적이 있는가? '우리의 삶을 배후에서 조종하는 존재가 있다면 그것은 무엇일까?' 이에 대한 진실을 알게 된다면, 즉 무엇이 우리의 삶을 지탱하고 있는지 알게 된다면 깜짝 놀랄 수도 있다. 최근에야 과학자들이

겨우 인간의 다면적 본성의 실타래를 풀기 시작했을 뿐이다. 이런 수준의 이해로는 방금 내가 던진 질문에 답할 수 없다. 즉, 우리가 행동하는 '진짜 이유'를 설명할 수 없다.

무엇이 내 사촌동생의 변화를 가로막았을까? 내가 지난 수십 년간 천착한 연구 주제가 바로 이것이다. 그 결과 나는 몇 가지 단서를 발견했다. 첫째, 인간 행동의 근원은 미스터리한 '불합리성'에 기초하며, 인간은 자신의 행동을 이끄는 원인을 제대로 이해하지 못하고 있다. 우선 이 거대한 진실을 인정해야 한다. 둘째, 인간은 자신의 합리적 자아를 과대평가한다. 우리는 이 단단한 착각을 멈춰야 한다. 정말 의지력만으로 우리가 과거의 나쁜 습관과 작별을 고하고 좋은 습관을 들여 목표를 달성할 수 있을까? 정말 그럴 수 있다면 당신은 이 책을 집으려고 하지도 않았을 것이다. 우리를 구성하는 더 깊은 부분을 조금씩 이해해야 한다. 이른바 '비의식적Nonconscious 자아'라고 불리는 이 존재는 만반의 준비를 마친 뒤 우리가 자신을 알아봐주길 기다리고 있다.

그리고 마침내 과학은 왜 우리가 행동을 바꾸지 못하고 실망과 후회 속에 자신을 내던지며 살아왔는지, 그 이유를 하나둘 밝혀내기 시작했다. 뇌과학과 심리학이 발견한 새로운 지식과 정보를 적절히 활용한다면, 우리는 좋은 습관을 들이고 궁극적으로 그것의 효과를 지속할 수 있는 '좀 더 성공률 높은' 삶을 설계할 수 있을 것이다.

시작이 반이라고? 시작은 시작일 뿐이다

자동차를 사기 위해 돈을 모아본 적이 있을 것이다. 온라인 강좌에 등록해 새로운 언어를 배워보려고 한 적도 있을 것이다. 또는 새로운 사람들을 더 많이 만나보겠다는 목표를 세웠을지도 모른다. 처음에는 강하고, 열정적이고, 단호하게 시작한다. 하지만 시간이 흐르면서 그 결심은 흐려지고 야무진 계획은 물거품이 된다.

사람이라면 누구나 흔히 겪는 일이다. 우리는 변화를 원하고, 강력한 의지를 세운다. 그 정도면 충분할 것이라고 자평하며 벌써 절반 정도는 목표를 완수한 것처럼 뿌듯함을 느낀다. 하지만 만약 실패하면? "너는 충분히 간절하지 않았던 거야!", "너 정말 최선을 다한 거 맞니?"라는 주변의 지적에 깊이 공감하며 가망 없는 또 다른 목표를 세우기 시작한다. 가련한 사람! 이런 소모적인 반복은 아주 어렸을 때부터 시작되어, 불행하게도 암과 같은 병마와 맞서 싸워야 하는 인생의 마지막 순간에도 수그러들지 않는다. 한마디로 '우리의 의지력이 전부'라는 게 이 사회의 정신이다. 좋은 습관을 들이겠다는 목표에 대해 사람들은 그 사람의 정신력을 평가하는 것으로 주제를 축소한다.

나이키의 유명한 슬로건 '저스트 두 잇Just Do It'은 자본주의의 달콤한 거짓말이 만들어낸 환상이자, 정신력에 대한 과대평가가 탄생시킨 세속적인 계명이다. "당신이 항상 실패하는 이유는 '일단 시작'하지 않았기 때문입니다."

분명 내 사촌동생은 '일단 시작'했다. 그리고 그 선택을 실현시키려고 노력했다. 단지 실현되지 않았을 뿐이다. 안타깝게도 이런 상황에서의 실패는 더욱 가슴 아프다. 변화에 실패한 나를 다른 사람들과 견주지 않을 수 없다. 성공한 사람과의 비교는 고통스럽다. 매일 몇 시간씩 훈련하는 운동선수, 몇 달이나 공연을 준비하는 뮤지션, 한 작품을 끝낼 때까지 계속해서 글을 쓰는 작가 말이다. 우리는 이런 롤모델을 보면서 그들의 미스터리하고 부럽기 짝이 없는 성공이 오직 의지력에서 비롯된 것이라고 해석해버린다. 그들은 틀림없이 '저스트 두 잇'을 실천했을 것이라고 자위하면서. 하지만 대체 왜 나는 할 수 없는 거지? 내 인생의 성취는 그들에 비하면 왜 이렇게 보잘것 없는 거지? 이렇게 자책하면서 고개를 숙인다. 그다음에는 단지 기대한 만큼 노력하지 않았다고 만약 변화를 위해 충분히 마음먹기만 한다면 언제든 성공할 수 있다고 자위한다. '그래, 다시 해보는 거야!' 하지만 시작과 지속은 다르다. 일단 해보는 것만으로는 아무것도 바뀌지 않는다.

자신의 다이어트 습관을 방해하는 요인이 무엇인지 물으면 '의지력 부족'을 꼽는 사람이 압도적으로 많다.[2] 미국인 중에서 4분의 3에 해당하는 사람이 비만이 식욕을 통제하지 못해서 발생하는 질병이라고 믿는다. 비만인 당사자조차 감량의 가장 큰 장애물로 의지력 부족을 꼽는다. 무려 81퍼센트가 의지가 부족해서 다이어트에 실패했다고 답했다.[3] 설문에 참여한 모든 사람이 살을 빼려고 처절하게 노력했다. 하지만 모두 헛된 노력에 그치고 말았다. 무려 스무 번 이상이나 감량을 시도한 사람도 있었다.

4분의 3이라는 비율은 얼마나 큰 숫자일까? 미국인 중에서 지구가 태양 주위를 돈다고 믿는 사람의 비율이 대략 4분의 3이다. 이 정도면 '목표 달성을 방해하는 가장 큰 요인은 의지력 부족이다'라는 명제가 이미 사실로 확립된 것이나 마찬가지다. 아마 많은 사람이 이와 비슷한 경험을 해봤을 것이다. 자신의 의지력을 입증하는 데 실패한 인생을 살아왔다고 해도 과언이 아니다. 그럼에도 사람들은 계속해서 의지력의 존재를 믿는다. 마치 별을 보고 점을 치는 것처럼 의지력만이 삶을 구원해줄 것이라고 맹신한다. 최신 뇌과학과 심리학이 밝혀낸 진실은 이것과 전혀 다른데도 말이다. 과연 우리가 놓치고 있는 것은 무엇일까? 실질적이고 지속적인 변화를 이끄는 진짜 힘은 무엇일까?

내가 습관에 관한 연구에 관심을 갖게 된 최초의 질문은 이것이었다. "변하려는 사람은 많은데 끝까지 지속하는 사람은 왜 적을까?" 대학에 있을 때 내 주변에는 의욕적이고 놀라운 재능을 갖춘 사람이 매우 많았다. 하지만 그들마저도 이런 '시작'과 '지속' 사이의 불일치로 고통스러워했다. 그들은 언제나 무언가를 성취하기 위해 노력했고 흥미로운 프로젝트를 기획했지만, 무질서한 대학 환경 속에서 처음의 의지를 지속하는 데 번번이 실패했다.

내 연구실에 합류한 어느 똑똑한 대학원생은 일을 자꾸 미루는 습관이 있었다. 그는 강의실에서는 뛰어났지만 연구 프로젝트를 스스로 추진해나가는 일에 큰 어려움을 겪는 듯했다. 나는 그에게 하루 중 연구에 매진하는 시간을 따로 정할 것을 권했다. 그리고 시간을 아끼면서 성과를 낼 수 있는 몇 가지 방법을 조언했다. 그렇게 몇 주가 흘렀다. 그가 연구를 지속하려면 정해진 날짜까지 자신의 연구 계획서를 내게 제출해야 했다. 제출일 아침, 나는 그의 계획서를 읽을 수 있으리라는 기대를 안고 일찍 출근했지만, 나를 반겨준 건 연구실 문 앞에 그가 붙여 놓은 쪽지였다. 그는 결국 마감 일정을 지키지 못하고 자신의 연구 경력을 포기하고 말았다. 그의 의지력이 부족한 탓이었을까? 그는 분명 자신의 나쁜 습관을 고쳐보겠다고 결심했다. 그런데 왜 이런 파국을 맞이한 걸까?

우리는 종종 어떤 목표를 세우면 마치 가장 큰 난관을 넘은 것처럼 뿌듯하게 생각한다. 무언가 대단한 결심을 한 것처럼 흡족해지는 것이다. "벌써 절반이나 해냈네!" 그럴 만도 하다. 시끄럽고 혼란스러운 이 세상은 우리가 결심 자체를 하지 못하도록 방해한다. 그래서 많은 사람이 정말 절박한 순간까지 중대한 결심을 미루려고 한다. 그러므로 마침내 뭔가를 결심했을 때 우리는 그 자체를 '성공'으로 여기게 되는 것이다. 순식간에 살이 빠질 것 같다. 더 좋은 직장으로 옮길 수 있을 것 같다. 외국어 실력도 금방 쑥쑥 늘 것 같다. 하지만 그다음에는 우리가 이미 아는 것처럼 일이 잘 안 풀린다.

나이키 광고가 여전히 TV와 유튜브를 통해 우리를 번질나게 유혹하고 있지만, 과학은 그것이 참이 아니라는 사실을 속속 밝혀내고 있다. 인간이 하나의 단일한 통합적 존재가 아니라는 사실이 최신 연구를 통해 증명되고 있다. 심리학 용어로 말하자면, 우리는 '하나의 마음Single Mind'을 가지고 있지 않다. 우리의 마음은 개별적이지만 서로 연관된 다수의 메커니즘으로 구성돼 있으며, 행동을 이끄는 결정적인 동인 역시 바로 그러한 다층적이고 복잡한 절차에 의해 작동된다. 인간의 내면은 그렇게 단순하지 않다는 뜻이다. 의지력은 그러한 메커니즘 중 하나일 뿐이다. 하지만 불행하게도 우리는 지금까지 삶을 변화시키는 데 가장 적합한 능력이 의지력이라고 믿어왔다.

　아무튼 이것들이 익숙한 이유는 그동안 의식적으로 숱하게 경험해 봤기 때문이다. 무언가를 결정할 때 우리는 의식적으로 관련된 정보를 처리하고 해결책을 도출한다. 이때 마음과 두뇌는 실행제어Executive Control 기능이라고 불리는 일련의 사고 작업을 시작한다. 인생의 수많은 과제를 이 실행제어 기능이 처리한다. 직장에서 임금 인상을 요구하려는 결정은 우선 상사와 약속을 잡는 데서부터 시작된다. 당신은 조심스럽게 요구 사항을 제시하고 그 이유를 설명해야 한다. 헬스장에서 본 매력적인 사람에게 커피나 한잔 하자고 말을 걸 때조차 이 기능이 필요하다. 그날의 날씨와 의상, 주변 사람들의 시선과 적절한 동선 등을 모두 고려한 끝에 가장 완벽한 접근 방식을 찾아낼 것이다. 우리는 마음을 먹고, 해결책을 궁리한 다음, 온 힘을 다해 실천한다. 매우 중요한 과정이지만 그만큼 소모되는 정신적 노력 또한 크다. 당신이 퇴근하고 녹초가 된 채 집에 돌아가 무언가를 마구 먹어대고, TV에 정신이 팔려 자정까지 잠을 못 자는 이유가 바로 이것이다. 의지력은 무한하지 않다. 쓰면 쓸수록 고갈된다. 물리력이 신체에 압력을 가하듯, 정신적 힘 역시 우리의 정신에 스트레스를 가한다.

　자, 만약 헬스장에 갈 때마다 신중하게 결정을 해야 한다고 상상해 보자. 매일 그날이 처음인 것처럼 첫날의 열정을 되새김질하면서 스스로를 괴롭혀야 할 것이다. 헬스장에 다녀야겠다고 마음먹었던 첫날의 쉰내 나는 다짐과 동기를 떠올리는, 그런 진 빠지는 과정으로 자신을 밀어 넣어야 한다. 게다가 우리의 마음은 놀라울 정도로 불합

구분	주체	방법	결과
습관에 기댈 때	비의식적 자아	반복적인 행동 패턴	자동화 메커니즘에 따라 습관으로 정착 (지속 가능)
의지력에 기댈 때	의식적 자아	고민 → 결정 → 다짐 → 고통 → 갈등 → 후회 → 고민 …	매번 실행제어 기능의 힘을 빌려 억지로 행동을 일으킴 (지속 불가)

[도표 1-1] 습관과 의지력의 지속 차이

리하고 모순적이므로, 당신의 의식은 헬스장에 가지 말아야 할 이유를 맹렬하게 검토하기 시작할 것이다. 하루도 빠짐없이. 당신은 눈을 뜨고부터 헬스장에 도착하기 직전까지 정신적 고뇌에 짓눌린 채 고통받아야 한다.

이 책에서 내가 독자들에게 말해주고 싶은 것은 이런 고통을 겪지 않아도 충분히 더 나은 사람이 될 수 있다는 사실과, 인간의 마음에는 의지력 말고도 '다른 부분'이 존재한다는 사실이다. 바로 반복적인 행동 패턴, 우리의 습관 말이다. 습관은 시끄럽고 소모적이며 심지어 전투적인 논쟁에 뛰어드는 대신 즉시적이고 자동적으로 '작동'한다. 우리의 인생은 이미 습관에 많은 것을 의존하고 있다. 습관은 가장 단순하고 성실한 삶의 일부이며, 우리는 이것을 좀 더 제대로 활용할 수 있다. 장기적인 목표를 달성하는 데 이보다 더 좋은 도구가 또 있을까? 토론은 생략하고 바로 일에 착수하라. 이것이 바로 습관의 방식이다.

*　*　*

당신은 분명 아침에 일어날 때마다 첫 15분간 거의 똑같은 행동을 취할 것이다. 자연스러운 일이다. 불을 켜고 물을 한 잔 마시고 보일러를 켜고 이를 닦고 세수를 한다. 우리의 의식이 적극적이고 정교하게 이러한 아침의 행동을 반복적으로 창조하는 것이라고 믿을 수도 있다. 정말 그럴까? 아침마다 벌어지는 일들이 '저스트 두 잇'의 결과물인 걸까? 우리가 그런 행동을 억지로 하는 것이라면 그럴지도 모른다. 하지만 적어도 회사에 출근하거나 학교에 등교하는 일이 끔찍하게 싫기는 해도, 아침에 일어나 물을 마시고 이를 닦는 행위를 혐오하진 않는다.

이른바 의지력이라고 부르는 '의식적 자아'는 일상적 행동 패턴과 거의 관련이 없다. 그 대신 광대하고 반쯤 숨겨진 '비의식적 자아'가 작동한다. 바로 습관이다. 우리의 일상에 자연스럽게 밴 습관은 맨 처음에는 의식적 자아로부터 보내진 신호에 의해 시작되고 조종되지만, 시간이 지나 궁극적으로는 실행제어 기능의 간섭 없이 비의식적 자아에 의해 스스로 작동하게 된다.

둘의 차이를 좀 더 쉽게 설명하자면 이렇다. 의식적 자아는 임금 인상과 연애에 관심을 갖도록 우리를 조종한다. 그리고 비의식적 자아는 우리가 과거에 취했던 행동을 떠올려 의식적 자아가 지정한 목표를 더 쉽게 달성할 수 있도록 특정 행동을 반복하게 해준다. 이것이 바로 습관이다. 이때부터는 주도권이 비의식적 자아, 즉 습관에 넘어간다. 의식적 자아는 자신이 주도권을 뺏긴 줄도 모르고 또 다른 목표를 향해 어슬렁거린다. 그사이 우리의 잠재적 영역에서는 나도 모르게 습관이 형성되어 삶에 영향을 미치기 시작한다. 다행히 좋은 결과를 불러올 수도 있고, 인생을 좌초시킬 끔찍한 악몽이 되어 나타날 수도 있다.

　습관을 형성하거나 습관에 따라 행동하는 것은 의식적으로 경험할 수 있는 영역이 아니다. 이것이 습관의 숨겨진 본성이다. 일이 어쩔 수 없이 흘러가는 것 같은 느낌을 받을 때 우리는 종종 이렇게 중얼거린다. "아, 이건 그냥 내 습관이야." 마치 습관이란 게 '나'와는 따로 존재하는 듯이 여기는 것이다.

의지만으로는 지속할 수 없다

사람들에게 특정 주제에 대한 정보를 제시하고 그 정보가 사람들의 판단과 의견에 어떤 영향을 끼치는지 실험했다. 그리고 그 결과를 모아 사람들이 어떻게 자신의 태도와 행동을 변화시키는지에 관한 모형을 개발했다. '인간의 행동 변화를 촉발시키는 것은 무엇인가?' 이것이 우리 연구의 궁극적인 질문이었다.

　앞서 말했듯이, 인생의 많은 결정은 주로 실행제어 기능, 즉 의식적 자아의 지배를 받는다. 실행제어 기능이 인생의 거의 모든 첫 시도를 조종하고 통제하는 것이다. 그러나 진정한 변화란 최초의 결심만으로는 완성되지 않는다. 게다가 이러한 변화의 과정은 한꺼번에 이뤄지지 않는다. 긴 시간에 걸친 행동이 꾸준히 유지되어야만 완성된다. 만약 환경 보호가 목표라면 오늘 밤 자가용 대신 버스를 타고 퇴근하는 것만으로는 충분하지 않다. 오늘뿐 아니라 내일, 그리고 앞으로 내내 계속해야 하는 것이다. 빚을 모두 청산하고자 한다면 새 신발이나 스마트폰 구입을 포기하는 것만으로는 충분하지 않다. 계속해서 물건을 사고자 하는 욕망에 저항해야 한다. 적어도 채무가 모두 해결될 때까지는.

나는 곧 '시작'보다 '지속'이 더 특별하다는 점을 깨달았다. 사실 내가 처음부터 습관을 연구하려는 건 아니었다. 단지 사람들이 어떻게 자신의 행동을 지속하는지 이해하고 싶었다. 나는 사람들이 무엇을 원하고 의도하는지 측정한 다음, 그 사람들이 실제로 그렇게 했는지를 평가했다. 과연 그들은 자신의 의도대로 강좌를 수강하고, 주사를 맞고, 쓰레기를 분리해 배출하고, 자가용 대신 버스를 탔을까? 아주 단순하고 명백한 질문이므로, 그에 따른 대답도 단순하고 확실해야 옳았다.

나는 같은 연구실 소속 주디 올레트Judy Ouellette와 함께 총 5000명 이상이 참가한 64개의 연구를 체계적으로 점검했다. 우리가 발견한 결과는 놀라웠다. 일부 행동에 대해서는 사람들이 다짐한 대로 행동했다. 어떤 강좌에 등록하거나 예방주사를 맞겠다고 말한 사람은, 실제로 그 수업에 등록하고 백신을 맞았다. 이러한 일회적이고 드문 행동,

즉 의식적 자아가 지배할 확률이 상대적으로 더 높은 행동에 대해선 이행률이 매우 높았다. 계획이 굳건할수록 그 행동을 실천하는 빈도도 더 높았다. 하지만 다른 행동 영역에서는 당황스러운 결과가 나타났다. '음식물 쓰레기 따로 버리기', '매일 버스 타고 출근하기'처럼 쉽게 반복할 수 있는 행동의 이행률은 놀라울 정도로 낮았다. 평소 모든 쓰레기를 그냥 통 하나에 담아 버리던 사람은 최초의 다짐과는 상관없이 분리 배출을 하지 않았고, 평소 자가용을 몰고 출근하던 사람도 최초의 다짐과는 상관없이 집 앞에 주차된 차를 타고 출근했다.

이런 결과는 아무도 예상하지 못한 것이었다. 일단 어떤 행동에 나서겠다는 결심을 하고 나면, 당연히 그에 따라 행동하는 것이 마땅해 보였다. 이 연구 결과를 학술지에 발표하려고 하자 담당 편집자는 내게 다시 자료를 분석할 것을 권했지만, 결과는 똑같았다. 학술지 편집국은 이 연구 결과의 타당성을 입증할 새로운 연구를 요구했다. 그래도 결과는 똑같았다.

사람들은 의식적으로는 단호하고 확고하게 계획을 천명했음에도 비의식적으로는 과거의 행동을 그대로 답습했다. 결국 이 연구 결과는 그대로 학술지에 실렸고, 이후로 수백 번이나 인용되었다. 물론 모든 과학자가 이 연구 결과를 납득한 것은 아니었다. 적지 않은 연구자가 여전히 의식적 자아만으로도 사람의 모든 행동을 설명할 수 있다고 믿으면서 우리의 연구 결과에 격렬하게 반대한다.[4]

내 연구는 '지속'의 특별한 속성을 정의하는 데 중요한 전환점을 마련했다. 그것은 바로 무언가를 지속하는 관성이 우리가 이전에 가졌던 생각과 연결되지 않는다는 점이며, 기존의 모형과는 어떤 접점도 없다는 점이다. 수많은 관습과 교훈이 제시하는 공식을 따르지도 않았다. 사람들에게 끊임없이 자신의 의지를 다그치라고 주문하는 것만으로는 지속을 이뤄낼 수 없다는 사실이 입증된 것이다. 의지력과 지속성은 완전히 다른 영역이었다. 지속에는 확실히 우리가 상상했던 것 이상의, 이상한 무언가가 있는 것 같았다.

물론 내 연구를 비판하는 사람들의 이야기도 어느 정도는 옳았다. 시작하는 것과 지속하는 것이 전혀 다른 문제라는 것을 밝혀냈지만, 무엇이 사람들을 지속하게 만드는지는 설명하지 못했다. 하지만 수십 년이 지난 지금, 우리는 지속을 만들어내는 것이 습관이라는 걸 잘 안다. 나는 지난 수십 년간 습관을 창조하는 법에 관해 우리 연구팀이 밝혀낸 모든 것을 이 책에서 설명할 것이다.

우리는 너무나 가혹한 환경에 놓여 있다

정말 작정하고 매달린다면, 6개월 만에 7~9킬로그램 정도의 살을 뺄 수 있다. 실제 체중 감량 프로그램을 대상으로 수행한 실험에서 이 숫자가 입증되었다.[5] 충분히 의미 있는 숫자다. 하지만 우리는 그 이후의 이야기도 안다. 결국 이런 감량 프로그램에 참여한 많은 사람이 과거의 식습관과 운동 패턴으로 되돌아간다는 것을. 전체 참여자 중에서 5년간 감량 상태를 유지한 사람은 겨우 15퍼센트에 불과했다.[6] 나머지 대다수는 원래의 몸무게로 돌아갔거나, 심지어 살이 더 찐 참가자도 있었다. 그간의 노력이 아무런 의미가 없게 된 것이다.

다이어트 업계 종사자들은 이러한 결과를 이미 알고 있다. 나는 다이어트 서비스 업체 웨이트와처스의 CEO 데이비드 커쇼프David Kirchhoff와 이야기를 나눠본 적이 있다.[7] 그는 이렇게 인정했다. "잘 알다시피 웨이트와처스에 등록한 사람들은 누구나 결국 성공하게 됩니다. 우리 프로그램에 성실히 참여했기 때문입니다. 하지만 프로그램이 끝나고 나면 거의 모든 사람이 원래대로 돌아갑니다."

업체가 제공하는 다이어트 프로그램을 계속 따라가기 위해선 엄청난 고난이 따른다. 커쇼프는 말했다. "나는 이렇게 생각합니다. 한번 체중 감량에 문제가 발생한 사람은 늘 그 문제를 달고 산다고요. 음식을 많이 먹거나 특정 음식에만 집착하면 신진대사가 특정한 방향으로 재설계되기 때문에, 그들의 비만은 완전히 사라지지 않는 만성적 상태에 놓입니다. 비만에 대한 완전한 치료법은 없습니다. 주기적으로 절제를 잃게 된다는 얘깁니다. 45킬로그램까지 뺐다가 다시 원래대로 돌아가는 사람도 있어요. 아주 끔찍한 기분을 느낄 겁니다. 자신을 최악의 실패자라고 여기죠. 자신감이 뼛속부터 흔들린다고나 할까요." 참으로 어려운 삶이다.

습관 과학 연구에서 다이어트가 특별히 유용한 사례인 이유는 수치화하기 쉽고 참고할 자료가 방대하기 때문이다. 지금까지 체중 조절에 관한 연구가 밝혀낸 것은 지속하는 것이 시작하는 것보다 수십 배는 더 힘들고 괴롭다는 사실이었다. 하지만 과연 이것이 다이어트에만 해당될까? 자녀와 좀 더 오래 시간 보내기, 돈을 알뜰하게 쓰기, 직장에서 집중력 유지하기 등에 대해서도 체중 조절과 똑같은 현상이 발견됐다.

여전히 적지 않은 사람이 칭송해 마지않는 의지력 숭배 문화의 가장 심각한 문제는, 그것이 인간 행동의 퇴보 가능성을 과소평가한다는 데 있다. 만약 내 사촌동생이 비의식적 자아, 즉 습관에 의지하지 않고 순전히 의지력만으로 체중 감량을 지속하려 노력한다고 가정해보자. 그녀가 처한 환경은 가혹하다. 집에는 온갖 정크푸드가 가득하다. 현관, 찬장, 냉장고… 어디에나 음식이 널려 있다. 미국 식품의약국 최고 관리자로 일했던 데이비드 케슬러David Kessler는 식품업계가 음식의 과다자극Hyperstimulating에 심각할 정도로 많이 집중하고 있다고 고발한다. 즉, 소비자가 계속해서 무언가를 씹고, 뜯고, 핥고, 마시는 데 에너지를 소비하도록 막대한 자금을 투자하고 있다는 것이다. 욕망하는 것보다 더 많이 먹도록 만드는 방법을 고안하기 위해 세계의 수많은 과학자가 치열하게 연구하고 있다.[8]

내가 이 이야기를 하는 이유는 당신이 다이어트에 실패하거나 어떤 목표 달성에 실패한다고 해서 너무 쉽게 무력감을 느낄 필요가 없다는 점을 강조하기 위해서다. 반복되는 실패에 좌절하지 말아야 한다는 뜻이다. 우리가 사는 이 세계는 우리에게 끊임없이 '더 나은 나'가 되라며 험난한 과제를 안겨주지만, 또 한편에서는 그 과제를 달성하는 데 더 큰 비용을 지불하도록 몰아붙인다. 험악한 세상이다. 이 보이지 않는 영향력을 정확히 간파해야 한다.

내 사촌동생에게 삶이란 어려운 결심의 연속일 뿐이다. 영화 「사랑의 블랙홀」(매일이 끊임없이 반복된다는 설정의 미국 영화—옮긴이)처럼, 모든 날이 마치 첫날처럼 느껴질 것이다. 계속해서 자신의 의지력을 테스트해야 한다. 이렇게 관성에 저항하는 일은 고되고 막막하다. 그럴수록 스스로의 나약함만 발견할 것이다.

따라서 의지력은 새로운 목표에 지속적으로 매달리기 위한 적절한 도구가 될 수 없다. 그건 너무나 힘든 일일 뿐만 아니라, 다른 데 신경 쓸 겨를을 전혀 남겨두지 않기 때문이다. 더 심각한 건 이런 고통스러운 인지부조화가 역효과를 낳는다는 점이다. 심리학자 대니얼 웨그너Daniel Wegner와 그의 연구진이 밝혔듯이 백곰을 생각하지 말라고 하면 오히려 더 자주 백곰을 떠올리게 되는 법이다.[9] 이것이 '욕망의 역설'이다. 욕망을 억누르려는 시도는 첫날의 의도를 약화시키고 목표 달성을 더 어렵게 만든다. 바람직한 행동조차 고민으로 만들어버리는 것이다. 웨그너는 다음과 같이 설명했다. "우리는 잠들지 못하는 걸 걱정하느라 깨어 있고, 다이어트를 바라면서 온종일 냉장고 안의 음식만 생각한다."[10]

충족되지 못한 욕망이 커지고 최초의 동기가 희미해지는 이 시점에 의식적 자아가 뛰어든다. 그러곤 지금 이 지겨운 일을 '그만둬야 할 이유'를 손쉽게 찾아낸다. 의식적 자아는 결심도 잘하지만, 그만큼 변명도 잘한다. 우리는 어젯밤 피자를 먹은 이유('점심을 건너뛰었으니까')와 오늘 운동을 안 한 이유('무릎이 아프니까')를 순식간에 합리화할 수 있다. 이 재능 덕분에 자신과 환경에 맞서 싸우는 걸 멈출 수 있다. 시작했던 지점으로 힘차게 되돌아가는 것이다.

*   *   *

지금까지 야심 찬 목표와 완벽한 계획, 그리고 강철 같은 의지력으로 무장한 수많은 사람이 왜 어이없고 무기력하게 '지속'에 실패하는지 살펴봤다. 하지만 너무 걱정할 필요는 없다. 습관이 언제, 어떻게, 왜 작동하는지에 대한 단순하고 강력한 법칙을 알면 삶은 지금보다 더 나아질 수 있다. 나쁜 습관을 버리고 목표에 상응하는 더 좋은 습관을 형성할 수 있다. 이때는 더 이상 의지력에 기댈 필요가 없다. 일상의 함정 속에서도 좋은 습관을 기르는 방법을 이해시키는 것. 내가 이 책에서 이루고자 하는 단 하나의 목표다.

사실 우리가 가진 장점 중에는 이미 습관으로 굳은 것이 많다. 집을 나설 때 현관문을 잠그는 일, 차선을 변경하거나 방향을 바꾸려 할 때 방향지시등을 켜는 일, 아이들을 학교에 보낼 때 볼에 뽀뽀를 해주는 일. 혹시 이러한 행동을 하는 이유가 <u>스스로</u> 그렇게 마음먹었기 때문이라고 생각하는가? 아직도 의식적 자아의 결과라고 생각하는가? 습관은 언제나 조용히 움직이므로 눈에 띄지 않는다. 좋은 습관은 우리의 행동을 지배한다. 그래서 대개 우리는 그런 지배가 벌어지는지조차 알지 못한다. 사무실에 들어선 다음 하루의 일과를 점검한다. 다 마신 물병을 잡으면 쓰레기통에 넣는다. 초인종이 울리는 소리를 들으면 문을 연다. 이것들은 모두 노력이 필요하지 않은 일이다. 그래서 누구든 쉽게 지속할 수 있다.

당신은 어떤 행동을 바꾸길 원하는가? 팀원들과 자유롭게 대화할 수 있는 기회를 마련하고 싶은가? 은퇴 자금과 자녀의 학비를 저축하고 싶은가? 주기적으로 운동하고 건강한 식습관을 지속하고 싶은가? 이 모든 바람을 인생의 일부로 만들 수 있다. 자동으로 작동하는 올바른 습관 설계 법칙을 활용한다면 말이다.

2장

내성 착각

습관은 드러나지 않는다

·

습관의 족쇄는 너무나 가벼워서 느껴지지 않을 정도다.
도저히 깰 수 없을 정도로 강력해지기 전까지는.
- 새뮤얼 존슨

어디서부터 어디까지가 습관일까

좋은 습관을 기르고 나쁜 습관을 고치는 법을 배우기 전에, 그 습관
들이 우리 삶에서 어떻게 기능하는지를 먼저 이해해야 한다. 나는 지
속의 비밀, 즉 의지력만으로는 지속을 유지하기가 불가능하다는 사
실을 깨닫고 난 뒤, 본격적으로 '습관'에 대해 공부하기 시작했다. 하
지만 습관이란 본래 눈에 잘 보이지 않을뿐더러, 행위자조차도 제대
로 인지하지 못하기 때문에 실험으로 그 존재를 증명하기가 대단히
까다롭다. 비의식적 자아의 깊숙한 곳에 숨어 있는 존재를 어떻게 확
신할 수 있겠는가? 우리 삶에서 습관이 차지하는 영역이 얼마나 큰

지 밝혀내는 것이 내 첫 번째 연구 과제였다.

수많은 시행착오를 거친 끝에 나는 '경험표집법'이라는 연구법을 습관 연구에 도입하기로 결정했다. 경험표집법은 피험자들에게 실시간으로 보고를 받아 데이터를 모으는 새로운 실험 방식이다. 실험에 참여한 사람들은 특정한 과제를 수행하면서 동시에 자신이 수행하는 일을 연구자에게 주기적으로 보고해야 한다. 이 연구법의 장점은 피험자가 습관의 존재를 의식하지 않으면서도 피험자가 습관에 의해 행동하는 경험을 포착할 수 있다는 점이다.

우리는 텍사스A&M대학교의 학생들을 데리고 실험을 시작했다.[1] 참가자들에게는 각각 소책자와 펜이 주어졌다. 또한 매시간 알람이 울리도록 설정된 손목시계도 나눠 줬다. 시계에서 신호가 울리면 참가자들은 하던 행동을 멈추고 방금 하던 행동과 생각을 적어야 했다. 한 학생은 "나는 지금 TV 퀴즈 프로그램을 보고 있고 정답이 무엇인지 생각하고 있다"라고 적었다. 또 다른 학생은 "나는 지금 수업을 듣고 있는데 너무 피곤해서 하나도 집중이 안 되고 딴생각을 하고 있다"라고 적었다. 참가자들은 과거 같은 시간과 장소에서 지금의 그 행동을 얼마나 자주 했는지도 점수로 매겼다(빈도 점수). 매시간 울려대는 시계 알람은 대단히 번거로운 일이었다. 심지어 자는 동안에도 울려댔다. 결국 많은 사람이 시계를 서랍에 처박아뒀다. 이틀 뒤, 실험 참가자들이 소책자를 반납했다. 어떤 결과가 나왔을까?

참가자들이 소책자에 적은 내용 대다수는 일상적인 것들이었다. 요리를 하고 있던 사람은 '내가 방금 후추를 넣었던가?'라거나 '나 지금 너무 배고파'라는 생각을 했다고 적었다. 분명히 이런 생각은 행동에 상응하여 발생했다. 이와는 반대로 어떤 참가자는 역시 요리를 하면서 '드라마가 30분 뒤에 시작하겠네!' 같은 생각이 떠올랐다고 적었다. 그는 자신의 행동(요리)이 어떤 의식의 지시 없이 자동으로 수행됐다고 자신 있게 기록했다. 왜냐하면 그의 의식적 자아는 요리하는 동안 온통 TV 드라마에 집중했을 것이기 때문이다.

자신의 모든 일상적 행동과 그 행동을 할 때 떠오른 생각을 죄다 적도록 한 이 대단히 귀찮은 연구 방법을 통해, 우리는 참가자들이 반복적으로 수행하는 행동을 어떻게 '시작'하는지 밝혀낼 수 있었다. 그 결과는 놀라웠다. 60퍼센트에 달하는 행동을 하는 동안 참가자들은 자신이 무엇을 하는지 의식하지 않았다. 몽상하거나 뭔가를 곰곰이 생각하거나 계획을 짜고 있었다. 예를 들어 한 학생은 운동 중에 '봄방학 때 어디에 갈까?'라는 생각을 했다고 적었다. 아마도 수영장에서 햇볕을 쬐며 모히토를 한잔 즐기는 상상이 무거운 아령을 들어 올리는 데 도움이 되었을 것이다. 그가 운동을 하면서도 운동 그 자체에 대해서는 생각하지 않았다는 점은 의식과 행위 사이에 연결 고리가 없다는 것을 증명한다. 그렇다면 이것을 모두 습관이라고 부를 수 있지 않을까?

가장 흔한 습관은 샤워, 이 닦기, 옷 입기, 취침, 기상 등이었다. 샤워나 옷 입기 같은 일상적 행동의 88퍼센트는 의식적 자아의 개입 없이 반복적으로 이뤄졌다. 일과 관련된 행동 중에서는 55퍼센트가 습관적이었다. 근력 운동, 유산소 운동, 구기 종목 등 격한 신체 활동에서는 약 44퍼센트가 습관적으로 행해졌다. 소파에 앉아 있기 등 휴식과 관련한 행동에서는 48퍼센트가 습관이었다.

우리는 사람마다 자신의 삶을 습관에 맡긴 정도가 다 다를 것이라고 생각했다. 일하고 먹고 사람을 만나고 운동을 하는 하루의 일과가 상대적으로 더 체계적인 습관으로 정착된 사람이 있는가 하면, 덜 체계적으로 자유롭게 사는 사람도 있을 것이라고 말이다. 이건 단지 경험에서 우러나온 게 아니다. 널리 확립된 문화적 믿음이자 고전 소설의 토대이기도 하다. 쥘 베른Jules Verne의 소설 『80일간의 세계일주』에 등장하는 주인공 포그는 발자국 단위로 하루의 일정을 정확히 짜는 인물인 반면 『바람과 함께 사라지다』의 여주인공 오하라는 계획 따위 없이 즉흥적인 재치로 재앙을 간신히 벗어나곤 한다. 우리는 포그와 오하라 같은 다양한 스펙트럼의 사람들을 찾게 되리라 기대했다. 하지만 예상은 틀렸다. 참가자들의 삶에서 습관이 차지하는 비중에는 개인차가 발견되지 않았다. 개인적인 성격은 중요하지 않았다. 자신의 삶이 습관에 의존하는 수준은 모두가 똑같았다.

나는 습관이 모든 사람의 삶에서 예외 없이 작동된다는 점을 재확인하기 위해 실험의 대상 범위를 좀 더 넓혔다. 이 연구는 습관의 일상적 경험을 다룬 첫 시도였기 때문에 그 어떤 실험보다 엄밀하고 신중해야 했다. 첫 번째 실험에서 우리는 실험의 결과가 피험자들이 처한 특정 조건을 반영하는 건 아닌지 걱정스러웠다. 그들의 하루 일과가 대학 수업 일정을 중심으로 매우 빡빡하게 구성되어 있다는 점이 실험 결과의 신뢰성을 해칠 수 있다고 생각한 것이다. 어쩌면 그들의 체계적인 일정이 '습관적인 패턴'을 탄생시킨 것일 수도 있지 않겠는가? 그래서 우리는 모든 연령대를 대상으로 다시 연구를 수행했다. 그래야 생애 주기에 따라 사람들이 얼마나 습관에 의존하는

지 확인할 수 있기 때문이다. 이 마지막 연구를 위해 헬스장으로 향했다. 우리는 헬스장에서 피트니스 강좌를 듣는 사람들을 모두 불러모은 뒤 실험 참가자를 선발했다.[2] 17~79세에 해당하는 사람들을 대상으로 이전과 똑같은 절차를 진행했다. 매시간 알람이 울리는 시계, 소책자와 펜을 지급했다. 그리고 이틀이 지났다. 결과는 어땠을까? 다른 점은 없었다.

두 차례에 걸친 실험을 통해 우리는 사람의 성격과 연령이 습관에 영향을 미치지 않는다는 점을 확인했다. 하지만 추가 연구로부터 몇 가지 새로운 사실을 깨달았다. 정기적으로 출퇴근하는 직업을 가진 사람이 그렇지 않은 사람보다 약간 더 체계적인 하루를 보냈다. 그들의 행동 대부분은 말 그대로 습관적이었다. 이와는 달리 어린아이와 함께 사는 사람은 습관의 가짓수가 약간 더 적었다. 타인의 영향으로 인해 상대적으로 더 유동적인 삶을 살고 있는 것 같았다. 충분히 이해되는 부분이다. 우리 삶에서 타인의 존재는 혼란을 증폭한다.

두 가지 실험으로 우리가 밝혀낸 사실은 다음과 같다. 첫째, 우리 삶에서 습관에 지배되는 행동의 비율은 개인차가 거의 존재하지 않는다. 둘째, 우리 삶에서 습관이 차지하는 비율은 평균적으로 43퍼센트를 약간 넘는다.

* * *

이 연구 결과는 신문과 방송을 타고 널리 퍼졌다. 습관을 다룬 수많은 서적에서 수없이 인용했고, 자기계발 분야 저자들의 입을 빌려 끊

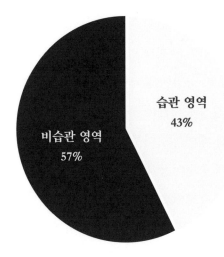

[도표 2-1] 삶에서 습관이 차지하는 비중

임없이 유포됐다. "세상에, 우리 인생의 43퍼센트가 습관으로 이루어져 있다고 하네요! 그러니 지금 당장 습관에 집중하세요!" 사람들은 습관의 실행 빈도를 추정해냈다는 점에 놀라워했으며, 자신의 삶에서 습관이 관여하는 영역이 이토록 크다는 점에 다시 한번 깜짝 놀랐다. 무려 43퍼센트나 되는 행동이 습관적으로, 의식적 자아의 개입 없이 수행된다니. 이 실험 결과는 사람들이 얼마나 자주 습관적으로 행동하는지에 대한 과학적 추정치를 처음으로 제공한 사례로 남았다. 그리고 그 숫자는 당시 과학의 예상치를 훨씬 상회했다.

하지만 나는 우리의 연구가 '진실'을 제대로 다 전달하지 못했다는 찜찜한 기분을 느꼈다. 나는 인간의 내면에 드리운 의식의 장막을 걷어내고 반복적 행동 뒤에 숨은 습관의 작동 원리를 밝혀내고자 했다. 하지만 그 당시 우리가 알게 된 것은 **'무엇이 습관인가'**가 아니라 **'무엇**

이 습관이 아닌가'에 가까웠다. 우리는 사람들의 삶 속에서 작동하는 수많은 습관을 낱낱이 추적해 인식의 지도에 커다란 공간을 그려냈지만, 사실은 텅 빈 공간에 불과했다. 냉정하게 말하자면 삶의 상당 부분이 습관의 지시에 따른다는 점을 알게 됐지만 습관이 실제 어떻게 형성되는지에 대해서는 아무것도 밝혀내지 못한 것이다. 이것이 내가 당시 그토록 공들여 밝혀낸 진실의 전부였다.

하지만 그 연구 프로젝트를 마친 뒤 아무것도 얻지 못한 것은 아니었다. 나는 우리가 매번 똑같은 방식으로 어떤 행동을 한다면 그 행동을 좀 더 체계적인 습관으로 재창조할 수 있다고 추론했다. '마음만 먹으면 삶의 43퍼센트 영역을 제외한 나머지 57퍼센트 영역도 습관이라는 시스템으로 채울 수 있지 않을까?'

우리는 습관에 대해 이야기할 때 습관이라고 동의하는 것들, 예를 들어 이 닦기, 이메일 답장 보내기, 현금지급기 앞에서 카드 꺼내기 등과 같은 특정한 행동만을 언급한다. 하지만 습관의 영역은 우리의 상상보다 훨씬 넓다. 사실상 경계가 없다고 봐도 무방하다. 따라서 삶에서 습관이 차지하는 영역이 어느 정도인지 파악하는 일은 중요하지 않다. 그러한 습관이 어떻게 형성되는지를 알아내는 게 훨씬 더 중요하다. 습관에 대해 생각할 때 집중해야 할 질문은, '어떤 행동이 습관인가?'가 아니라 '어떻게 행동하는 것이 습관인가?'이다. 매우 중요한 의미를 지닌 깨달음이었다. '43퍼센트'라는 단순한 수치를 능가하는, 그 이상의 통찰이 필요했다. 그래서 이 질문에 답하기 위한 새로운 연구에 착수했다.

습관이 눈에 띄지 않는 이유

습관을 다룬 블로그 게시물과 베스트셀러를 보자. 효과적인 업무 습관, 건강한 식사 습관, 행복한 결혼 생활을 위한 대화 습관, 바람직한 양육 습관, 신중한 재무 관리 습관 등 '좋은 습관'을 들이기 위한 수많은 조언을 쏟아내고 있다. 얼핏 그럴듯하지만 과학적으로는 전혀 증명되지 않은 잘못된 지식을 전하는 사례도 많다. 그들은 습관의 핵심 특징, 즉 습관이 우리의 의식적 자아 밖에서 생성되고 기능한다는 사실을 전혀 언급하지 않는다.

습관에 따라 행동한다는 것을 깨닫는 순간은 아주 가끔 일어날 뿐이다. 보통은 원하지 않는 습관적 행동을 알아차릴 때 습관의 존재를 더 잘 깨닫는다. 백화점에서 과소비할 때, 손톱을 깨물 때, 혹은 다음 날 아침 일찍 일어나야 하는데도 밤늦게까지 TV를 보고 있을 때… 반대로 남들의 짜증나는 습관도 눈에 잘 띈다. 회의에 늘 지각하는 동료, 큰 소리로 통화를 하고 함부로 소리 지르는 동료, 언제나 쓰레기를 치우지 않고 방치하는 동료. 이처럼 나쁜 습관은 좋은 습관보다 훨씬 더 잘 드러난다. 왜 어떤 습관은 덜 드러나고 어떤 습관은 더 드러날까? 만약 상대적으로 덜 드러나는 습관이 있다면, 우리는 그 습관을 습관이 아닌 다른 무언가로 착각한다는 뜻일 것이다. '어라, 내가 의도한 행동일 줄 알았는데 알고 보니 습관이었네?' 하고 말이다.

습관은 잘 드러나지 않는다. 43퍼센트라는 수치를 기억하는가? 지금 당장 자신이 가진 습관의 목록을 머릿속에 한번 떠올려보라. 과연 그 가짓수가 내 모든 행동 중 '43퍼센트'에 근접할 수 있을까? 어림도 없다. 그 이유는 습관이 자기도 모르는 사이에 작동되기 때문이기도 하지만, 더 큰 이유는 우리의 삶에서 습관이 성취한 공을 의식적 자아가 자신의 몫인 양 가로채는 일이 벌어지기 때문이다. 우리는 잠들기 전 자녀에게 책을 읽어주는 행동이 사랑에서 비롯된 일이라고 여긴다. 슈퍼마켓에 들어갈 때마다 특가 상품을 확인하는 이유가 돈을 아끼려는 욕구 때문이라고 믿는다. 차에 탈 때마다 안전벨트를 매는 것이 신체를 보호하려는 의도 때문이라고 생각한다. 정말 그럴까?

심리학자들은 이러한 생각, 감정, 의도에 대한 인간의 과도한 신념을 가리켜 '내성 착각Introspection Illusion'[3]이라고 부른다. 이런 인지적 편향성을 가진 인간은 자신의 모든 행동이 의식적 자아에 의해 이루어진다고 과대평가한다. 행동에 영향을 끼칠 수 있는 다른 가능성, 즉 습관이라는 비의식적 영향력을 인지할 능력을 마비시키고 만다. 그 결과 스스로의 의도와 욕구에 따라 행동한다고 과신하게 되고, 습관의 진정한 가치를 복원하는 일은 더욱 요원해진다. 어떤 일을 하는 이유가 의지 때문이라는 강력한 믿음이 우리의 내면을 깊이 탐구할 호기심을 가로막는 것이다. 기분도 좋고 힘도 되는 믿음이지만 이는 그릇된 믿음이다.

내성 착각은 실제로 측정이 가능하다. 연구진은 사람들에게 동일한 나일론 스타킹 네 짝 중에서 품질이 가장 좋은 상품을 골라내라고 주문했다.[4] 동일한 품질의 스타킹을 두고 하나만 골라내라고 하다니, 사실 처음부터 불가능한 임무였다. 그럼에도 사람들은 각각의 제품을 열심히 비교하며 살펴봤다. 가장 오른쪽에 있는 스타킹이 가장 왼쪽에 있는 것보다 평균적으로 네 배나 더 많이 선택됐다. 제각각 선정 이유는 달랐지만 그 누구도 스타킹이 놓인 '위치'를 먼저 언급한 사람은 없었다. 대놓고 물어봤지만 모두가 제품의 위치에 자신의 선택이 영향을 받았다는 걸 부정했다. 그렇게 대답한 사람 중 다수가 마치 질문을 이해하지 못했거나 미친 사람 취급을 받기라도 했다는 듯이 불안한 눈빛으로 질문자를 쳐다봤다.[5] 사람들은 자신이 제품의 외양과 질감 등을 주체적으로 평가해 가장 질 좋은 스타킹을 골라냈다고 믿고 싶어 했다. 그런 편이 좀 더 그럴듯했기 때문이다.

또 다른 실험도 있다. 먼저 실험에 참가한 학생들을 두 그룹으로 나눴다. 첫 번째 그룹은 다른 학생들이 쓴 사업 설명서를 읽었고 나머지 그룹은 아무것도 읽지 않았다. 그런 다음 두 그룹 모두 '미국 정치'와 '미국 정부'를 다루는 두 가지 상식 퀴즈를 풀었다. 둘 중 한 퀴즈의 설명서에는 돈이 그려져 있었고, 나머지 설명서에는 아무것도 그려져 있지 않았다. 참가자들은 둘 중 한 퀴즈만 택할 수 있었다. 사업 설명서를 읽은 그룹의 학생들은 돈 그림이 그려진 상식 퀴즈를 더 많이 택했다. 실험 초반에 읽었던 사업 설명서의 내용이 후반의 퀴즈 선택에 영향을 미친 것일까? 두 퀴즈 모두 돈과는 아무런 연관이 없었으므로 이성적으로는 설명이 되지 않는 부분이다. 어떤 퀴즈를 고르든 실제 돈을 버는 것과는 상관없었기 때문이다. 하지만 앞서 대니얼 웨그너의 백곰 실험에서 본 것처럼 우리는 어떤 것에든 집착할 준비가 돼 있으며 돈은 분명 백곰보다는 훨씬 더 유혹적이다.

역시나 학생들은 자신이 왜 설명서에 돈이 그려진 퀴즈를 택했는지 제대로 인지하지 못했다. 심지어 사업 설명서를 읽은 뒤에도 그들은 특별히 돈에 대한 관심이 높아졌다고 보고하지 않았다. 또한 퀴즈를 선택하게 된 잠재적 이유를 평가할 때도 학생들은 '돈을 벌고자 하는 자신의 욕구'와 '퀴즈 설명서의 돈 그림'에는 평균적으로 가장 낮은 점수를 줬다. 학생들은 자신이 '정치'와 '정부'라는 퀴즈 주제에 관심이 많아서 해당 퀴즈를 골랐다고 주장했다.[6]

탐욕스러운 의식적 자아의 민낯이 보이는가? 우리는 자신의 행동을 설명할 때 의도적으로 비의식적 자아의 영향력, 즉 습관의 힘을 깎아내린다. 그럴싸하고 잘난 체할 수 있는 이유를 찾으려 애쓴다. 대체 왜 이러는 걸까? 우리가 의식적 자아에 지나치게 많은 권능을 부여하는 이유는, 그러한 선택이 우리 스스로가 합리적이라고 믿게 만들기 때문이다.

하지만 그 대가는 가혹하다. 요란한 의식적 자아가 묵묵한 비의식적 자아의 공까지 모두 자기 몫으로 가져가면 우리는 이 숨겨진 자원을 적절하게 활용하는 법을 영영 배울 수 없다. 습관은 그저 의식 저편에서 조용히 똬리를 틀고 앉아 침묵을 지키며 우리의 삶을 방관할 것이다. 풍부한 잠재력을 발휘할 기회조차 얻지 못한 채로.

왜 누구는 투표에 목숨을 걸고
누구는 손쉽게 포기할까

민주주의 사회에서는 표를 던지는 사람에게 많은 것이 달려 있다. 그야말로 한 국가의 국력과 복지 수준, 행복과 도덕성 따위가 한 번의 투표로 결정될 수 있다. 선거는 그간 보이지 않던 시민의 힘이 발휘되는 매우 결정적인 순간 중 하나다. 표라는 가시적 매체를 통해 시민의 숫자가 극적으로 드러나기 때문이다. 물론 이런 사례가 더 있기는 하다. 인구조사와 과세가 바로 그것인데, 둘은 투표와 달리 국가가 당신으로부터 정보와 돈을 가져가는 것뿐이다. 하지만 투표는 다르다. 투표에 참여하는 시민은 또 다른 시민과 연결되어 국가가 나아갈 방향에 대해 실질적인 위력을 행사한다. 그리고 투표 참여자는 표를 던짐으로써 그 위력을 실감한다. 따라서 투표 행위는 의도적 합리화의 완벽한 예시라고 할 수 있다. 실제로 정치와 관련한 사안을 생각할 때 감정을 느끼고 의사결정을 하는 뇌의 신경 영역이 깊숙이 관여한다는 연구 결과도 존재한다.[7] 그런데 이런 순간조차 습관의 지배력이 영향을 미친다면? 만약 그것이 사실이라면 우리 삶에서 습관이 들어서지 못하는 영역은 아예 없다고 해도 과언이 아닐 것이다.

나는 정치과학자 존 올드리치John Aldrich와 제이컵 몽고메리Jacob Montgomery와 함께 1958년부터 1964년까지 미국에서 치른 여덟 번의 선거를 분석했다.[8] 우리는 투표권자가 투표하는 행위 자체만 살펴봤다. 정치과학자들은 왜 누구는 투표하고 누구는 기권하는지 그 이유를 설명하기 위해 정교한 가설을 발전시켜 왔다. 그리고 이 가설은 다음과 같은 직관에 기초한다.

첫째, 투표를 하는 사람은 투표하려는 동기가 매우 강할 것이다.

둘째, 선거 결과에 대한 관심, 변화를 만들어낼 수 있다는 기대, 지지하는 정당에 대한 애정 등이 그들을 움직일 것이다.

셋째, 이러한 동기가 없다면 유권자들은 투표하러 가지 않고 집에 남을 것이다.

많은 정치과학자가 투표 행위가 습관과는 아무런 상관이 없을 것이라고 암묵적으로 합의했다. 그들은 투표권자의 동기, 성향, 감정 등에 더 높은 점수를 줬다. 과연 그들의 선택은 옳았을까?

투표라는 행위가 습관 연구에 유용한 까닭은 철저한 통제 아래 정기적으로 반복되는 행위이기 때문이다. 게다가 투표권자의 모든 정보가 체계적으로 보존되어 있다. 이로써 지난 선거 데이터를 활용해 어떤 사람이 투표장에 갔는지, 투표라는 행위에 대해 어떤 감정을 느꼈는지, 그리고 그 사람이 과거에는 얼마나 자주 투표를 했는지 등을 밝혀낼 수 있다.

연구 결과는 대단히 흥미로웠다. 전체 유권자 중 매우 적은 비율의 사람만이 선거에 대한 순수한 관심 때문에 투표에 참여했다. 게다가 이들의 투표 행위에는 어떠한 일관성도 없었다. 마치 그들에게는 누가 시키지 않아도 투표하러 가는 습관이 형성돼 있는 것 같았다. 한마디로 정치과학자들의 생각은 완전히 틀렸다. 우리가 정치적 행위라고 굳게 믿었던 투표마저 실은 은밀하게 숨은 비의식적 자아, 즉 습관에 지배를 받고 있었던 것이다.

흥미로운 사실은 또 있다. 이사를 할 때 사람들의 반복적이고 습관적인 투표 행위가 방해를 받았다. 집을 옮기면 사람들이 투표라는 행위에 좀 더 신중해지는 것 같았다. 정기적으로 투표하던 유권자들이 이사를 한 뒤에는, 우리가 대개 직관적으로 생각하듯이 오직 아주 강한 동기가 자극될 때만 투표하러 갔다. 사실 생각해보면 충분히 그럴

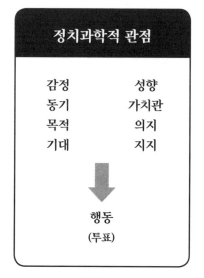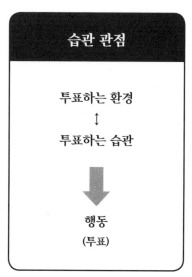

[도표 2-2] 유권자가 투표하기까지의 행동 분석

만한 이유가 있다. 이사로 인해 투표가 대단히 귀찮고 번잡스러운 일로 변하기 때문이다. 거주지를 옮기면 제일 먼저 새로운 주소지에 유권자로 등록을 해야 한다. 게다가 투표 장소가 어딘지, 그곳에 가는 가장 빠른 길이 무엇인지도 조사해야 한다. 과거에 해왔던 방식을 자동으로 반복하는 것이 불가능해진다. 우리가 이 투표 연구를 통해 확인한 사실은, 유권자들이 자신의 '정치적 성향'이나 '지지하는 정당에 대한 애정'보다 '투표하는 환경'에 훨씬 더 민감하게 반응했다는 점이다.

나는 민주주의 시대를 살아가는 시민들의 정치의식이 날이 갈수록 쇠퇴하는 현실에 깊은 안타까움을 느낀다. 하지만 그보다는 습관에 대한 우리의 인식이 상황에 따라 달라진다는 점에 더 주목하고 싶다. 만약 상황이 안정적이라면, 즉 똑같은 곳에서 계속 살고, 똑같은 길로 매일 출근하고, 저녁마다 똑같은 소파에 계속 앉으면 과거의 행동을 자동으로 반복할 수 있을 것이다. 습관을 배양하고 영구화하기에 이보다 더 좋은 환경은 없다. 하지만 그 반대라면? 예측할 수 없고 변덕스러운 환경에서는 그 어떤 화초도 제대로 자랄 수 없다. 습관도 마찬가지다.

2톤짜리 살인기계를 몰면서도
전화를 받을 수 있는 이유

투표 연구에서 드러난 바와 같이 습관의 비가시성은 우리 행동에 거대한 영향을 미치고 있지만, 그 실체는 꽁꽁 숨어 있다. 심지어 이 힘은 우리의 생사를 가를 수도 있는 중요한 힘이다. 차를 몰아 근처 마트에 간다고 생각해보자. 이런 일은 살면서 아마 수백 번은 겪을 것이다. 똑같은 차, 똑같은 길, 똑같은 목적지… 심지어 쇼핑 목록도 동일할지 모른다. 이런 환경은 습관이 가장 좋아하는 조건이다. 그 10분간의 주행 동안 우리는 대략 1800킬로그램에 달하는 탄소, 강철, 플라스틱의 융합체이자 복잡한 기하학이 적용된 위험천만한 기계를 마치 장난감 다루듯 조종해 마트 앞에 무사히 주차한다. 반복에 의해 숙련된 기술 덕에 모든 것이 '자동조종 모드'로 실행된 것이다.

하지만 변수는 상존한다. 익숙한 길에서 방심한 채 한눈을 파는 사이에 예기치 못했던 일이 벌어지기도 한다. 도로에 굴러든 공을 주우려고 어린아이가 길 한가운데로 뛰어들 수도 있다. 노부부가 횡단보도를 건너는 데 생각보다 오랜 시간이 걸릴 수도 있다. 교차로에서 신호를 착각한 차가 속도를 높이며 돌진할 수도 있다. 이럴 때 반응이 늦으면 비극적인 일이 벌어진다. 모든 자동차 사고 중 절반 이상이 집에서 약 8킬로미터 이내에서 발생한다. 가까운 마트나 세탁소, 식당 등 동네를 돌아다니다 사고가 터지는 것이다.[9]

습관이 작동하는 원리를 생각하면 당연한 일이다. 익숙하고 안전하다고 여기는 순간, 비의식적 자아는 판단과 대응을 습관에 일임하기 때문이다. 이미 충분히 적응한 환경에서는 습관이 모든 것을 지배한다. 그 순간 바깥 도로에서 벌어지는 일에 신경을 덜 쓰고, 오늘 벌어질 일이나 내일 계획에 대해 생각하기 시작한다. 마트를 오가는 동안 우리에게 가장 중요한 일은 안전하게 차를 모는 일이 아니라, 당장 비어 있는 냉장고를 채우는 일이다. 습관은 양날의 검이다. 습관은 힘들고 까다로운 일을 쉽고 단순하게 여기도록 조작한다. 그러나 차량 운전은 우리가 일상적으로 하는 일 중에서 가장 위험한 일이다.[10] 누군가의 목숨을 해칠 수도 있는 일조차 습관은 무심하고 함부로 해내는 것이다.

교통사고로 미국에서만 매년 약 4만 명의 사망자와 약 4600만 명의 부상자가 발생한다. 미국의 교통사고 사망자 수는 계속해서 증가하고 있다.[11] 가장 큰 이유는 '운전 중 주의분산'이다. 우리가 그토록 애지중지하는 스마트폰이 무고한 사람들의 목숨을 앗아가고 있다. 운전 중에 새로운 피드를 알리는 알림 소리가 들린다면 당신은 무시할 수 있는가? 한 손으로 핸들을 쥔 채 나머지 손으로 스마트폰을 집어 들어 소식을 확인하고 싶을 것이다. 물론 이성은 그렇게 하면 안된다고 통제할 테지만, 거의 언제나 스마트폰이 이성을 이긴다.

운전하는 장소가 익숙한 집 근처라면? 차를 모는 일은 마치 제2의 천성처럼 쉽게 느껴진다. 그래서 많은 사람이 스마트폰으로 문자를 읽고 심지어 답장까지 한다. 한 조사에 의하면 미국 운전자 10명 중 5명이 운전을 하면서 스마트폰으로 문자를 읽는다. 그중 3분의 1은 문자를 작성한다고 답했다.[12] 스마트폰의 유혹이 전부가 아니다. 라디오 채널 돌리기, 내비게이션 목적지 설정하기, 음료수 마시기, 옆좌석에서 물건 찾기 등 우리는 2톤짜리 살인기계를 몰며 끊임없이 다른 일을 해댄다.

이 모두가 말할 것도 없이 어리석은 행동이다. 하지만 그만큼 습관의 힘이 강력하다는 방증이기도 하다. 차를 모는 게 서툰 초보 운전자만이 의식적 자아에 의지하면서 순전히 운전에만 모든 주의를 집중한다. 오직 그들만이 도로에서 마땅히 경험해야 할 공포와 긴장을 느낀다. 그리고 몇 개월도 지나지 않아 이들은 이 놀랍도록 복잡한 기계를 다루는 법을 터득하고선 습관에 핸들을 넘겨준다. 자신은 딴생각과 스마트폰의 뒤편으로 물러나버리는 것이다. 이것이 습관의 양면성이다. 습관이 우리의 삶을 지배하기 시작하면 의식적 자아의 실행제어 기능은 점차 설 자리를 잃게 된다. 습관을 제대로 활용하면 가치를 측정할 수 없을 만큼 막대한 이익을 얻지만, 그 이면에는 언제나 가공할 위험이 도사리고 있다.

지금까지 우리의 모든 행동을 자동화하고 단순화하는 습관의 강력한 성질에 대해 이야기했다. 그렇다면 투표나 운전 같은 단순한 행위 말고, 좀 더 창조적인 활동에 대해서도 습관이 영향력을 행사할 수 있을까?

창조 능력의 지속성을 실험하기 위해 전문 코미디언 45명을 대상으로 연구를 진행했다.[13] 연구진은 코미디언들에게 특정한 상황을 설정해준 뒤 4분간 그럴듯한 엔딩 장면을 최대한 많이 구상해달라고 주문했다. 코미디언들은 평균적으로 6개의 아이디어를 내놨다. 진짜 실험은 지금부터였다. 연구진은 모든 참가자에게 다시 한번 4분의 시간을 준 뒤 또 다른 웃긴 엔딩 장면을 만들어달라고 요청했다. 참가자들은 처음 4분보다 훨씬 적은 숫자의 아이디어가 나올 것이라고 예측하며 울상을 지었다. 그들이 실제로 만들어낸 아이디어는 몇 개였을까? 그들이 예측한 개수는 평균 약 5개였다. 하지만 새롭게 구상한 아이디어는 참가자들의 추정치보다 대략 20퍼센트 더 많았다. 실험에 참가한 코미디언들은 자신의 지속성에 대해 충분히 점수를 주지 않았던 것이다.

이와 같은 패턴은 다른 연구에서도 동일하게 나타났다. 대학생들에게 처음 몇 분간 과제를 수행하게 한 다음, 몇 분 더 시간이 주어진다면 자신들의 생산성이 어떻게 될지 추정하게 했다. 그들은 크게 나아지지 않을 것이라고 평가했다. 노력의 성과가 차츰 줄어들 것이라고 예상한 것이다. 하지만 결과는 반대였다. 과제를 지속하라는 지시를 받은 학생들은 예상보다 훨씬 더 다양하고 창의적인 해결책을 내놨다. 그들의 과제 풀이 결과를 심사한 전문가들은 실험 막바지에 제출된 아이디어가 처음 제출된 것들에 비해 더 품질이 높다고, 즉 더 창의적이라고 평가했다.

이 두 가지 실험 결과에 따르면 생산성은 반복된다고 해서 줄어들지 않았다. 오히려 반복할수록 생산성은 지속됐고 더 나아졌다. 사실 이러한 결과에 대해 오해하는 것도 무리는 아니다. 지금껏 우리는 시간이 지날수록 노력의 크기와 질이 점차 감소한다고 믿어왔다. 왜냐하면 어떤 문제를 풀기 위해 온 힘을 다해 고민하고 검토하는 일은 상당한 정신력을 소모하기 때문이다. 자신의 행동을 통제하고 결정을 내리는 데 지치고 마는 것이다. 심사숙고를 거듭할수록 주의력은 감소하고 동기는 약해진다. 하지만 비의식적 자아, 즉 습관의 지속성이 작동하는 순간 예상치 못한 일이 벌어진다.

습관의 영역은 완전히 다른 물질로 구성돼 있다. 우리 모두는 바로 이 '43퍼센트의 영역'을 지니고 있으며, 그 물질을 활용할 수 있다. 저 깊숙한 곳에 숨어 있는 습관의 힘을 우리의 의식과 목표에 동기화할 수 있다면 과연 어떤 일이 벌어질까?

3장

습관 기억

습관은 목표에 집착하지 않는다

•

자신이 곧 살아 있는 습관 덩어리가 되리라고 깨달을 수 있다면,
아직 덜 완성된 상태일 때 자신의 행동에 더 주의를 기울일 것이다.
- 윌리엄 제임스

인간 행동의 근원은 무엇인가

불과 100년 전만 해도 사람들은 습관의 존재를 믿지 않았다. 하지만
새로운 실험 결과가 나오고 그것이 하나의 이론으로 정립되면서 습
관, 즉 인간 행동 근원의 비밀을 둘러싸고 수많은 선구자가 논쟁을
펼쳤다. 따라서 습관의 진실을 제대로 이해하려면 이들의 치열한 지
적 전투의 역사를 들여다볼 필요가 있다. 물론 이걸 전부 다 살펴볼
필요는 없다. 행동주의 심리학과 인지주의 심리학, 그리고 그 둘이
극적으로 통합되기까지의 간략한 흐름만 살펴보면 된다.

20세기 중반은 급진적 행동주의 심리학자들의 시대였다. 나는 한

때 그들과 함께 일했는데 그들은 인간 행동의 근원을 탐구한 내 연구를 '설명적 소설'이라고 불렀다. 과학자의 어떤 이론을 두고 '소설'이라고 언급하는 건 결코 좋은 평가가 아니다. 그럼에도 불구하고 나는 그들과 날을 세워 논쟁하는 대신 대체 그들이 어떤 주장을 하는지, 내가 피력한 논리가 왜 '소설'에 불과하다고 비판하는지를 알아보기 위해 행동주의 심리학을 실험적으로 체계화한 벌허스 프레더릭 스키너Burrhus Frederic Skinner의 저작들을 읽기 시작했다. 이것이 인간 습관의 원초적인 특성을 어렴풋이 인지한 첫 계기였다. 말하자면 스키너는 습관 연구에 대한 나의 첫 스승이었다.

스키너는 특수 제작된 상자에 비둘기를 집어넣고 자극에 대한 비둘기의 반응을 측정했다. 그는 비둘기가 보상(모이)을 얻고 처벌(따끔한 전기 충격)을 피하기 위해 환경적 자극에 반응함으로써 학습한다고 상정했다. 그는 인간도 비둘기와 마찬가지일 것이라고 생각했다. 이러한 믿음은 곧 학계의 지배적 이론이 되었다. 스키너 같은 급진적 행동주의자들에게 인간의 행동이 추상적인 믿음이나 눈에 보이지 않는 마음과 태도 따위에 영향을 받는다는 주장은 유령이나 영혼에 휘둘린다는 말과 다를 바 없었다. 그들이 설계한 인간 행동의 근원은 대단히 명료했다. '감각 신호'(자극)가 입력되면 '행동'(반응)이 출력되는, 전화기의 초기 형태에 비유되곤 했다. 인간은 반복된 보상과 처벌을 통해 형성된 습관에 따라 움직이고, 그렇게 한번 습관이 굳어지면 그 뒤에도 외부 자극에 고정된 반응을 일으킨다는 논리였다. 비록 인간 행동의 진모를 다 밝히진 못했지만, 습관의 무궁한 잠재력과 그것이 학습될 수 있다는 가능성에 대해 논리적으로 입증한 첫 사례였다.

행동주의 이론이 정설로 굳어지는 시점에 이르자 과학계의 가혹한 검증이 시작되었다. 이러한 거센 반격은, 얄궂게도 행동주의 심리학자들이 가장 많이 활용한 쥐 실험을 통해 이뤄졌다.[1] 캘리포니아대학교의 심리학자 에드워드 톨먼Edward Tolman은 쥐가 보상(먹이)이 주어지지 않아도 스스로 미로를 탐색하고 구조를 학습하며 자신만의 인지적 지도를 그린다는 사실을 관찰했다. 동일한 미로에 보상을 추가하자 쥐는 그 보상을 금방 찾아냈다. 쥐는 자신이 첫 번째 미로 탐색에서 얻은 부분적 지식을 융통성 있게 활용했다. 쥐가 과거의 지식을 재정비하고 새로운 방식에 적용할 수 있다는 주장은 외부 자극에 의해서만 무언가를 학습할 수 있다는 행동주의 심리학자들의 주장에 정면으로 도전하는 것이었다. 톨먼은 실험 보고서에 쥐가 내외부의 자극에 수동적으로 반응하지 않았다고 추정했다.

쥐가 정보를 유동적으로 활용할 수 있다면 인간도 그럴 수 있을 것이라고 추론하기까지는 그리 오래 시간이 걸리지 않았다.[2] 이 통찰은 1960년대의 소위 '인지 혁명Cognitive Revolution'에 결정적인 영향을 미쳤다. 그 뒤 각종 실험을 통해 인간의 기억이 계속해서 재조직되고 동기화된다는 사실이 밝혀졌다. 그간 추상적이고 실체가 없다고 여겨지던 인간의 적극적인 정신력, 즉 실행제어 기능이 처음으로 조명을 받기 시작한 것이다.

인간 행동의 근원에는 자극, 반응, 보상이라는 단순한 상호작용만 존재하는 게 아니었다. 이것 말고도 인간의 행동을 구성하는 중요한 요소가 몇 가지 더 있었다. 인지주의 심리학자들은 사람들이 다양한 개념을 범주화할 때 더 빨리, 더 잘 배운다는 점을 발견했다. 이를 심리학 용어로 '원형적 하향식 인지'라고 부르는데, 예를 들어 의자, 책상, 소파, 탁자라는 연관된 단어들이 신발, 체리, 늑대, 엔진처럼 연관성 없는 단어들보다 더 기억하기 쉬운 현상을 뜻한다. 행동주의 심리학자들의 주장대로 자극과 보상이 동일하다면, 어떤 단어를 외우든 동일한 결과가 나와야 했다. 하지만 결과는 달랐다. 더 중요한 발견은 '동기'였다. 사람들은 배가 고플 때 종이와 우주선보다 스테이크와 쿠키라는 단어를 훨씬 더 잘 기억하고 주의를 기울였다.

심리학계에서 이것은 엄청난 발견이었다. 인지주의는 행동주의가 부정했던 인간의 마음을 복권했다. 이러한 움직임은 1960년대에 태어나 개인의 힘으로 사회를 바꿀 수 있다는 믿음을 가진 아이들이 직업을 가질 나이가 되면서 더욱 거세졌고, 1980년대가 되자 학계는 행동주의에서 벗어나 인간의 행동이 마음에서 비롯한다는 인지주의 심리학을 정설로 받아들였다. 어쨌든 내가 경력을 시작했던 즈음에는 스키너의 빛나는 이론이 이미 저물고 있었다.

인지주의 심리학자들은 행동주의 심리학자들에 대해 인간을 흡사 슬롯머신처럼 자극과 반응에만 매달리는 기계로 이해한다며 조롱했다.[3] 그들은 행동주의 심리학자들이 축적한 습관에 관한 기존의 연구 성과를 깡그리 무시했다. 인간을 외부 환경에 지배당하는 자동 장치로 바라보는 것이 마뜩잖았던 것이다. 그들은 인간이 의지와 동기와 지성으로 움직이는 주체적인 존재라고 확신했다. 인간의 추론 능력과 경험이 곧 인간의 행동을 결정한다는 관점에서 보면, 반복에 의해 형성된 '습관'의 존재감은 너무나 가볍게 느껴진다. 과연 인지주의 심리학자들의 주장이 온전히 옳았을까?

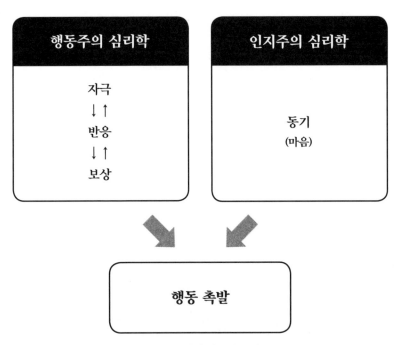

[도표 3-1] 두 심리학 계파가 지목하는 인간 행동의 동인

　물론 나 역시 이제 와서 행동주의 심리학자들의 주장을 두둔하고
싶진 않다. 하지만 그들이 그토록 매달린 몇 가지 주제, 즉 '외부 환경
의 자극'과 '적절한 보상'이라는 요소가 인간 행동의 근원을 구성하
는 데 매우 큰 영역을 맡고 있다는 사실만큼은 간과할 수 없다. 나는
어느 한편의 주장만으로는 인간을 제대로 이해할 수 없다는 결론에
이르렀다.

습관의 부활

흥미로운 그래프(도표 3-2)를 소개한다. 구글에서 제공한 이 그래프는 지난 100여 년간 서구 사회에서 출간된 책에 '습관Habit', '목표Goal', '평가Evaluation'라는 단어가 얼마나 사용되었는지를 나타낸다. 여기서 '목표'와 '평가'라는 단어는 인지주의 심리학자들이 인간 마음의 하향식 작동(원형적 하향식 인지)을 연구하면서 주로 사용한 심리학 용어다. 반대로 '습관'이라는 단어는 행동주의 심리학자들이 주로 사용했다.

그래프의 가로 축은 1890년에서 시작한다. 1890년은 근대 심리학의 창시자 윌리엄 제임스William James가 『심리학의 원리』라는 책을 펴낸 해다. 이때가 습관에 대한 인식도가 가장 높았다. 윌리엄 제임스는 '제2의 천성'이라는 용어를 처음 제시한 습관 연구 분야의 선구자다. 앞에서 언급한 비의식적 자아의 원형이라고도 할 수 있는 이 단어를 무려 한 세기 전에 통찰해냈다는 점에서 그는 시대를 앞서간 인물이었다. 윌리엄 제임스의 연구는 이후 실험심리학이 본격적으로 발전하는 토대를 마련했다. 그는 책에서 이렇게 말했다.

> 일상을 노력이 필요 없는 정신의 자동 활동 영역에 더 많이 넘겨줄수록, 마음은 '본래 처리해야 할 일(Proper Work)'에 더 많은 힘을 쏟을 수 있다.[4]

여기에 내가 덧붙이고 싶은 말은 없다. 군더더기 없이 담백한 격언이다. 그가 살았던 19세기와 우리가 살고 있는 21세기의 차이점은 없

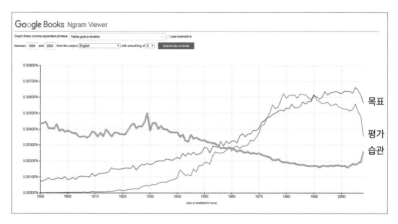

[도표 3-2] 책에 나오는 '목표', '평가', '습관'의 사용 빈도 추이(1890~2008년)

다. 단지 '본래 처리해야 할 일'이 기하급수적으로 늘었다는 사실만 제외하면 말이다. 따라서 제임스의 이 날카로운 지적은 사회가 발전하고 그만큼 우리의 일상이 번잡해질수록 더욱 빛을 발하게 될 것이다.

1960년대 이후 인지 혁명의 시기가 되자 '습관'이라는 단어는 적어도 그 시기에 책을 쓴 작가들에게 총애를 잃었다. 그래프(도표 3-2)에서 보다시피, 20세기 중반의 저자들은 '습관'이라는 단어 대신 '목표'와 '평가'라는 단어를 더 사랑했다. 이때만 해도 심리학자들은 인간이 습관에 따라 행동하는 수동적 존재가 아니라, 스스로 목표를 정하고 평가하는 주체적 존재로 묘사했다. 1980년부터 2000년까지 '습관'의 사용 빈도수는 가파른 내리막길을 걸었다. 그런데 2000년 이후 새로운 경향이 드러난다. 완전히 종적을 감춘 줄 알았던 '습관'이 최근 10년 사이에 다시 귀환한 것이다. '목표'와 '평가'의 사용 빈도수가 급락하는 것과는 반대로 '습관'의 사용 빈도수는 빠르게 증가하고 있다. 무엇이 이러한 전환을 초래했을까?

근래의 다른 많은 분야와 마찬가지로, 이런 변화를 이끈 것은 물론 과학이었다. 우리는 이제 뇌의 거의 모든 활동을 시각화할 수 있다. 인간이 어떤 생각이나 행동을 할 때 뇌가 어떻게 반응하는지 확인할 수 있다는 뜻이다. 뇌의 신경 활동에 따라 변화하는 혈류량을 자기장을 통해 간접적으로 관찰하는 기술인 기능적 자기공명영상장치fMRI를 통해 마치 거울을 들여다보는 것처럼 자기 성찰이 가능해졌다.

이제 뇌과학자들은 선대 심리학자들을 계승해 인간의 마음과 두뇌의 능력을 극대화하는 방법을 연구하기 시작했다. 그리고 그들은 '시작하는 뇌'와 '반복하는 뇌'가 분리되어 있을 가능성을 발견했다. 사람들이 처음 어떤 과제를 배울 때는 실행제어 기능(의식적 자아)과 관련한 뇌 영역(전두엽과 해마 영역)이 활발하게 움직였다. 이와는 반대로 그 과제를 반복할 때는 전혀 다른 뇌 영역(기저핵 안의 조가비핵)의 활동량이 증가했다.[5] 즉 인간의 신경 시스템이 무언가를 '결정하는 영역'과 무언가를 '지속하는 영역'으로 분리되어 있을 수도 있다는 사실이 밝혀진 것이다.

이렇게 습관의 부활이 시작되었다. 비슷한 시기에 인간의 인지 능력에 관한 실험 연구가 진행됐다. 연구진은 다음과 같이 실험을 설계했다.

(자극) 화면에 특정한 신호, 문자, 숫자가 나온다.
(반응) 피험자는 '네' 혹은 '아니요' 버튼을 누른다.
(보상) 정답을 알리는 신호음이 들린다.

실험 초반에 참가자들은 어떤 버튼을 누를지 신중하게 판단해야 했다. 하지만 몇 번 퀴즈를 반복하자 피험자들의 숙고 과정은 점점 단순해졌다. 그들은 더 이상 자신의 인지 능력을 적극적으로 동원하지 않았으며, 심지어 다른 생각을 하거나 다른 일을 수행했다.[6] 실험을 마친 연구진은 참가자들이 계속된 자극으로 축적된 '장기 기억Long Term Memory'에 따라 행동했다고 설명했다.[7] 연구진이 보고서에 쓴 '장기 기억'이라는 용어를 윌리엄 제임스의 표현으로 바꿔 말하면 '자동성Automaticity'이라고 할 수 있다. 바로 이것이 습관의 다른 이름이다.

* * *

다시 미로 속의 쥐로 돌아와 보상이 습관에 어떤 영향을 미치는지 살펴보자. 레버를 눌러야 먹이를 얻을 수 있다는 사실을 처음 배웠을 때 쥐는 '보상을 얻고자 레버를 누르는 것'에 집중했다. 연구진은 쥐가 레버를 눌렀을 때 마음속에 보상에 대한 일종의 기대를 품고 목표 지향적으로 행동했다고 결론지었다.[8] 여기까지는 인지주의 심리학자들의 해석과 같다. 따라서 만약 보상을 주지 않으면 쥐는 합리적으로 판단해 레버 누르기를 멈출 것이다. 그러나 예측은 빗나갔다. 쥐는 '습관적으로' 레버를 눌렀다. 반복하는 뇌가 시작하는 뇌를 압도한 것이다. 보상을 제거했음에도 쥐는 멈추지 않았다. 시야 안에 레버가 들어오기만 하면 계속해서 눌러댔다.

연구진은 '쥐의 행동을 야기한 요소는 익숙한 신호(레버)와 보상(먹이)이었지만 시간이 흐를수록 보상은 점차 부수적인 요소가 되어갔고 오로지 **반복**만이 남았다'고 보고했다. 물론 어느 정도 시간이 지나자 훈련을 잘 받은 쥐들은 보상 없는 레버 누르기를 멈췄다. 이 연구가 밝혀낸 것은 무엇일까? 무언가를 반복해 습관으로 정착되면 쥐는 그리고 매우 높은 확률로 인간 역시 보상에 거의 둔감해진다는 사실이다.

그렇다면 행동주의 심리학, 인지주의 심리학, 뇌과학 등 다양한 학계의 연구 결과가 공통으로 가리키는 것은 무엇일까? 나는 이렇게 정리했다.

뇌과학적으로 봤을 때 무언가를 반복하는 일은 무언가를 시작하는 일과 전혀 다른 영역의 행위이며, 같은 방식으로 여러 번 반복하면 그것은 완전히 다른 무언가로 변할 수 있다. 이렇게 변한 '무언가'는 보상 따위와는 아무런 상관없이 매우 강력한 지속력을 얻게 된다.

우리는 늘 보상을 얻기 위해 행동한다고 믿는다. 아까 실험에서 봤듯이 쥐조차도 목표 지향적으로 행동하지 않았던가? "나는 배고파. 그러니 저 레버를 눌러서 먹이를 얻을 수 있는지 알아봐야지!" 하지만 이것은 단지 시작에 불과하다. "사람들은 어떤 목적이나 결과를 바라지 않고도 그저 습관에 따라 행동한다."⁹ 놀랍게도 이 말은 윌리엄 제임스가 한 세기 전에 한 말이다.

현대의 수많은 연구와 실험이 제임스의 예측을 입증한다. 인간은 보상을 고려하지 않고 단지 자신이 처한 상황에 따라 무의식적으로 행동한다. '나는 레버가 설치된 미로 안에 있어. 그러니까 레버를 눌러야지.' 쥐한테만 해당하는 다짐이 아니다. '나는 지금 부엌 냉장고 앞에 서 있어. 그러니 냉장고 문을 열어야지.' 당신의 뇌 깊은 곳 어딘가에서 이런 추론 과정이 일어나는 것이다. 당장 무언가를 먹어야 한다고 의식적으로 결정한 것이 아니다. 그냥 습관일 뿐이다.

목표에 집착하는 사람, 상황에 집중하는 사람

드디어 습관의 정체를 밝힐 차례가 왔다. 우리는 습관이 동기와 의지에 연연하지 않고 스스로 작동한다는 사실을 깨달았다. 같은 일을 반복하면 뇌의 활동이 재조직되는 효과를 얻을 수 있다는 것도 배웠다. 더불어 목표는 습관의 형성과 큰 연관이 없다는 점도 알게 됐다. 하지만 우리가 습관적으로 행동할 때 우리 마음속에서 정확히 어떤 일이 벌어지는지에 대한 설명은 여전히 부족한 것 같다.

동료 연구자 데이비드 닐David Neal과 습관이 어떻게 작동하는지 연구했다. 주제는 '달리기'였다. 나는 이른 아침에 조깅을 즐긴다. 조깅은 생각보다 강력한 동기가 필요한 습관이다. 나도 처음 시작할 때는 꽤 힘들었다. 하지만 아이들과 오후를 함께 보내고 싶었다. 학교 수업이 끝나고 병원이나 아이들 친구 집을 돌다 보면 운동은 늘 뒷전으로 밀리기 일쑤였다. 이른 아침만이 온전히 나를 위해 쓸 수 있는 시간이었다. 처음 몇 주간은 아침 6시에 알람을 맞춰놓는 것조차 두려웠다. 하지만 체력이 튼튼해지는 느낌이 좋았고, 시간이 흐를수록 체중이 줄었다.

조깅하는 습관을 갖는다는 게 정확히 어떤 의미가 있을까? 이에 답하기 위해 우리는 듀크대학교 학생들을 대상으로 실험을 진행했다. 같은 장소에서 정기적으로 조깅을 하는 학생(A)과 아주 가끔 조깅을 하거나 아예 조깅을 하지 않는 학생(B)으로 그룹을 나눴다.[10] 본격적인 실험을 하기 전에 참가자들에게 두 가지를 물었다. 첫 번째 질문은 주로 뛰는 '장소'였다. 캠퍼스 근처의 숲을 적은 사람이 가장 많았고, 일부는 운동장이나 체육관을 적기도 했다. 두 번째 질문은 자신을 달리게끔 하는 '동기'였다. 그들은 휴식, 체중, 몸매 등을 적어서 제출했다.

우리가 알고 싶었던 것은 '조깅하는 습관을 가진 사람들이 달리기에 대한 정보를 어떻게 기억으로 구성하는가'였다. 그래서 행동(달리기)과 장소(예를 들면 '숲')와 목표(예를 들면 '체중 감량') 간의 정신적 상호작용의 강도를 확인하기 위해 인지주의 심리학의 '단어인지절차 실험'을 활용했다. 우리는 이렇게 실험을 설계했다.

(1) '대상 단어(Target Word)'가 컴퓨터 화면에 뜨면 참가자들은 그 단어를 인식하자마자 키보드를 누른다.

(2) 각 대상 단어가 화면에 뜨기 전에 아주 잠깐 다른 단어가 먼저 화면에 나타난다. 이 첫 단어는 참가자들이 의식적으로 인식하지 못할 정도로 빠르게 나타났다 빠르게 사라진다. 참가자들은 이 사실을 알지 못한다.

(3) 하지만 그들의 뇌는 그 잠깐의 순간을 포착할 것이다. 만약 참가자의 뇌가 인식하기에 첫 번째 단어와 두 번째 단어가 연관된 단어라면 첫 번째 단어가 뜬 뒤 두 번째 단어를 좀 더 빨리 알아챌 것이다. 예를 들

어 첫 단어가 '커피'라면 '컵'이라는 단어를 인식하기가 훨씬 쉬워진다. '커피'와 '컵'은 강력하고 신속하게 기억할 수 있는 단어 조합이다. 이와는 반대로 '빗'이라는 단어를 처음에 읽으면 '컵'이라는 단어를 상대적으로 더 늦게 인식할 것이다.

우리는 먼저 첫 단어로 '달리는 장소'를 가리키는 단어를 화면에 전시했다. 이어서 대상 단어인 '달리기'나 '조깅' 같은 단어를 보여줬고, 참가자가 이 대상 단어를 얼마나 빨리 인식하는지 측정했다. 마찬가지로 '달리는 목표'를 가리키는 단어를 첫 단어로 띄운 다음 참가자가 목표 단어를 인식하는 데 걸리는 시간 역시 똑같은 방식으로 측정했다.

실험 결과는 선명했다. 자주 조깅을 하는 학생들은 그렇지 않은 학생들에 비해 '달리기'라는 단어(대상 단어)를 더 빨리 인식했다. 이는 달리기가 그들의 마음에 더 다가가기 쉬웠다는 의미다. 이 점은 그리 놀라울 게 없었다. 그들에게는 달리기가 삶의 일부였으니까. 흥미로운 결과는 지금부터다. '운동장'이나 '숲' 등 자신이 조깅하는 장소가 첫 단어로 화면에 떴을 때 습관적으로 조깅하는 학생들은 '달리기'와 '조깅'이라는 대상 단어를 특히 더 빠르게 인식했다. 하지만 조깅을 즐기지 않는 학생들에게는 달리는 장소와 달리는 행동 사이에 큰 연관성이 없었다. 장소와 행동 간 정신적 상호작용이 상대적으로 약했던 것이다.

그런데 습관적으로 조깅하는 학생들에게 달리는 목표를 첫 단어로 제시하자 이번에는 '달리기'와 '조깅'의 인식 속도가 다시 느려졌다.

그들은 자신이 운동하는 동기로 체중 감량이나 마라톤 도전 같은 목표를 들었다. 하지만 그 목표는 조깅하는 강력한 습관을 가진 사람들에게 특별한 정신적 상호작용을 일으키지 못하는 것 같았다. 그들은 달리기의 목표, 즉 보상에 적극적으로 반응하지 않았다. 이와는 반대로 조깅을 가끔 하거나 아예 안 하는 학생들은 행동의 목표를 중요하게 인식했다. 달리는 목표를 가리키는 단어가 첫 단어로 뜨자 그들은 '달리기'와 '조깅'이라는 단어를 더 빠르게 인식했다. 마치 그들은 밖에 나가 달리기 위해선 반드시 달리는 동기가 필요한 것처럼 목표와 보상에 집착했다. 나는 습관의 지배력이 강해질수록 인간은 행동의 목표와 보상에 점점 둔감해진다는 윌리엄 제임스의 주장을 떠올리지 않을 수 없었다.[11] 무언가를 시작하는 데 동기와 목표는 중요하다. 적절한 보상은 좋은 습관이 우리 삶에 형성되도록 우리를 이끌어준다. 하지만 무언가를 반복하는 일은 완전히 다른 영역에 놓여 있다.

우리는 이 실험에서 습관을 형성하는 핵심 요소가 보상이 아닌 '상황'이라는 결론을 얻었다. 아침마다 땀을 뻘뻘 흘리며 공원을 달리는 사람들이 아무리 피곤해도 눈뜨자마자 집 밖으로 나갈 수 있는 이유가 여기에 있다. 만약 충분히 심사숙고할 시간이 주어진다면, 그들은 아예 운동을 쉬거나 평소보다 더 짧은 길을 택할지도 모른다. 우리가 생각의 속도를 줄이고 고민을 시작하게 되면 결과(행동)는 완전히 달라진다. '어제 늦게까지 야근했으니까 오늘은 좀 쉬어도 되지 않을까?', '여름까지 아직 시간이 많이 남았으니까 그냥 오늘은 가볍게 걷기만 하자!' 앞에서 말한 습관의 최후의 적 '의식적 자아'가 슬며시 고개를 드는 것이다.

구분	신호		반응
정기적으로 달리는 학생 (습관 형성자)	공원 숲 운동장 (장소)	➡	달리기
정기적으로 달리지 않는 학생 (습관 미형성자)	체중 감량 휴식 건강 (목표)	➡	달리기

[도표 3-3] 습관 형성자와 습관 미형성자의 '달리기' 단어 인식 과정

습관은 재빨리 우리의 마음을 장악한다. 의식적 자아가 뭔가 다른 일을 꾸미고 있는 사이에 습관은 이미 신호를 받아 '행동'을 향해 전력 질주할 준비를 마치는 것이다. 습관은 은밀하고 빠르게 의식을 장악한다. 의식적 자아가 발동될 틈을 주지 않는다. 습관이 형성되는 과정은 수학을 배우는 과정과 매우 유사하다. '2+2'를 배울 때 우리는 '1+1+1+1'을 연산함으로써 답을 얻는다. 하지만 어느 정도 연산을 반복하고 나면 더 이상 그런 계산을 하지 않고 뇌에 저장된 기억에서 빠르고 즉각적으로 답을 추출해낸다. 그래서 '2+2'가 곧 4처럼 '보이는' 것이다. 호수 옆의 산책로가 '보이면' 곧장 조깅해야겠다는 생각이 드는 것과 마찬가지다. 습관에 따라 행동할 때 우리는 필연적으로

이전에 풀었던 문제의 답을 검색하게 된다. 이것을 우리는 '습관 기억Habit Memories'이라고 부른다.

습관 기억은 쉽게 가동된다. 매일 똑같은 결정을 내릴 때 습관 기억이 개입해 문제를 해결해줌으로써 우리의 삶을 단순하게 만들어 준다. 심리학에서는 이렇게 다양한 정보를 일관된 전체로 묶는 과정을 '덩이 짓기Chunking'라고 부른다. 만약 금요일 밤마다 정해진 장소에서 밥을 먹는 습관이 있다고 치자. 이때 우리의 의식은 식당을 고르고 위치를 검색하고 메뉴를 정하는 과정을 따로따로 기억하지 않는다. 가족과의 아침식사도 마찬가지다. 커피를 내리고 그릇과 음식을 꺼내고 하루의 일에 관해 이야기를 나누는 모든 과정을 하나의 기억으로 묶어버린다.

앞서 살펴본 것처럼 습관의 가장 중요한 특징은 '힘들이지 않아도

공원 (습관 기억 ①)	여섯 바퀴 (습관 기억 ②)
검은색 운동화 (습관 기억 ③)	아침 7시 40분 (습관 기억 ④)

[도표 3-4] 덩이 짓기로 저장된 달리기 습관 기억

된다Effortlessness'는 것이다. 그저 특정한 상황이 닥치면 정해진 반응이 튀어나온다. 의식적으로 손가락을 치켜들지 않고도 일이 처리되는 기쁨을 누릴 수 있다는 것이다. 똑똑한 팀원과 일을 해봤던 사람이라면 어떤 느낌인지 잘 알 것이다. 어떤 일을 부탁하기도 전에 "이미 시작했어요!"라고 대답할 때의 기분을. 컴퓨터 키보드 위에 손가락을 올려두기만 하면 별다른 노력을 기울이지 않고도 우리는 빠른 속도로 글자를 칠 수 있다. 또 자녀가 우는 모습을 보면 저절로 눈물을 닦아주기 위해 휴지 쪽으로 손을 뻗는다.

물론 바람직하지 않은 습관도 똑같은 방식으로 형성된다. 당신은 밤늦게까지 스마트폰 게임을 즐기는 사람일 수 있다. 이 역시 의도하지 않았으나 생겨난 습관일 것이다. 아마도 하룻밤쯤 지루하고 불안해서 도저히 잠들 수 없었던 밤 스마트폰으로 유튜브를 보다가 게임을 시작했을지도 모른다. 그걸 밤마다 계속하게 됐고 결국 자기 전에 침대에 누워 스마트폰 게임에 몰두하는 행위가 습관으로 굳어졌다. 밤이 늦어지면 게임 생각이 자동으로 떠오른다. 당신의 비의식적 자아는 지루함을 이겨내기 위해 잘못된 습관을 만들어냈고, 이 습관은 스마트폰 게임이라는 중독적 보상을 얻는 데 가장 탁월한 방식으로 작동했을 뿐이니까. 그 누구의 잘못도 아니다.

위대한 사람은 위대한 일에만 몰두한다

의식적 자아의 개입을 차단하고 습관에 그 자리를 내어주면 우리는 좀 더 중요한 일에 집중할 수 있다. 미국 대통령 버락 오바마_{Barack Obama} 와 페이스북 창립자 마크 저커버그_{Mark Zuckerberg}는 일상의 반복 행위를 습관에 맡길 때 얻는 이점이 무엇인지 잘 아는 사람들이었다. 그들은 둘 다 매일 같은 옷을 입었다.[12] 오바마는 대통령으로 일하던 시절, 주로 푸른색이나 회색 양복을 입었고, 저커버그는 보통 회색 티셔츠를 입었다. 둘 모두 자신의 임무와 위치에 어울리는 의상을 택했고 그것을 고수했다. 2012년 미국의 패션 잡지 《배니티 페어》와의 인터뷰에서 오바마는 이렇게 말했다. "나는 될 수 있는 한 결정하는 일을 줄이려고 노력합니다. 뭘 먹고 뭘 입을지에 대해 결정하길 원하지 않아요. 왜냐하면 결정해야 할 다른 일이 너무 많거든요." 2014년 저커버그도 비슷한 말을 했다. "나는 이 사회에 최대한 봉사하는 방법 외에는 다른 결정을 내리지 않으려 합니다." 이제 백악관 집무실을 벗어나 새로운 '상황'에 놓인 오바마는 면바지에 체크무늬 셔츠를 입고 정원을 가꾼다. 아마 그는 육중한 책무에서 벗어나 '옷 고르기'와 같은 사소한 선택에 신중함을 기하는 소소한 기쁨을 누리고 있을 것이다.

이 두 사람은 인간 정신력의 이중성을 간파했다. 습관의 이점을 충분히 누리면서 평범한 사람이 수십 년 노력해도 해낼 수 없는 위대한 일을 성취했다. 그것도 단 몇 년 만에. 인생이 던지는 까다로운 난관에 맞서 자신의 의식적 자아가 충분히 힘을 쓸 수 있도록 삶을 구조화한 것이다. 오바마와 저커버그에게 인생이 던진 과제는 세계에서 가장 강력한 나라와 세계에서 가장 거대한 온라인 네트워크를 구축하는 일이었다. 그리고 그들은 습관의 힘을 통해 그 일을 해냈다.

그들의 통찰은 19세기와 20세기를 통과한 저명한 수학자이자 철학자 앨프리드 노스 화이트헤드Alfred North Whitehead를 떠올리게 한다. 그는 1911년의 영국 수학 교과서를 집필하며 덧셈 부호 같은 수학적 표기법의 이점을 이렇게 설명했다. "좋은 표기법은 모든 불필요한 일로부터 뇌를 구원한다. 더 중요한 문제에 집중할 수 있게 해주고, 우리는 그 덕분에 더 똑똑해진다."[13] 습관 기억이 '더하기' 연산을 손쉽게 기억하는 것처럼 수학적 표기법 역시 엄청나게 복잡한 철학 개념을 단순화한다. 우리가 좋은 습관으로 얻을 수 있는 이점이 바로 이것이다. 늘 반복되는 일상을 습관화하면 우리는 인생의 다른 기회와 위기에 훨씬 능동적이고 신속하게 대처할 수 있다. 습관은 우리가 삶에서 편리하게 활용할 수 있는 수학적 표기법인 셈이다.

하지만 습관의 강력한 이점은 편리함에 그치지 않는다. 습관은 재난으로부터 생명을 구해주기도 한다. 26명의 베테랑 소방관을 대상으로 진행한 한 연구가 있다. 연구진은 그들에게 까다롭고 위험천만한 화재 사건에 어떻게 대응하는지 묘사해달라고 요청했다.[14] 평균 경력 23년이 넘는 이 소방관들은 주택, 회사, 호텔, 주유소 등 다양한 화재 현장을 회상했다. 화재와 맞서 싸울 때는 수많은 선택지가 존재한다. 연구진은 소방관들이 어떻게 이 다양한 선택지를 평가하고 그 중에서 무엇을 고르는지 확인했다. 건물 정면으로 진입하기 전에 그들은 어느 쪽이 더 안전한 진입로라고 판단할까? 특정한 목표 지점에 물대포를 쏘기 전에 그들은 어떤 변수를 고려할까? 긴박한 상황에 맞서 소방관들은 늘 신속하고 올바른 결정을 내려야만 한다. 그들이 결정을 내리는 시점을 포착하기 위해 연구진은 참가자들에게 구체적인 화재 진압 시간표를 적게 했다.

연구 결과는 조금 의외였다. 이 베테랑 소방관들은 화재를 진압할 때 신중하게 결정하지 않았다. 심지어 특정한 결정 지점도 거의 포착되지 않았다. 연구진은 이렇게 적었다. "소방관들은 두 가지 이상의 선택지를 고려하지도 않았고, 그중 하나를 결정하지도 않았다."[15] 그들은 자신이 무엇을 선택했는지도 제대로 설명하지 못했으며, 심지어 연구진이 제시한 다른 대안에 비해 자신의 결정이 더 옳았다고 굳이 변론하지도 않았다. 이들은 오히려 거의 생각하지 않았다. 과거의 화재 현장에서 반복적으로 마주했던 양상과 신호를 새로운 화재 현장에 적용한 게 전부였다. 그들의 습관 기억 속에는 건물 구조, 연기의 색과 양, 유독성 유무, 불의 변화 정도, 바람의 세기와 방향 등 화재 사건과 관련한 다양한 변수가 저장되어 있었다. 이러한 정보에 반응해 과거의 경험을 바탕으로 어떤 행동을 취해야 할지 순간적으로 판단했고, 그대로 행동했다.

연구진은 이렇게 설명했다. "이들의 선택에서는 어떠한 의식적 검토, 평가, 분석도 발견되지 않았다. 그들 중 대다수는 외부 자극에 따라 즉각적으로 반응했다."[16] 생사를 가르는 상황에서 가장 적절한 해결책을 알려준 것은 다름 아닌 습관이었다.

화재 진압 못지않게 높은 육체적 능력을 요구하는 일이 또 있다. 미국 최고의 인기 스포츠인 미식축구는 제자리높이뛰기 기록이 1미터 이상인 유망주들이 60분간 푸른 잔디밭 위에 신체의 모든 능력을 쏟아내는 극한의 운동이다. 나는 소방관의 일과 미식축구 선수의 일이 아무런 상관이 없다고 믿어왔다. 서던캘리포니아대학교 미식축구팀 감독 클레이 헬튼Clay Helton과 대화를 나누기 전까지는 말이다.[17] 헬튼은 팀의 훈련 방식에 대해 이렇게 설명했다.

핵심은 혼란을 제거하는 것입니다. 혼란은 망설임을 낳고, 망설임은 일을 망치니까요. 또 부상을 당하게 만들 수도 있습니다. 젊은 선수가 자꾸 실수를 하고 부상의 늪에 빠지는 건 의심 때문입니다. 우리는 선수들이 마음속으로 이렇게 말하길 바라죠. '나는 이미 여러 번 이 시나리오를 검토해봤어. 나는 지난 경험을 통해 무엇을 해야 할지 정확히 알고 있어.' 저는 어린 선수들에게 늘 수영 선수 마이클 펠프스의 이야기를 들려줍니다. 그의 코치는 훈련 막바지마다 펠프스의 물안경에 물을 채워놓곤 하죠. 만약을 대비해서 말입니다. 경기 중에 앞을 보지 못하게 된다고 해도 공포나 혼란에 빠지지 않고 늘 하던 대로 자동으로 팔을 젓고 발을 차도록 말이죠. 우리도 이런 연습을 늘 반복합니다. 수비수가 앞을 가로막든, 어디선가 갑자기 튀어나온 팔뚝이 옆구리를 강타하든, 상대 선수가 옷자락을 잡아당기든 선수들은 이렇게 반응할 수 있어야 합니다. '저건 아무것도 아냐. 감독과 이미 이런 연습을 1720억 번은 했다고.' 오로지 앞으로 나아가려는 습관의 지시가 주변에서 벌어지는 상황을 제거해줄 때 비로소 선수는 가장 중요한 일에 집중할 수 있습니다. 그리고 이렇게 말하는 거죠. "이게 다 훈련 덕분이지."

베테랑 소방관들과 미식축구 선수들, 이들의 사고 과정은 놀랍도록 유사하다. 반복적인 훈련을 거듭한 끝에 극심한 혼란이나 연기, 혹은 130킬로그램이 넘는 수비수의 돌진 속에서도 자신이 해야 할 일이 무엇인지 놓치지 않았다. 겉으로는 별것 아닌 것처럼 보이지만 습관의 메커니즘이 현실에서 발휘하는 힘은 이처럼 확실하다. 습관은 목표에 집착하느라 쓸데없이 시간을 낭비하지 않는다.

4장

반복하는 뇌

습관은 애쓰지 않는다

•

아는 것만으로는 충분하지 않다. 적용할 줄 알아야 한다.
의지만으로는 충분하지 않다. 실천해야 한다.

- 요한 볼프강 폰 괴테

고기를 끊지 못하는 이유

아침식사는 강력한 습관이다. 우리 일상에 완전히 자리를 잡았고 많
은 사람이 이 습관을 따른다. 아침식사가 대단히 건강한 습관이라는
사실은 여러 연구로 밝혀졌다.[1] 세 끼 중에서 아침식사에 평균적으로
칼슘과 섬유질이 가장 많이 함유되어 있다. 그리고 이 영양소 함유량
비율은 거의 변화가 없다. 우리가 화요일에 먹은 아침식사나 금요일
에 먹은 아침식사나 영양학적으로는 비슷하다는 뜻이다. 어떻게 이
런 일이 가능할까? 우리가 지구적 규모의 급식소에서 매일 같은 식
단을 먹는 것도 아닌데 말이다. 점심과 저녁에 먹는 음식에는 보통

나트륨과 포화지방 등 건강을 해치는 영양소가 상대적으로 더 많이 포함되어 있다. 동시에 하루에 소비하는 칼로리의 대부분을 점심식사와 저녁식사가 공급해준다. 하지만 아침식사는 칼로리가 더 적고 몸에는 덜 해롭다. 거의 항상. 그 이유는 바로 습관 때문이다. 우리는 아침만큼은 집에서건 길에서건 심지어 버스 안에서건 '동일한 상황'에서 먹는다. 즉, 반복적인 상황 신호가 반복적인 습관을 형성시키는 것이다.

아침은 의식적 자아가 개입하기에 가장 불리한 환경이다. 대개 우리는 아침에 서두른다. 자녀의 책가방에 숙제를 밀어 넣는 동시에 찬장 위에 놓인 그릇을 무의식적으로 집어 든다. 그야말로 자동으로 행동이 튀어나온다. 아침식사도 마찬가지다. 주스를 따르고 토스트에 버터를 바른다. 혹은 아예 아무것도 먹지 못한 채 문밖을 나섰다가 출근길에 잠시 카페에 들르기도 한다. 무언가를 생각하고 판단할 겨를이 없다. 이처럼 아침식사는 모든 것이 상황과 맥락으로 이루어져 있다. 누가 이런 캠페인을 벌인 건지는 모르겠지만, 아무튼 아침식사는 인류 역사상 가장 깊고 넓게 유포된 강력한 습관이다. 그렇다면 이번에는 반대로 미국 역사상 가장 실패한 것으로 평가받는 불운한 캠페인을 하나 소개하겠다.

하루에 과일과 채소를 얼마나 많이 섭취해야 할까? 미국인이라면 아마 '5인분'이라는 답을 알고 있을 것이다. 이 숫자는 1988년 캘리포니아주 보건복지국장 켄 카이저Ken Kizer가 주도한 공공 건강 캠페인 포스터에 큼직하게 적힌 숫자다. 당시 미국에서 생산되는 모든 과일, 견과류, 채소의 절반가량을 책임지던 캘리포니아의 농부들은 새로운 시장을 찾고 있었다. 그들은 잠시 장화와 장갑을 벗고 보건복지국의 최고 관리자를 찾아갔다. 마침 미국인의 육식 위주 식습관이 여러 형태의 암을 유발할 위험이 있다는 과학적 증거가 속속 발표되던 때였다. 보건복지국장 켄 카이저는 농부들의 제안을 기꺼이 받아들였다. 시장의 논리와 과학의 발견이 손을 맞잡고 춤을 출 준비를 마쳤다.

카이저는 자신의 저서를 통해 1970년대 중반부터 다이어트가 암과 심장질환 등을 예방하는 데 효과가 있다는 확실한 증거가 드러나기 시작했다고 밝혔다.[2] 1981년에는 과체중과 흡연이 암 발병 확률을 획기적으로 높인다는 연구 결과가 발표됐다.[3] 과학이 말하는 바는 분명했다. 일상의 식습관이 암을 막을 수도 있고 반대로 더 키울 수도 있다는 경고였다. 켄 카이저는 미국 국립암연구소와 캘리포니아 영농인들 간에 파트너십을 체결하게 했다. 이들이 합작해 그 유명한 '건강 증진을 위한 하루 5인분' 프로그램이 만들어졌다. 캘리포니아에서 시작된 이 프로그램은 이후 수십 년간 미국을 넘어 세계로 퍼져나갔고, 급기야 세계보건기구가 이 프로그램을 공식 채택했다.

국립암연구소는 명확하고, 기억하기 쉽고, 누구나 쉽게 시도할 만하기 때문에 '5'라는 숫자를 선택했다고 밝혔다. 말하자면 점착성이 있다는 뜻이다. 게다가 2014년에는 대단히 시기적절한 연구 논문이 발표됐다. 하루에 대략 5인분의 과일과 채소를 추가로 섭취하기만 해도 질병으로 인한 사망 위험이 다소 줄어든다는 내용이었다.[4] 하지만 이보다 많이 섭취한다고 해서 사망 위험이 더 줄어들지는 않았다.

이 캠페인이 본격적으로 시작되자마자 미국 전역의 뉴스 방송사가 소식을 다뤘고, 귀여운 만화와 재치 있는 문구를 담은 광고도 등장했다. 마트는 다양한 상품에 캠페인 스티커를 붙였고 캠페인을 홍보하는 전용 간판을 설치했다. 전국의 초등학생이 이런 마트만 골라 순회할 정도였다. 국가가 앞장서 아예 대놓고 하루에 5인분 이상의 과일과 채소를 먹자고 적극적으로 홍보했다. '하루 5인분 주간'이 지정됐고 레시피를 담은 책자가 배포됐다. 이 캠페인은 대단한 성공을 거뒀다. 캠페인을 시작하기 직전인 1991년 8월 국립암연구소는 전화 설문을 실시했다. 하루에 과일과 채소를 적어도 5인분은 섭취해야 한다는 사실을 아는 미국인은 고작 8퍼센트였다.[5] 그런데 캠페인을 시작한 직후인 1997년에 실시한 조사 결과는 완전히 달랐다. 미국인 중 무려 39퍼센트가 '5인분'을 알고 있었다. 그 어떤 정치인도 이루지 못한 성과였다.

하지만 나는 캠페인과 정책을 다루는 책을 쓰는 게 아니다. 이 책은 실제로 삶을 바꾸는 방법을 다룬다. 그러니 진짜 묻고 싶은 질문은 이것이다. '그렇다면 사람들의 실제 행동은 어떻게 바뀌었을까?' 이 프로그램의 목적은 사람들이 과일과 채소를 전보다 더 많이 섭취하게 만드는 것이었다. 과연 그렇게 됐을까?

캠페인 초기였던 1988년부터 1994년까지 미국인 중 11퍼센트가 매일 하루 5인분의 과일과 채소를 섭취했다.[6] 그리고 그로부터 약 10년 뒤에는? 여전히 11퍼센트였다. 인식의 변화는 있었다. 하지만 행동의 변화는 일어나지 않았다.

이에 대응해 미국 정부는 또 다른 계획을 세웠다. 어쩌면 하루에 5인분의 과일과 채소 섭취로는 충분하지 않을지도 몰랐다. 이제 '될 수 있는 한 많이'가 새로운 목표로 설정됐다. 2007년부터 이 프로그램은 '과일과 채소 많이 먹기'로 이름이 바뀌었다. 어떤 해에는 9월 한 달 전체를 아예 '과일과 채소 많이 먹기'의 달로 정했다.

하지만 미국인들은 여전히 많이 먹지 않고 있다. 2013년, 단 13퍼센트의 미국인만이 하루에 과일 2인분을, 단 9퍼센트만이 하루에 채소 3인분을 먹는 것으로 조사됐다. 오히려 다른 나라에서 약간 더 성공을 거뒀는데, 예를 들면 같은 해에 영국인 중 29퍼센트가 하루 5인분을 먹는다고 설문에 응답했다.[7] 참 당혹스러운 결과다.

미국인은 암을 두려워한다. 미국인이 가장 무서워하는 질병이 바로 암이다.[8] 그리고 과일과 채소가 암 예방에 효과가 있다는 증거는 명백하다. 우리 모두 과일과 채소가 몸에 좋은 음식이라는 걸 알고 있고, 과일과 채소만으로 식단을 꾸려 건강을 되찾은 이웃의 사례를 많이 알고 있다. 하지만 그럼에도 우리의 행동은 바뀌지 않는다. 꽤 익숙하게 들리지 않나? 왜 우리는 아침식사는 그토록 철두철미하게 챙기면서 그것만큼이나 삶에 활력을 주는 습관인 채식주의는 철저하게 외면하는 걸까?

사실 우리는 할 수 있다. '아침을 챙겨 먹으려는 경향'도 습관이고, '고기보다 과일과 채소를 더 많이 먹으려는 경향'도 습관이다. 단지 전자가 후자에 비해 훨씬 더 강력하게 작동할 뿐이다. 식사는 습관 형성의 기본 요소를 모두 갖추고 있는 드문 예다. 자주 발생하고, 주로 비슷한 상황에서 행해지며, (적어도 처음에는) 보상을 기반으로 형성된다. 그런데 왜 어떤 식사 습관(아침식사)은 몸에 착 붙고, 어떤 식사 습관(채식주의)은 그렇지 않을까? 앞에서 배웠듯이, 단지 뭔가를 알기만 해서는 습관이 길러지지 않기 때문이다.

* * *

4주에 걸쳐 1000명의 식습관을 세심히 살펴본 연구가 있다. 나는 이 연구를 통해 식사라는 광범위한 행위에 습관적 본성이 내재한다는 증거를 찾아냈다.[9] 실험 참가자는 매일 일과를 마무리할 때 하루 동안 섭취한 모든 음식을 목록으로 작성해 연구진에게 메일로 보냈다. 연구진은 이 목록에 적힌 각 음식의 영양 성분(탄수화물, 섬유질, 나트륨, 칼슘)과 칼로리를 분석했다.

연구 결과, 아침식사에 함유된 영양분은 그 양과 구성 비율이 늘 일정했으며, 언제나 비슷한 환경 조건(시간, 장소)에서 이루어졌다. 하지만 점심식사는 구내식당, 레스토랑, 사무실 등 먹는 장소에 따라 식사의 질과 양이 약간씩 달라졌다. 저녁식사는 좀 더 즉흥적이었다. 주말의 풍경도 사뭇 달랐다.[10] 주말에는 참가자들이 섭취하는 칼로리의 양이 약간 더 많아졌으며, 점심과 저녁보다는 아침에 더 고칼로리의 식단을 꾸렸다(브런치 때문이다).

이처럼 우리의 식사는 습관과 마찬가지로 일정한 패턴을 드러낸다. 그리고 이러한 이유로 식사는 늘 습관을 탐구하는 많은 연구자가 즐겨 찾는 연구 주제였다. 이 중에서 특정한 '상황 신호'가 알지도 못하는 사이에 우리의 선택권을 어떻게 박탈하는지 깊이 파고든 연구가 있다.

연구진은 22일간 참가자들에게 매일 먹을 것을 제공했다.[11] 첫 11일간 일부 참가자에게는 보통의 양을, 다른 참가자에게는 50퍼센트 더 많은 양을 제공했다. 그리고 모든 참가자에게 원하는 만큼 먹어도 된다고 안내했다. 그런 다음, 2주간 휴식기를 둔 후 다시 연구를 재개했다. 이번에는 11일간 음식의 양을 반대로 제공했다. 더 많은 음식을 받은 참가자들은 보통의 양을 받았을 때보다 하루에 423칼로리를 더 먹었다. 여기까지는 충분히 상식적이다. 하지만 그들은 자신에게 주어진 음식의 양이 특별히 더 많아졌다고 느끼지 못했다. 제공되는 음식량에 상관없이 계속해서 자신에게 주어진 음식을 똑같은 비율로 먹었다. 그 결과 보통의 음식량을 제공받았던 앞의 11일에 비해 더 많은 음식량을 받은 11일간 그들은 모두 합쳐 1인당 4636칼로리를 더 섭취했다.

실생활에서 우리가 먹는 음식의 양은 몇 주 사이에 크게 달라지지 않는다. 직접 요리를 하든 주문을 하든, 대개는 우리가 스스로 음식의 양을 주체적으로 결정한다. 적어도 우리는 그렇게 믿는다. 그러나 이 연구는 그렇지 않다고 말한다. 우리의 식사는 내부 신호가 아닌 접시 위에 남은 상대적인 양, 즉 외부 신호에 의해 중단됐다. 눈앞에 음식이 남아 있는 한, 우리의 식사는 계속되는 것이다.

자기가 얼마나 먹었는지조차 제대로 파악하지 못한다는 이 연구 결과는 매우 흥미롭다.[12] 비슷한 실험이 있다. 실험 참가자에게 며칠간 치즈 파스타를 일반적인 양(1800칼로리)으로 제공했다.[13] 참가자 대다수가 음식을 남기지 않고 다 먹었다(평균 1700 칼로리). 그리고 나중에 음식량을 50퍼센트 더 늘렸더니(2600칼로리) 피험자의 식사량은 43퍼센트 늘었다(평균 2400칼로리). 식사를 마치고 질문했을 때 모든 사람이 이렇게 대답했다. "제가 늘 먹던 양이죠." 이게 사실일까? 물론 아니다. 그들이 먹어치운 파스타는 고등학생 장거리 사이클 선수에게나 적당한 양이었다.

여기까지가 식사량을 다룬 실험 결과였다면, 이번에는 식사 종류에 대한 다른 실험을 살펴보자. 민디 지Mindy Ji와 내가 패스트푸드를 먹는 습관에 대해 수행한 연구 결과에 따르면 대학생의 일주일 패스트푸드 섭취 횟수는 평균 4회였다.[14] 우리는 먼저 실험에 참가한 학생들을 패스트푸드 섭취량에 따라 여러 그룹으로 나눴다. 그리고 학생들에게 다음 한 주 동안 패스트푸드를 먹고 싶을 때마다 점수를 매겨보라고 요청했다. 선택지는 네 개였다.

(1) 약간 그렇다
(2) 약간 아니다
(3) 완전히 그렇다
(4) 전혀 아니다

이와 함께 일주일간 학생들은 매일 밤 연구진이 만든 웹사이트에 접속해 그날의 패스트푸드 구매 횟수를 보고했다. 평소 패스트푸드를 많이 먹는 학생들, 즉 규칙적으로 같은 레스토랑에서 같은 시간에 패스트푸드를 먹는 학생들은 패스트푸드를 먹고 싶은 의도 점수를 낮게 적었음에도 평상시와 똑같이 행동했다. 그들의 의도는 습관과 일치하지 않았다. 패스트푸드를 먹는 습관이 의식 바깥에서 제멋대로 움직인 것이다. 이들은 일종의 자동조종 모드로 반복해서 패스트푸드를 섭취하고 있었다.

그렇다면 원래부터 패스트푸드 섭취 습관이 없었던 학생들은 어땠을까? 이 그룹은 자신이 의도한 대로 움직였다. 패스트푸드를 먹지 않겠다고 응답하면 그 말을 그대로 지켰다. 이와는 반대로 패스트푸드를 먹겠다고 응답하면 그 말에 따랐다. 이들은 계획을 세우고 그 계획을 지키는 습관을 갖추고 있었다. 습관적 자아에 점령당하지 않은 우리 삶의 일부분은 우리의 의지에 순응하고, 또한 새로운 습관 형성에도 순응한다.

'건강 증진을 위한 하루 5인분' 캠페인은 사람들의 행동을 변화시키는 데 실패했다. 건강한 음식이 무엇인지 열성적으로 알려줬지만, 우리 삶의 43퍼센트에 속하는 습관만큼은 변화시키지 못했다. 미국인은 과일과 채소의 효험이 무엇인지 깨달았지만, 마트에 가서는 늘 고르던 음식들을 구입했다. 아마도 평소 채소 진열대를 그냥 지나치던 습관을 따랐을 것이다. 그들은 예전처럼 계속 스낵과 사탕을 우물거렸다. 그 습관이 자신의 건강에 어떤 해를 끼치는지에 대한 지식은 그들의 선택에 영향을 끼치지 못했다.

끊임없이 재설계되는 뇌

새 차는 첨단 설비로 가득한 거대 공장에서 조립된다. 수천 개의 부품과 강철, 알루미늄, 유리 섬유, 가죽 등의 재료가 수많은 엔지니어의 손을 거쳐 하나의 완성품으로 조립되어 형태를 갖춘다. 이는 자동차 디자이너들이 머릿속에 그린 상상도를 물리적으로 재구성하는 과정이다. 하지만 인간의 두뇌는 치밀한 설계에 따라 조립된 것도 아니고, 기발하거나 효율적이지도 않다. 그저 뇌를 이루는 여러 부위가 미치도록 놀라운 조화를 이루며 결합돼 있을 뿐이다.

뇌의 진화는 길고 지루했다. 뇌는 인류가 발전하며 아주 천천히 지금의 단일 기관으로 진화했고, 그에 발맞춰 새로운 신경을 추가하고 정신 기능을 발달시켰다. 우리 뇌에는 다중적으로 상호 연결된 수십억 개의 뉴런이 활동하는데, 여러 시간대에 걸쳐 제각기 진화한 뇌의 신경 네트워크는 서로 전혀 다른 기능을 갖추고 있다. 그렇다면 습관이 형성될 때 관여하는 뇌의 신경 네트워크는 어디일까? 만약 그걸 알 수 있다면, 우리가 좋은 습관을 개발하고 나쁜 습관을 제거하는 데 뇌과학의 도움을 얻을 수 있지 않을까? 변화는 자신의 수준과 상태를 정확히 인식하는 것에서 시작되며, 스스로의 진화 과정을 살펴보는 것보다 더 정확한 자기 인식은 없기 때문이다. 마침 연구자들은 fMRI와 같은 최신 기술의 발달 덕분에 혈류의 변화를 통해 뇌의 활성화 패턴을 추적할 수 있게 됐다.

습관이 완전히 형성되기 전까지는 목표와 보상이 필요하다. 저녁식사를 예로 들어보자. 저녁식사를 준비하려면 무엇을 만들어 먹을 것인지 결정을 내려야 한다. '내가 뭘 먹고 싶지?', '나는 어떤 보상을 원하는 거지?', '무엇을 만들어야 보상을 얻을 수 있지?' 원하는 보상을 정하면 그것을 달성하기 위한 본격적인 행동이 시작된다. '어떤 재료를 넣어야 하지?', '어떤 도구가 필요하지?', '칼은 어디에 있지?' 마침내 요리를 완성해내면 당신은 맛있는 한 끼라는 보상을 얻게 된다. 이렇게 얻은 보상은 당신이 다음에도 똑같은 행동을 반복하도록 부추긴다. 습관이 조금씩 구색을 갖추기 시작하는 것이다. 우리는 이

학습 (첫 행위)	습관 (반복 행위)
연상 고리	감각운동 고리
미상핵	조가비핵
중뇌 전전두엽 피질	감각운동 피질 감각운동 네트워크

시작하는 뇌   반복하는 뇌

[도표 4-1] 학습과 습관에 반응하는 뇌 영역 비교

과정을 '학습'이라고 부른다. 즉, 학습이 반복되면 습관이 되고 습관이 굳건히 뿌리를 내리면 비로소 지속성이 창조되는 것이다.

그렇다면 이러한 보상을 통한 학습을 경험할 때 우리 뇌는 어떻게 반응할까? fMRI 스캔을 해보면, 뇌에서 '연상 고리'로 알려진 신경 시스템이 활발해지는 모습이 포착된다.[15] 이는 '기저핵' 중에서도 '미상핵'과 연관돼 있는데, 이 미상핵은 '중뇌'와 '전전두엽 피질'과 함께 자기 제어, 계획, 추상적 사고 기능 등을 담당한다.

그런데 만약 그 저녁식사 요리법이 마음에 들어서 그 레시피를 계속해서 사용한다면? 즉, 학습이 반복되어 '습관'으로 정착되면 그때는 뇌가 어떻게 작동할까? 이때는 뇌의 연상 고리가 아닌 '감각운동 고리'의 신경 활동이 증가한다. 이는 기저핵의 다른 부분인 '조가비핵'과 관련이 있는데, 이 조가비핵은 '감각운동 피질' 등 중뇌의 다른 부위와 함께 '감각운동 네트워크'를 형성한다.[16]

뇌와 관련된 명칭이 너무 복잡하다면, 다 잊어버려도 상관없다. 요점은 그게 아니다. 무언가를 시작할 때(학습)의 뇌와 무언가를 반복할 때(습관)의 뇌가 전혀 다르게 작동한다는 점만 기억하면 된다. 그리고 각각의 영역은 자극을 많이 받으면 받을수록 더 발달한다. 즉, 당신의 행동이 뇌를 재설계할 수 있다는 사실이다. 다른 사람의 눈에는 당신이 처음 그 행동을 배웠을 때(학습)와 늘 똑같은 일을 하고 있는 것처럼 보이지만, 그 일을 반복할수록(습관) 당신의 뇌 속에서는 새로운 신경 시스템이 계속해서 재구축되는 것이다.

바로 이러한 뇌의 재설계 덕분에 과거에 우리가 학습했던 것을 반복하면 그다음에는 좀 더 수행하기가 쉬워진다. 뇌가 그에 맞춰 조금씩 변하기 때문이다. 소금을 얼마나 더 넣어야 하는지, 면은 언제 꺼내야 하는지, 스파게티 소스가 어디에 있는지 고민할 필요가 없다. 이렇게 습관이 형성된다.

뇌와 습관 형성의 관계를 이해하는 것은 매우 중요하다. 4만여 년에 걸쳐 축적된 뇌의 비밀 앞에서는 인간의 의지력과 재능과 노력 따위는 너무나도 무력하기 때문이다. 따라서 나는 이러한 뇌의 작동 원리를 다룬 또 다른 실험을 하나 더 소개할까 한다. 인간의 고통을 줄여주는 수많은 의학적 성취가 쥐 실험장에서 발견됐다. 이는 인간과 쥐가 그만큼 생물학적으로 대단히 긴밀한 연관성을 지닌다는 뜻이다. 특히 쥐와 인간을 포함한 모든 포유류는 유사한 과정을 거쳐 신경 시스템이 진화해왔다. 보상을 얻고자 행동하고 그러다 우발적 사태를 경험하며 이 모든 과정을 반복하면서 생존을 학습했다. 이 말은 모든 포유류, 특히 쥐도 인간과 마찬가지로 습관을 형성할 수 있다는 뜻이다. 그렇다면 쥐의 뇌 역시 인간의 뇌처럼 학습 행동과 습관 행동에 각각 다르게 반응하지 않을까? 이를 실험한 연구가 있다.

인간의 '전방 미상핵'과 유사한 영역인 '배내측 선조체' 회로에 이상이 생긴 쥐는 자신이 어떻게 해야 보상을 얻을 수 있는지 깨닫지 못했다. 즉, 보상과 신호를 연결하는 데 어려움을 겪었다.[17] 배내측 선조체가 제대로 기능하지 않는 쥐는 레버 누르기, 미로 탐색 등 먹이를 얻는 방법을 학습하지 못했다.

이와는 반대로 인간의 조가비핵에 해당하는 '배외측 선조체' 회로에 이상이 생긴 쥐는 습관에 따라 행동하는 데 어려움을 겪는다. 레버 누르기, 미로 탐색 등에 대한 학습을 마친 뒤에도 그렇게 얻은 습관을 활용하지 못했다. 뇌가 고장 난 쥐들의 실험 결과는 인간의 뇌를 스캔함으로써 밝혀낸 습관의 뇌과학적 진실과 일치한다.

그러나 우리 뇌는 쥐의 뇌와 완전히 똑같지 않다. 인간의 뇌에는 말하고, 회상하고, 기억하고, 계획하는 여전히 밝혀지지 않은 무수한 신경 영역이 모여 있다. 따라서 쥐의 뇌와 인간의 뇌를 같은 선 위에 놓고 비교할 수는 없다. 그래서 연구자들은 이상이 생긴 쥐의 뇌와 마찬가지로 뇌에 특정한 신경적 결함을 가진 환자들을 대상으로 흥미로운 실험을 진행했다.[18] 인간의 학습 능력과 습관 형성 능력이 분리되어 작동한다고 믿기 시작한 1990년대에 벌어진 이 유명한 실험

뇌 영역	학습 기능	습관 기능
쥐	배내측 선조체	배외측 선조체
인간	전방 미상핵	조가비핵

[도표 4-2] 학습과 습관에 반응하는 쥐와 인간의 뇌 영역

연구는 뇌과학자들이 의욕적으로 습관을 연구하게 되는 중요한 계기를 마련했다.

실험 참가자 중 20명은 파킨슨병 환자들이었다. 이들은 기저핵, 특히 조가비핵의 운동 조절 시스템이 손상되어 새로운 습관(비운동인 습관들까지도)을 학습하고 기존의 습관을 활성화하는 능력이 저하되어 있었다. 또 12명의 참가자들은 기억을 관장하는 뇌 부위인 해마에 기능 장애가 생긴 기억상실증 환자들로, 최근의 일을 기억하는 능력이 손상된 상태였다.

모든 참가자는 기상 캐스터 역할을 연기하는 게임에 참여했다. 그들에게 여러 벌의 카드들을 반복해서 보여주면서 어떤 패턴의 카드가 비 오는 날씨나 맑은 날씨를 가리키는지 가르쳤다. 파킨슨병 환자들은 연구진이 알려주는 과제를 문제없이 이해했다. 그들은 연구자가 자신에게 카드를 무작위로 보여주면 어떤 대답을 해야 하는지 알고 있었지만, 정작 카드를 보여줘도 그게 어떤 날씨 예보를 뜻하는지

대답하지 못했다. 조가비핵의 운동 조절 시스템이 손상된 이 환자들은 신호(카드)와 보상 반응(날씨 예보) 간의 연결성을 학습할 수 없었다. 즉, 습관 형성에 실패했다. 이와는 대조적으로, 기억상실증 환자들은 과제를 연습하면서 점차 습관을 형성했다. 기상 캐스터 놀이를 50번 연습한 후에는 제시되는 카드에 따라 정확한 날씨 예보를 말할 수 있었다. 하지만 지금 무엇을 하고 있는지 물어보면 대답하지 못했다. 연구진에게 놀이의 방법과 규칙을 충분히 배웠음에도 그들은 아무것도 기억해내지 못했다. 습관은 문제없이 형성됐지만 자신이 하는 일에 대해 전혀 의식하지 못했다.

파킨슨병 환자와 기억상실증 환자를 대상으로 진행한 실험을 통해 우리가 알게 된 것은 인간의 습관 형성에 영향을 미치는 뇌 부위가 뇌 한가운데에 박혀 있는 '조가비핵'이라는 사실이다. 이후 더 발달된 fMRI 스캔 연구를 통해 조가비핵과 습관 형성의 연관성이 속속 밝혀졌다.[19] 키보드 누르기와 같은 단순하고 반복적인 과제를 연습할 때 조가비핵의 신경 시스템 활동량이 증가하는 것이 관측된 것이다.

매번 기병대를 부를 순 없다

지금까지 나는 뇌과학의 여러 실험과 연구를 통해 밝혀진 학습과 습관의 분리성을 설명했다. 하지만 혼동하면 안 된다. 최초의 학습과 반복적인 습관에 관여하는 뇌의 신경 영역이 다르다는 사실만으로는 습관의 비밀을 깊숙이 파헤칠 수 없다. 우리 삶에서 순수하게 학습의 영역과 습관의 영역을 분리할 수 있을까? 바로 이 점이 습관의 과학을 연구하는 데 가장 큰 걸림돌이 된다. '목표'에 집중하는 신경 시스템(학습)과 '상황'에 더 민감하게 반응하는 신경 시스템(습관)은 서로 긴밀하게 연결되어 있는 한편 함께 작동될 때가 많기 때문이다.

이를 증명하려고 뇌 안쪽을 들여다볼 필요는 없다. 일요일 아침마다 브런치를 즐기는 습관이 있다고 가정해보자. 습관에 관여하는 뇌의 회로는 그 날짜와 시각이 도래하면(상황) 친구들이 모여 있는 베이글 가게에 가(반응) 지난 주 발견한 재밌는 책이나 영화를 품평하도록(보상) 당신을 움직인다. 상황과 반응과 보상을 자동적으로 연결하는 것이다. 여기까지는 분명 비의식적 자아, 즉 습관의 영역 같다. 하지만 카페로 향하는 동안 당신은 친구들과 어떤 이야기를 나눌지, 어떤 영화를 떠올릴지, 그리고 친구들이 어떻게 반응할지에 대해 의식적으로 생각할 것이다. 의식적 자아가 개입하는 것이다. 이처럼 우리 행동의 대부분은 신경 회로의 다층적이고 복합적인 상호작용에 의존한다. 따라서 습관의 과학을 연구할 때는 늘 세심한 주의를 기울여야 한다.

습관(비의식적 자아)을 행동(의식적 자아)으로부터 분리해내는 것이 내 초기 연구의 주요 과제였다. 나를 어렵게 했던 것은 피험자들의 이중성이었다. 연구실 밖에서는 습관에 따라 생활하던 사람들이 연구실 안의 통제된 상황 아래 놓이자 의식적인 결정을 내리며 과제에 임했던 것이다. 나는 더 단순하고 쉬운 과제를 내쳤지만 그래도 그들은 자꾸만 자신의 의식적 자아에 의존하려고 했다. 과제를 바꿔보기도 하고 교육 과정 횟수를 늘려보기도 했지만 아무 소용이 없었다.

훗날 '상황'의 힘을 깨닫기 전까지는 이런 절망스러운 연구가 계속됐다. 나는 피험자의 습관 형성을 돕는 데는 성공했지만, 피험자가 모든 편견과 고정관념을 버리고 실험에 참여하도록 만들지는 못했다. 실험실 안에서는 모든 사람이 진지한 과학자가 된다. '왜 내가 이 과제를 수행하지?' '저 연구자가 내게 원하는 건 뭘까?' '내가 어떻게 행동해야 이 연구에 도움이 될까?' 그것이 선한 의도든 악한 의도든 이런 수많은 잡념이 피험자들의 비의식적 자아를 억누르는 것이다.

나는 실험 환경을 훨씬 더 현실적이고 일상에 가깝게 만들어야 한다는 사실을 깨달았다. 연구실 밖은 늘 소란스럽고 분주하다. 의식적 자아가 끼어들 틈이 없다. SNS, 직장 상사, 꽉 막힌 도로, 결제를 재촉하는 청구서, 잔소리를 해대는 가족… 신경을 분산시키는 다양한 변수로 인해 무언가를 신중하게 생각할 겨를이 없다. 나는 실험 참가자들의 관심을 잡아끄는 동영상을 틀어놓는 등 다양한 방법을 동원해 그들의 주의를 분산시킬 장치를 추가했다. 또 참가자들의 인지 능력이 서서히 고갈되도록 여러 과제를 부여하고 고민할 거리를 던져줬다. 다행히 내 의도는 들어맞았다. 비로소 참가자들은 습관에 따라 행동하기 시작했다. 일상에서 느끼던 대로, 마음에 떠오르는 대로 자동으로 행동했다. 이제 더 이상 그들은 나를 감명시키려고 의식적으로 노력하지 않았다.

이렇게 피험자들의 습관을 관측할 수 있게 되자 나는 좀 더 큰 야심을 품게 됐다. 가이 이차코프Guy Itzchakov, 리아드 우지엘Liad Uziel과 함께 설탕에 관한 간단한 실험을 진행했다. 우리는 실험 참가자들에게 설탕이 몸에 해롭다는 점을 강조했다.[20] 설탕의 단점을 충분히 인지

한 후 참가자들은 탄산음료, 주스, 물 중에서 하나를 선택했다. 인지 능력을 고갈시키는 사전 과제를 충분히 수행했을 때 그들은 설탕이 몸에 안 좋다는 사실을 알고 있음에도 원래의 습관대로 음료를 선택했다. 즉, 평소 설탕이 든 탄산음료를 즐겨 마셨던 사람은 그대로 탄산음료를 골랐고, 평소 물을 마셨던 사람은 물을 선택했다. 이 간단한 실험으로 우리는 미국 국립암연구소와 캘리포니아 보건복지국이 주도한 건강 캠페인이 실패한 이유를 찾아냈다.

우리가 익숙하게 여기는 환경에서는 합리적이고 올바른 결정을 내리는 것보다 습관에 따라 행동하는 게 훨씬 쉽다. 채소를 많이 먹으면 몸에 좋다는 것을 알지만, 실제로는 햄과 베이컨을 장바구니에 잔뜩 담는다.

사전 과제를 수행하지 않았던 다른 참가자들은 새롭게 습득한 설탕에 관한 지식을 참고해 신중하게 음료를 선택했다. 그들 중 대다수가 설탕이 든 탄산음료를 거부했다. 무언가를 주체적으로 판단할 여력이 아직 남았던 것이다. 이처럼 우리의 인지 능력은 무한하지 않다. 두뇌의 힘을 사용하는 것은 너무나 큰 비용을 치러야 한다. 쓰면 쓸수록 고갈되고, 의식적 자아의 위력이 비로소 바닥을 보일 때 습관이 슬며시 등장해 우리의 행동을 장악한다.

물론 그 비용을 투자해 얻는 이익은 막대하다. 인류는 복잡한 실내 배관을 설계했고, 사막 위에 도시를 세웠고, 컴퓨터에 들어갈 마이크로칩을 개발했다. 문명의 획기적인 발전은 모두 이 목표 지향적인 의식적 자아 위에서 탄생했다. 우리는 모두 인간 두뇌의 실행제어 기능의 강력한 힘을 알고 있다. 하지만 이 능력은 본질적으로 우리의 진을 뺀다. 금세 피곤하고 지치게 한다. 무언가를 계속 고민하고 선택하는 일은 엄청나게 큰 정신력을 소모시킨다. 게다가 모든 일에 의식적 자아를 동원할 수도 없다. 우리가 동시에 처리할 수 있는 일은 몇 가지에 불과하다. 어느 한 가지에 몰두하면 다른 것들은 어쩔 수 없이 간과될 수밖에 없다. 하지만 우리 마음속 가장 깊숙한 곳에 자리한 비의식적 자아는 진을 빼지도, 정신력을 소모시키지도, 기회비용을 요구하지도 않는다. 그런데 왜 우리는 아직도 습관이 아닌 엉뚱한 것에 집중하고 있는 걸까? 뭔가 잘못된 게 아닐까?

앨프리드 노스 화이트헤드는 인간의 실행제어 기능을 이렇게 묘사했다. "'생각하는 일'은 전투에서 기병대의 돌격과도 같다. 숫자가 엄격히 제한되어 있고, 팔팔한 말들이 필요하며, 오직 결정적 순간에만 동원해야 한다."[21] 전투에서 기병대는 매우 중요하고 결정적이다. 소수의 정예 병력만으로 보병의 밀집대형을 무너뜨릴 수 있고, 불리한 전세를 단숨에 역전시킬 수 있다. 따라서 그만큼 조심스럽게 다뤄야 하며 투입 시점을 신중하게 결정해야 한다. 심리학자들은 생각하는 일, 즉 인간의 실행제어 기능이 마치 전선의 기마부대처럼 실제 생활에서 간헐적으로 등장한다고 진단했다. 인간의 이런 경향을 두고 그들은 '디폴트-간섭주의자'라는 대단히 복잡한 이름을 붙였다.[22]

우리는 의식적 사고가 개입해야 할 충분한 이유가 있는 상황이 아니라면 기본적으로 대부분의 시간을 자동조종 모드로 보낸다. 물론 당장 적군의 측면 공격이 임박한 상황이 아니라면 말이다. 아군이 적에 몰살당할지도 모르는 상황에 처하면 어떻게 해서든 기병대를 불러야 한다. 그러나 (캘리포니아 농부들에게는 대단히 안타깝게도) 미국인들은 충분한 채소 섭취와 같은 사소한 일에 대해선 굳이 돌격 신호를 낭비할 필요가 없다고 여겼다.

우리가 실행제어 기능을 행사할 때는 그 제어력의 행사가 상대적으로 쉽거나 그렇게 함으로써 얻게 될 보상이 충분히 중요하다고 판단될 때다. 이는 경제학의 관점과 대단히 유사한 태도인데, 경제학자들은 이를 '비용-편익 분석'이라고 부른다. 여러 정책 대안 가운데 목표 달성에 가장 효과적인 대안을 찾기 위해 각 대안이 초래할 비용과 편익을 비교하고 분석하는 기법을 뜻한다. 뇌는 자신에게 주어진 모든 임무에 대해 비용-편익 분석을 거쳐 자동으로 반응할지 아니면 의식적 자아라는 기병대를 소환할지 판단한다.[23] 양적으로 제한된 정신력의 기회비용을 고려한다면 뇌는 늘 극단적인 긴축을 택할 것이다.

이것이 바로 우리가 습관에 주목해야 할 이유다. 우리는 모든 사안에 기병대를 투입할 수 없다. 실행제어 기능이 처리할 수 없는 임무에 대해서는 다른 영역의 힘을 빌려야 한다. 바로 습관 말이다. 그리고 습관은 아무런 비용이 들지 않는다.

* * *

그림(도표 4-3) 상단에 있는 동물의 이름을 맞춰보자. 이보다 쉬운 일이 어디 있을까? 그냥 그림을 보고 그 동물의 이름을 말하면 된다. 이렇게 간단한 그림을 보고 틀리기도 어렵다. 혹시나 해서 이름까지 적어 놨다.

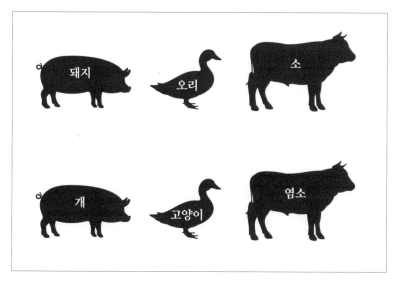

[도표 4-3] 스트룹 과제

하지만 그 아래에 있는 동물 그림은 조금 까다롭다. 이번에는 동물의 이름을 말하는 속도가 느려질 것이다. 내가 무엇을 말하려는지 혹시 눈치챘나?

'읽기'는 인류의 가장 강력한 습관이다. 모국어를 읽는 행위는 마치 숨을 쉬고 밥을 먹듯 쉽다. 지금껏 수없이 반복한 연습을 통해 읽기라는 습관이 형성된 것이다. 상단의 그림을 본 뒤 아래 그림을 보면서 어떻게 반응했을지 나는 알고 있다. 아마 당신은 그림에 적힌 글자를 먼저 읽었을 것이다. 단 한 번도 영향력을 깨닫지 못했던 이 습관(읽기)이 '동물 그림을 보고 이름을 말하려는 의식'을 압도하고 엉뚱한 동물 이름을 말하게끔 만든 것이다. 올바른 동물 이름을 말하기 위해선 습관이 야기한 첫 번째 충동을 억눌러야 했다. 즉, 글자를 읽지 말고 한 번 더 생각해야 한다. 하지만 당신은 부리와 깃털을 가진 동물을 뻔히 쳐다보면서 자신 있게 "고양이"라고 답했다. 습관이 의식을 이긴 것이다.

우리는 방금 '습관에 따라 자동으로 반응하는 기분'을 포착했다. 단어와 그림이 일치할 때(위의 그림)는 습관과 의식이 자연스럽게 포개졌다. 당신은 습관의 존재조차 인식하지 못했다. 하지만 습관과 의식이 서로 부딪쳤을 때(아래의 그림) 당신은 뭔가 부자연스러운 기분을 느꼈다. 이 과제는 고전적인 '스트룹 과제(Stroop Task, 사고 처리 과정에 고의로 간섭하는 실험)'의 한 종류인데, 습관이 현실에 야기하는 복잡한 갈등을 체험하도록 고안한 아주 단순한 게임이다.

사실 이런 과제를 풀지 못한다고 해서 엄청난 손해를 보는 건 아니다. 잠시 창피해지면 그만이다. 게다가 그럴 정도로 이 문제가 어려운 것도 아니다. 하지만 우리가 처한 현실은 다르다. 우리는 시간이 갈수록 점점 더 일에 집중하지 못하고, 달리기에 흥미를 잃고, 충동적으로 과소비한다. 당신은 이런 상황에 어떻게 대처할 것인가? 더 열심히 운동해서? 더 열심히 노력해서? 그보다는, 처음부터 습관에 의존하는 것은 어떨까? 과다하게 투입하고 있는 노력의 비용을 줄여 보는 것은 어떨까?

5장

상황제어
습관은 투쟁하지 않는다

•

우리가 위험에 빠지는 것은 무언가를 몰라서가 아니다.
무언가를 확실히 안다고 착각하기 때문이다.
- 마크 트웨인

자제력이 강하면 커서도 성공할까

심리학의 역사에서 가장 유명하고 가장 널리 알려졌지만, 또한 가장 잘 이해되지 못한 연구는 '네 살 아이의 자제력Self Control 실험'이다. 스탠퍼드대학교 부설 빙 유치원의 아이들은 접시 위에 놓인 작은 마시멜로를 하나씩 받았다. 연구진은 아이들에게 15분간 마시멜로를 먹지 않고 기다리면 마시멜로 두 개를 먹을 수 있다고 설명했다. 마시멜로와 함께 홀로 남겨진 아이들은 별달리 할 게 없었다. 약 75퍼센트의 아이들이 유혹을 뿌리치지 못하고 하나뿐인 마시멜로를 먹어버렸다. 다른 과자로 진행된 실험에서도 유사한 결과가 나왔다.[1] 평균적으로 아이들은 9분을 버텼다. 대다수의 아이가 더 나은 보상(또 하나의 마시멜로)을 놓쳤다.[2] 여기까지는 당신이 예상한 바와 같을 것이다.

흥미로운 결과는 15분을 참고 기다린 나머지 4분의 1 쪽에서 나왔다. 이 아이들은 어떻게 유혹을 견뎠을까? 마시멜로 두 개를 쟁취한 아이들은 주로 '주의분산 전략'을 이용했다. 노래를 부르거나 의자를 만지작거렸다. 마시멜로를 구름이나 베개 같이 먹을 수 없는 무언가라고 상상했다(이처럼 어린아이조차도 올바른 전략을 사용하면 욕구를 통제할 수 있다). 하지만 연구는 여기서 끝나지 않았다. 이 연구는 실험에 참여한 아이들의 청소년기와 성인기를 계속 추적했다. 연구진은 아이들이 보여준 저마다 다른 자제력이 지속되는 기질이라고 예상했다. 만약 그게 사실이라면 자제력이 높은 아이는 커서도 성공할 가능성이 높을 것이다.

그들의 예상이 맞았다. 네 살 때 유혹을 더 오래 참아낸 아이들이 청소년기에 학교 성적도 더 좋았고, 미국의 대입 자격시험인 SAT에서도 더 높은 점수를 받았다. 심지어 성인이 된 뒤에도 신체질량지수 BMI도 더 낮았고 몸무게도 덜 나갔다.[3] 연구자들은 이러한 경향성을 이른바 '만족 지연Delay of Gratification'이라고 이름 붙였다. 만족 지연은 더 큰 결과를 위해 즉각적인 즐거움과 욕구를 자발적으로 억제하고 통제하면서 욕구 충족의 지연에 따른 좌절감을 인내하는 능력을 뜻한다. 이 거창한 능력은 충동성과 반비례하고 성실과 끈기와 정비례한다고 꽤 오랫동안 받아들여졌다. 사람들은 이 만족 지연 능력이 인간의 실행제어 기능에 많은 영향을 끼친다고 믿으며, 평생에 걸쳐 도움을 주는 좋은 능력이라고 떠받든다.

자제력이 우수한 아이가 커서도 뛰어난 재능을 발휘한다는 사실이 언론에 보도되자 수많은 학부모가 아이에게 마시멜로 테스트를 실험했다. 전국의 마시멜로가 동이 날 지경이었다. 심지어 당시 미국에서 가장 인기 있는 TV 프로그램이었던 「세서미 스트리트_{Sesame Street}」가 이 실험 결과를 정면으로 다루기 시작하면서 이른바 '자제력 신화'는 미국인들 사이에서 광풍을 일으켰다. 게다가 비만 아동의 증가로 식습관의 중요성이 사회적으로 큰 주목을 받고 있었다.

이 프로그램에서 특히 인기가 많았던 캐릭터는 초콜릿 쿠키를 닥치는 대로 먹어치우는 탐욕스러운 파란 인형 '쿠키 몬스터'였다. 충동을 제어하는 법을 배우기 위해 쿠키 몬스터는 마시멜로 실험의 쿠키 버전인 '쿠키 게임'에 참여했다. 몇 분만 참아내면 쿠키 몬스터는 쿠키 두 개를 먹을 수 있었다. 쿠키 몬스터는 처음엔 노래를 부르며 주의를 딴 데로 돌리려 애썼다. 하지만 어느새 노랫말은 '쿠키를 너무 먹고 싶다'는 내용으로 바뀌었다. 쿠키가 액자 속 그림에 불과하다고 상상하려 했지만, 불가능한 상상이었다. 다른 장난감에 집중하려고도 노력했지만 이내 지루해졌다. 이렇게 충분히 고통스러운 시간을 견딘 뒤, 쿠키 몬스터는 겨우 쿠키 두 개를 받을 수 있었다.

쿠키 몬스터가 겪은 고난은 자제력의 본질이라고 할 수 있다. 우리에게 자제력은 유혹에 저항하고 충동을 참아내고 주먹을 꽉 쥔 채 독하게 견디는 것이다. 쿠키 몬스터의 내적 투쟁은 숭고하고 거룩해 보일지 몰라도, 분명 그 과정은 전혀 즐겁지 않았을 것이다.

마시멜로 실험을 통해 우리가 배울 수 있는 교훈은 '성공하려면 자제력을 키워라'뿐인 걸까? 수많은 사람이 '자제력이 강한 아이가 커서 성공한다'는 다소 종교적이기까지 한 결론에 치우쳤지만, 사실 스탠퍼드 연구팀은 이미 진실을 발견했다. 빙 유치원 실험의 가장 중요한 발견은 습관 형성에서 가장 핵심적인 요소가 '상황'이라는 것이었다.

사실 마시멜로 실험 당시 연구자들은 어떤 아이에겐 마시멜로를 보여줬고 어떤 아이에겐 마시멜로를 보여주지 않았다.[4] 물론 시나리오는 똑같았다. 원한다면 마시멜로를 더 얻을 수 있었다. 마시멜로가 안 보이는 곳에 있을 때 아이들은 약 10분을 기다릴 수 있었지만, 마시멜로가 눈앞에 있을 때는 고작 6분을 기다렸다. 나는 이 '4분'의 차이를 만든 것이 자제력의 힘이라고 생각하지 않는다. 그저 아이가 처한 상황에 따라 마시멜로의 유혹을 견딜 수 있는 시간이 다른 것뿐이다.

그렇다면 더 오래 버틴 모든 아이가 나이가 들어서도 더 성공적인 삶을 살았을까? 그 둘 사이의 연관성은 발견되지 않았다. 마시멜로가 눈앞에 보이고 손에 잡힐 수 있어서 그 유혹이 맹렬할 수밖에 없었는데도 그것을 참은 아이들만이 오직 이후의 삶에서 높은 성과를 냈다. 이 아이들이야말로 상황과 관련 없이 자제력을 발휘하는 독종이라고 부를 수 있지 않을까? 하지만 나는 이런 부류의 사람에게는 처음부터 관심이 없었다. 내가 궁금하게 여기는 그룹은 유혹을 참지 못하고 계속해서 굴복하는 75퍼센트의 사람들이다. 우리가 적절한 상황에 놓이기만 한다면, 고통스러운 인내의 시간을 겪지 않아도 무언가를 더 쉽게 해낼 수 있지 않을까? 비록 태생적으로 '만족 지연'을 갖지 못하더라도, 자신의 주변 환경을 개조할 수는 있을 테니 말이다.

빙 유치원의 아이들이 15분을 견디기 위해 가장 많이 사용한 전략은 일부러 다른 생각을 하는 것이었다. 연구진은 이러한 주의분산 전략을 높이 평가했다. 아이들은 갖고 싶은 비싼 신발이나 전자제품 등을 떠올림으로써 눈앞의 유혹에 맞섰다. 하지만 이미 앞에서 살펴봤듯이 인지적 제어는 상당한 노력이 필요하고 효과는 일시적이다. 게다가 실험실에서야 행복한 상상이 몇 분쯤 더 버티는 데 도움이 되겠지만, 일상에서는 그러한 의식적인 노력을 쉬지 않고 지속하기란 불가능하다.

우리는 일상에서 자제력이 어떻게 발동되고 그것의 효과가 얼마나 뛰어난지 측정하기 위해 대학생들을 대상으로 실험했다. 나는 실험에 참가한 대학생들에게 후회스러운 행동을 할 때마다 보고해달라고 요청했다. 그들은 늦잠을 잤을 때, 너무 많이 먹었을 때, 꾸물거리고 게으름을 피웠을 때 '후회'된다고 보고했다.[5] 하루 평균 두세 번 이런 생각이 들었다고 보고했고, 그때마다 자제력을 발휘해 다음에는 그러지 않으려고 노력했다고도 말했다. 그들이 유혹을 참아낸 전략은 무엇이었을까?

아이들과 달리 학생들은 주의분산 전략이 가장 효과가 없었다고 털어났다. 그들의 응답을 모두 검토한 결과 유혹을 이겨내는 데 가장 좋은 전략은 '상황제어 전략'이었다. 상황제어란 행동 치료의 한 기법으로, 특정 반응이 더 많이 일어나거나 덜 일어나도록 환경을 바꾸거나 재배열하는 것을 뜻한다. 즉, 학생들은 유혹이 닥칠 상황 자체를 제거하거나 고의적으로 회피했다. 그들은 편안한 침대가 있는 집을 떠나 도서관에서 공부했고, 냉장고에 있는 초콜릿 케이크를 내다 버렸다. 대학생들 역시 유치원생들처럼 아예 마시멜로를 눈에 보이지 않는 곳에 감춰버리는 것이 스스로를 통제하는 데 가장 유리하다고 판단한 것이다.

사람들은 종종 이렇게 말한다. "상황을 탓하지 말고 꿋꿋하게 나아가라!", "묵묵히 참고 견디면 기회가 온다!" 나는 이런 말을 들을 때마다 미국 문화의 근원에 있는 프로테스탄트 윤리를 떠올린다. 청교도인은 방종放縱이야말로 영원히 천벌을 받을 죄악이라고 여겼다. 금욕과 결핍과 인내의 시간을 견딘 자만이 천국에 들어갈 소수에 포함된다고 믿었다. 하지만 이 신앙을 너무 진지하게 받아들이지는 말자. 한때 청교도인은 마녀를 화형에 처해야 한다고 주장했으니까. 그들이 강조했던 높은 수준의 윤리관은 오늘날까지 영향을 끼치고 있다. 아직도 많은 사람이 이들의 가르침을 신봉하며 자신의 삶을 가혹하게 밀어붙이고 있다. 그러나 이제는 그러한 자기착취를 끝내야 한다.

그들은 무너질 만한 상황을 만들지 않았다

세상은 실험실보다 훨씬 더 복잡하며, 세상의 유혹은 마시멜로보다 훨씬 더 교묘하다. 이토록 가혹하고 잔인한 삶에 맞서 당신은 오직 자제력만으로 좋은 습관을 유지할 수 있다고 믿는가? 그렇다면 우선 자신의 자제력이 얼마나 강한지 측정해보자. 준 탱니June Tangney, 로이 바우마이스터Roy Baumeister, 앤지 분Angie Boone은 자제력 평가를 위한 '자기보고평가법'을 고안했다.[6] 그들은 자제력을 이렇게 정의했다.

내부의 반응을 억누르거나 바꿀 수 있으며, 바람직하지 않은 충동을 이겨
내는 능력.

이 평가지의 질문들은 크게 두 종류로 나뉜다. 먼저 자제력을 물어
본다.

나는 유혹을 잘 견딘다.
나는 내게 나쁜 일은 거부한다.
나는 게으르다.
나는 마음속에 떠오르는 대로 내뱉는다.

그다음에는 중요한 목표를 달성하는 능력을 평가한다.

나는 건강한 음식을 먹는다.
나는 무엇이든 잘 정돈한다.
나는 늘 시간 약속을 어긴다.
나는 매번 보고서 제출 기한을 넘긴다.

훗날 이 평가지는 습관을 주제로 한 수많은 연구에 활용되었고, 연구
자들은 그렇게 얻은 자료를 모두 종합해 피평가자들의 향후 삶의 경로
를 추적했다(만약 자신의 자제력 점수가 궁금하다면 goodhabitsbadhabits.org에
접속해 확인하기 바란다). 과연 자제력 점수가 높게 나온 학생들이 그렇
지 않은 학생들에 비해 인생에서 더 많은 성취를 이뤄냈을까?

자제력 평가 점수가 높은 학생은 그렇지 않은 학생보다 실제 학교 성적도 더 좋았다.[7] 더 원만하게 연인과 관계를 맺었다.[8] 훗날 부모가 되어서 자녀를 더 잘 보살폈다. 자신의 감정과 욕구를 적절히 통제해 극단적인 상황에 휘말리지 않았다.[9] 신용도가 더 높았고 퇴직자금도 더 많이 모았다. 카드빚도 제때 갚았고 지출 내역도 철저하게 관리했다.[10] 더 건강하고 몸무게도 덜 나갔다. 언제나 더 영양가 높은 음식을 먹었고 과식하는 일도 적었다.[11]

당신이 예상한 결과와 달라서 실망했나? 연구자들이 밝혀낸 바는 명백하다. 자제력이 높으면 인생의 모든 목표를 이룰 수 있을 것만 같다. 하지만 이 평가로 알 수 있는 것은 거기까지다. 평가지는 이들이 구체적으로 어떻게 유혹에 맞서 좋은 습관을 형성하고 끝내 목표를 달성했는지는 보여주지 않는다. 과연 이들은 당장의 쾌락을 포기하며 입술을 꽉 깨물고 버티는 전략을 구사했을까? 프로테스탄트 윤리가 요구하는 삶의 태도처럼 말이다.

2012년 독일 뷔르츠부르크에서 독일인을 대상으로 다음과 같은 연구를 진행했다.[12]

(1) 기존 자기보고평가법을 토대로 모든 참가자의 자제력을 평가했다.

(2) 모든 참가자에게 30분마다 신호음이 나오는 장치를 전달한 뒤 집으로 돌려보냈다.

(3) 참가자들은 신호음이 나올 때마다 지난 30분간 느낀 욕구에 관해 모두 적었다. 가장 흔한 욕구는 먹기, 자기, 마시기였다.

(4) 참가자들은 자신의 욕구를 기재할 때 그것들이 자신의 목표와 어떻

게 상충하는지도 기록했다. 다시 잠들고 싶은 욕구는 정시 출근이라는 목표와 상충하고, 디저트를 먹고 싶은 욕구는 체중 감량이라는 목표와 상충했다. 보고된 욕구 중에서 절반 정도가 목표와 충돌했다.

(5) 마지막으로 참가자들은 그런 욕구에 적극적으로 저항했는지를 기록했다.

그들은 과연 욕구를 느낄 때마다 스스로 억제해야겠다고 생각했을까? 그리고 어떻게 욕구에 저항했을까? 다양한 답이 나왔지만, 대부분의 답이 똑같았다. 'A 대신 B를 했다'는 답이 가장 많았다. 그들은 이 전략으로 그릇된 충동에서 벗어나 목표를 이루는 데 상당한 성과를 거뒀다. 바람직하지 않은 욕구에 저항한 참가자의 평균 비율은 83퍼센트에 달했다.[13]

여기까지는 앞선 연구 내용과 크게 다르지 않다. 연구진은 실험 초반에 실시한 자제력 평가 결과(1)와 그 뒤의 실험 결과(5)를 대조했다. 상식적으로 생각한다면, 자제력 평가 점수가 높았던 사람이 욕구에 더 격렬하게 저항했으리라 생각하는 게 옳다. 욕구를 이겨낸 83퍼센트에서 이들이 대다수를 차지하지 않을까? 자제력은 입술 꽉 깨물고 버티는 자기와의 싸움이 아니던가.

그러나 연구진이 발표한 결과는 이와 달랐다. 자제력 점수가 높았던 참가자들이 오히려 욕구에 더 적게 저항했다고 보고한 것이다. 사실 그들은 아예 처음부터 바람직하지 않은 욕구 자체를 느끼지 않았다. 자신의 목표와 상충하는 충동 자체가 많지 않았다. 연구자들의 표현을 빌리자면, '원래부터 유혹을 피할 수 있는 능력'을 가진 것 같았다. 그들은 하루 중 거의 모든 시간을 마치 마시멜로가 보이지 않는 것처럼 살고 있었다. 이와는 반대로 자제력 점수가 낮았던 사람들은 수많은 전투를 치렀다. 그들은 자신의 목표와 상충하는 불편한 욕구를 수없이 느꼈고, 그것을 억누르려고 힘겹게 노력했다. 계속 유혹에 맞서 싸우면서도 바람직하지 않은 갈망과 불행한 줄다리기를 반복했다.

자제력 평가 점수가 낮을수록 금욕에 집착하고, 점수가 높을수록 금욕에 집착할 필요조차 느끼지 못했다는 이 실험 결과를 어떻게 받아들여야 할까?

충동에 맞서는 시도는 손가락으로 둑을 막는 것과 같다. 단기적인 해결책에 불과한 것이다. 계속해서 의식적 자아를 불러내 욕구에 맞서 싸우는 일은 고통스럽고 외롭다. '생각하는 일'은 동원할 수 있는 숫자가 정해진 기병대와 같다고 말하지 않았던가. 이런 사람들은 성적 향상, 승진, 자녀 교육, 저축, 다이어트, 건강한 식습관 등 삶에서 정말로 중요한 장기 목표 앞에서 금세 지쳐 나가떨어질 수밖에 없다.

* * *

나는 자제력 평가와 더불어 건강과 관련한 다양한 지표를 측정함으로써 어떤 사람이 좋은 습관을 들이고, 어떤 사람이 나쁜 습관을 들이는지 평생 연구해왔다. 충분히 예상할 수 있듯이, 자제력 점수가 높은 사람이 더 많이 운동했고, 더 건강한 간식을 먹었고, 일어나고 자는 시각도 더 일정했다. 여기까지는 자제력에 대한 일반적인 발견이라고 할 수 있다.

그렇다면 이들은 금욕에 매달리지 않고 어떻게 건강한 행동을 반복했을까? 어떻게 좋은 습관을 몸에 새겼을까? 그들은 별다른 생각 없이 자동으로 운동하러 나갔다고 대답했다. 그들은 언제나 같은 시간과 장소에서 운동을 했다. 운동은 이미 그들의 삶에서 아주 자연스러운 일상이 되어 있었다. 별다른 노력을 기울이지 않고도 날마다 작은 성공을 쟁취하고 있었다. 그들은 건강해지기 위해 굳이 입술을 꽉 깨물지 않았다.

매일 10킬로미터씩 달리는 사람에게 비결을 물어본다면, 그 사람은 첫 1킬로미터가 힘들 수 있다고 대답할 것이다. 또 마지막 1킬로미터 역시 힘들 수 있다고 말할 것이다. 하지만 일단 출발한 후에는 그만 뛸지 말지, 몸이 불편한지 아닌지에 대해 깊이 생각하지 않는다. 강력한 달리기 습관을 가진 사람은 자신이 하는 일에 대해 별달리 고민하지 않는다. 단지 정해진 패턴에 따를 뿐이다. 그들은 결정을 내리지 않는다. 한번 형성된 습관은 당신의 고통을 덜어준다.

이는 건강한 식사와 수면에 관한 연구에서도 마찬가지였다.[14] 자제력이 높은 사람은 매일 아침 사과를 먹었다. 또는 저녁식사 후에 아몬드를 몇 알씩 챙겨 먹기도 했다. 그들은 건강한 간식 섭취를 일상화해서 매일 똑같은 시간과 장소에서 먹었다. 특별히 생각할 것도 없이 그냥 행동했다. 그들은 매일 밤 같은 시각에 침대에 누웠고 매일 아침 같은 시각에 일어났다. 컴퓨터 게임을 한 판 더 하느라, 또는 트위터 게시물을 계속 읽느라 자신을 괴롭히지 않았다. 그들에게 수면은 내적 갈등이 아니었다.

심지어 고등학생도 이런 식으로 자제력을 발휘한다. 5일간의 명상 수업에 등록한 학생 109명의 일과는 아침 6시 30분에 시작해 밤 10시 30분에 끝났다.[15] 학생들은 하루의 절반을 말하지 않으며 지냈다. 스마트폰 사용은 금지됐다. 연구진은 이 학생들이 명상 수업이 끝난 이후에도 명상을 계속하는지 확인하고자 했다. 계속 하겠다는 학생도 있었고 아주 가끔만 할 생각이라고 답한 학생도 있었다. 그리고 세 달 후 학생들이 실제로 무엇을 했는지 확인했다. 자제력 점수가 높게 나왔던 학생은 명상 목표를 달성했고, 그렇지 않은 학생은 대다수가 실패했다. 여기까지는 당연한 결과다. 이번엔 성공과 실패에 각각 어떻게 대응했는지 물었다. 성공한 학생은 구태여 욕구를 억제하지 않았다고 답했고, 실패한 학생은 욕구에 맞서 처절하고 지루하게 저항하다 결국 컴퓨터 게임이나 영화 보기 등을 택했다고 답했다. 성공한 학생은 명상이 그저 자동으로 툭 튀어나왔다고 보고했다. 생각하고 한 일이 아니었다. 자신의 삶에 명상이 조용히 스며들었다. 명상하는 행동이 습관으로 재창조된 것이다. 자제력이 뛰어난 사람들은 언제나 '투쟁'이 아니라 '자동화'로 목표를 달성했다. 이런 사람들의 특징은 다음과 같다.

그들은 목표를 달성하려고 굳이 입술을 꽉 깨물지 않는다.

그들은 언제나 같은 시간과 장소에서 특정한 행동을 반복한다.

그들은 생각하지 않고 행동하고, 한번 시작하면 고민하지 않는다.

그들은 별다른 노력을 기울이지 않고도 날마다 작은 성공을 쟁취한다.

그들은 투쟁하지 않는다.

자제력에 관한 총 102건의 관련 연구를 종합적으로 검토한 보고서가 있다.[16] 일부는 숙제하기, 콘돔 착용, 금연 등과 같은 유익한 행동과 관련돼 있었고, 간식 섭취, 거짓말, 부부 싸움 등과 같은 해로운 행동과 관련된 연구도 있었다. 예상했겠지만, 자제력이 높은 사람일수록 유익한 행동을 더 많이 했고 해로운 행동은 더 적게 했다. 이 보고서를 작성한 연구자들은 어려운 과제에 처했을 때 자제력이 높은 사람은 스스로 삶의 중앙 관리자가 되어 특별히 더 좋은 성과를 냈으리라고 예상했다. 실제로 조사 데이터만 보면 자제력이란 곧 '순전한 의지력의 힘'을 뜻하는 것처럼 보였다. 하지만 앞에서 우리는 다양한 실험과 연구 결과를 검토함으로써 사실이 이와 다르다는 것을 밝혀냈다. 자제력이 높은 사람이 자제력이 낮은 사람보다 의지력이 강하고 금욕적인 것이 아니라, 단지 자동화에 더 능숙한 것뿐이라는 사실 말이다.

자제력 평가법의 최초 고안자 중 한 명인 로이 바우마이스터를 포함해 많은 연구자가 결국 이러한 사실을 받아들였다. "자제력은 일반적으로 습관의 형성과 파괴를 거치며 더 잘 작동한다. 금욕과 인내, 끈기가 아닌 안정적 행동 패턴을 구축하고 유지하는 것만으로도 우리는 자제력을 적절히 통제할 수 있는 것이다."[17] 자제력 점수가 높은 사람들은 애초에 자제력 평가법이 측정하려고 했던 것들을 갖고 있지 않았다. 첫째, 그들은 바람직하지 않은 욕구를 경험하지 않는다. 마치 환경에 그런 유혹을 녹여낸 것처럼. 둘째, 동일한 시간과 장소에서 같은 일을 반복함으로써 습관을 형성하는 방법을 안다. 무너질 만한 상황 자체를 만들지 않는다.

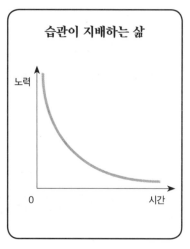
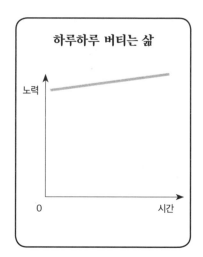

[도표 5-1] 시간에 따른 고통의 크기 변화 비교

앞으로 우리는 힘겹고 고립된 행동을 반복하는 것만으로는 습관 형성을 가속화할 수 없다는 사실을 살펴볼 것이다. 물론 모든 성공의 근원이 탁월한 의지력과 금욕적 삶의 태도라는 생각을 거부하기란 쉽지 않을 것이다. '열심히 노력하지 않고도 성공할 수 있다고?' 하지만 실제 성공한 사람들의 이야기를 주의 깊게 들어본다면, 크게 힘들이지 않고도 쉽고 편하게 목표를 달성하는 습관이 어떻게 만들어졌는지 알 수 있을 것이다.

빌 게이츠는 여러 인터뷰에서 대학생 시절 자신이 과제를 미루고 미루다 마감에 임박해서야 시작하는 지독한 게으름뱅이였다고 고백했다.[18] "내가 숙제도 하지 않고, 수업도 듣지 않고, 아무 신경도 쓰지 않는다는 걸 사람들에게 보여주고 싶었습니다. 당시 제 별명은 '마지막 순간까지 아무것도 안 하는 남자'였습니다." 그는 언제나 아주 짧고 굵은 벼락치기로 시험을 준비했다.[19] 이런 습관은 대학생 시절의 그에게는 어느 정도 도움이 됐다. 그는 마술처럼 거의 모든 과목에서 A 학점을 받으며 자신의 천재성을 과시했다.

하지만 2년 후 학교 밖을 나가자, 순간의 기지만으로는 비즈니스 세계에서 살아남지 못한다는 사실을 깨달았다. "마지막 순간에 일을 처리한다고 해서 누구도 나를 칭찬해주지 않았습니다." 그는 이렇게 인정했다. "정말 나쁜 습관이었고 그 습관에서 벗어나기까지 몇 년이 걸렸죠."[20] 그는 비즈니스 세계에서는 '늘 정돈되어 있고 제시간에 일을 마치는' 친구들처럼 행동해야 한다는 점을 알게 됐다. 빌 게이츠는 대학생 시절 자신의 습관을 '비행'에 비유한다. "항공기 조종사들은 좋은 착륙을 좋은 접근의 결과라고 말합니다. 마찬가지로 좋은 회의는 좋은 준비의 결과물이죠."[21] 그는 회의 전에 모든 참석자가 관련 자료를 공유해 미리 정보를 확인하고 검토하는 시스템을 만들었다. 회의의 생산성은 높아졌다. 남들보다 탁월한 결과를 얻기 위해선 남들보다 더 나은 상황에 자신을 두어야 한다. 그렇게 하면 굳이 힘들이지 않아도 자제력을 발휘할 수 있다. 이것이 빌 게이츠가 내린 결론이었다.

강력한 습관은 어떻게 창조되는가

자제력에 대한 길고 지루했던 비판적 검토를 마치자, 이제 내게 남은 과제는 인내와 끈기를 대신할 삶의 무기를 개발하는 것이었다. 즉,

수많은 유혹과 욕구를 이겨낼 지속적이고 강력한 습관 말이다. 나는 페이잉 린Pei-Ying Lin, 존 몬테로소Monterosso와 마지막 실험을 준비했다.

대학생에게, 특히 서던캘리포니아대학교에 다니는 학생들에게 정 크푸드는 참기 힘든 유혹이다. 10킬로그램 정도 살찐다는 건 그들에게 일어날 수 있는 최악의 사건 중 하나다.[22] 실험에 참가한 학생들은 모두 날씬하고 건강해지길 원했다.[23] 하지만 그들이 처한 딜레마는 초콜릿을 정말 좋아한다는 것이었다. 우리의 목표는 이들에게 초콜릿 대신 당근을 선택하는 습관을 길러주는 것이었다. 우리가 설계한 실험은 다음과 같다.

(1) 참가자는 조이스틱을 조작해 당근을 획득하는 컴퓨터 게임을 한다.
(2) 참가자는 화면에 보라색 소용돌이 그림이 뜨면 조이스틱을 조작해 화살표로 당근 그림을 선택한다. 그러면 진짜 당근이 나온다.
(3) 참가자는 3시간 이상 아무것도 먹지 않은 채 배고픈 상태로 이 게임을 지속한다.

학생들은 며칠에 걸쳐 이 게임을 반복했다. 첫날 학생들은 평균 18개의 당근을 받았다. 당근 그림은 항상 똑같은 위치에 떴기 때문에 조이스틱을 그 방향으로 움직이기만 하면 당근을 쉽게 얻을 수 있었다. 고등 교육을 받은 피험자에게는 지나치게 쉬운 게임이었다. 실험 이틀째 학생들은 더 많은 당근을 받아 갔다. 이쯤 되자 보라색 소용돌이 그림을 보기만 하면 당근 그림이 표시된 방향으로 조이스틱을 움직이는 습관이 참가자 모두에게 형성됐다. 참가자들은 신중하게 고려하지 않고 빠르게 행동했다.

그리고 변화가 생겼다. 게임이 바뀌었다. 선택지가 하나 더 추가된 것이다. 당근 그림 오른쪽에 초콜릿 그림이 나타났다. 조이스틱을 움직이는 방향에 따라 건강한 당근과 덜 건강한 초콜릿 중 무엇이 나올지 정해졌다. 학생들은 어떻게 했을까?

당근을 선택해온 참가자들은 미처 대안을 고려할 틈도 없이 몸이 먼저 반응했다. 보라색 소용돌이 그림이 화면에 뜨면 조이스틱을 왼쪽으로 움직이는 습관이 형성된 참가자들은 계속해서 당근 그림을 선택했다. 참가자의 55퍼센트가 당근을 선택했다. 이들은 분명 당근보다 초콜릿을 더 좋아했다. 그럼에도 절반 이상이 당근 그림으로 조이스틱을 움직인 것이다. 습관은 뭔가 특별한 일을 해냈다. 고통스러운 자제력이 자신을 괴롭히기 전에 순식간에 일을 끝마쳤다. 참가자들은 모두 배가 고픈 상태였고, 조이스틱을 조작하는 데 집중하고 있었다. 그들의 실행제어 기능이 약해진 틈에 습관이 그 자리를 차지한 것이다.

하지만 습관이 항상 이렇게 우리를 보호해주는 것은 아니다. 이번엔 당근 그림의 위치를 다른 곳으로 옮겨봤다. 게다가 보라색 소용돌이 그림 대신 갈색 산 그림을 화면에 띄웠다. 과연 이 작은 변화가 건강한 간식을 고르는 학생들의 습관을 압도했을까? 당근의 선호도는 크게 떨어졌다. 63퍼센트가 초콜릿을 골랐다. 습관이 사라진 자리에 다시 의식적 자아가 들어앉은 것이다.[24]

우리는 건강, 행복, 꿈, 명예, 돈 등 성공을 얻는 열쇠가 인내와 끈기, 투지와 열정이라고 믿는다. 수많은 선택지 가운데 언제나 어렵고 고통스럽고 지겨운 길이 성공을 보장하는 유일한 길이라고 생각한다. 그리고 날마다 온갖 유혹과 욕구를 참아내고 한길로 매진한다. 하지만 습관을 만들어가는 방법을 깨달으면 우리에게 도움이 되는 행동을 굳이 선택하려고 매사 애쓰지 않아도 된다. 습관이라는 시스템이 삶의 기본 옵션으로 내장되기 때문이다. 그리고 이 시스템은 상황적 신호와 보상 반응이 결합해 창조되며, 열심히 일하지만 늘 묵묵하기만 한 당신의 두 번째 자아가 만들어낸다.

습관이 지배하는 삶	구분	습관이 없는 삶
비의식적 자아	주관	의식적 자아
상황	지향	목표
자동화 (자동조종 모드)	방식	비자동화 (실행제어 기능)
습관	도구	인내, 끈기, 의지, 노력…

[도표 5-2] 습관이 지배하는 삶과 습관이 없는 삶

그리고 이제 우리의 생각과 의지와 판단과 결정이 관여할 여지는 없다. 당신은 이 메커니즘의 일부가 아니다. 물론 최초의 습관을 학습할 땐 목표와 동기가 어느 정도 중요하다. 하지만 습관의 폭발적인 잠재력이 가동되려면 당신의 '의식'이 자리를 비켜줘야 한다. 바로 그때, 방치된 43퍼센트의 무의식이 습관으로 재창조된다.

HABIT

2부

습관은 어떻게
일상에 뿌리내리는가

6장

습관 설계 법칙 1
나를 중심으로 상황을 재배열하라

•

습관은 우리의 귀를 틀어막는다.
- 사뮈엘 베케트

[습관 방해]
담배와의 전쟁

만약 타임머신을 타고 1950년대의 미국 대기업 사무실에 간다면 주변에 보이는 건 모두 미친 듯이 일하는 남자들뿐일 것이다. 여자는 한 명도 없고 컴퓨터도 드물다. 잡동사니와 종이 더미만 잔뜩 쌓여 있고, 아직 개방형 사무실이 도입되기 전이라 죄다 방으로 된 사무실만 있을 것이다. 하지만 아무리 예상을 하고 갔더라도 우리를 충격에 빠뜨릴 한 가지가 있다. 사람들이 담배를 엄청나게, 그것도 실내에서 무지막지하게 피운다는 점이다. 자욱한 담배 연기로 우리의 시야가

뿌옇게 흐려질 것이다. 그들은 아침에 출근하면서, 회의 중에 큰 소리로 농담을 던지면서, 샌드위치를 앞에 두고 신문을 읽으면서, 그리고 집에 가면서까지 주야장천 담배를 피운다. 물론 몇몇 여자 직원도 담배를 피운다. 하지만 그들의 흡연은 어쩌면 당시로서는 일종의 젠더 평등을 보여주는 상징적인 일탈 행위일지도 모른다. 남자들은 마치 굴뚝처럼 담배를 피운다. 세련되거나 남자답거나 혹은 그 둘 다인 것처럼 보이려는 듯이. 한 가지 확실한 것은 그들이 절망적인 수준으로 흡연에 중독되어 있다는 사실이다. 다시 타임머신을 타고 21세기에 돌아온다. 그때와 지금의 차이점을 모두 확인하진 못했지만, 딱 한 가지는 분명하다. 반세기 전보다 지금이 적어도 공기 질만큼은 훨씬 좋다는 것을.

1950년대는 담배의 전성기였다. 미국 인구의 거의 절반이 지독한 흡연자였고,[1] 영국의 흡연 인구는 80퍼센트에 달했다. 의사들은 적당한 흡연은 전혀 문제가 없다고 말했다. 하지만 착각은 그리 오래가지 않았다. 의학 기술이 발달하자 지금은 상식이 된 담배의 수많은 폐단이 속속 밝혀졌다. 리처드 돌Richard Doll과 리처드 페토Richard Peto가 흡연이 암과 밀접하게 연관되어 있다는 증거를 처음 제시했다. 그들은 최종 보고서에 흡연으로 인해 수명이 10년이나 줄어들 수 있다고 발표했다.[2]

1952년 《리더스 다이제스트》는 "담뱃갑에 의한 암"이라는 제목의 기사를 내놨다. 1950년대는 또한 《리더스 다이제스트》의 시대이기도 해서, 수백만의 미국인이 이 기사를 읽고 두려움에 떨었다. 그렇다면 흡연율이 떨어졌을까? 물론 이 경고는 끔찍했지만 흡연율의 하락폭은 미미했다. 그럼에도 불구하고 담배 기업들은 발끈했다. 그들은 이 새로운 공포를 잠재우기 위해 담배에 필터를 끼우고 광고를 더 많이 게재했다. 사람들은 계속 담배를 피웠다. 그것도 더 많이.[2]

미국 흡연사의 거대한 전환점은 1963년 육군 군의무감이 국회에 제출한 보고서에서 촉발됐다. 군인들의 보건과 치료를 책임지는 이 기관에서 제시한 데이터는 명확했다. 담배는 미국에서 발생하는 모든 죽음 중 가장 거대한 원인이며, 이 죽음을 얼마든지 사전에 막을 수 있다는 것이다. 그들은 이 보고서에 담배로 인한 죽음의 행렬이 앞으로도 꽤 오래 이어질 것이라는 불운한 미래를 예고했다. 이번에는 분위기가 달랐다. 드디어 사람들이 흡연의 위험성을 믿기 시작했다. 육군 군의무감 보고서 공개 이후 여론은 빠르게 바뀌었다. 그로부터 5년 뒤에는 미국인 중 약 70퍼센트가 흡연이 건강에 나쁘다는 사실을 인식하고 있었다.[3] 1966년이 되자 최초로 담뱃갑 겉면에 경고 문구가 적힌 담배가 미국에 출시됐다.

그러나 캘리포니아주의 채소 섭취 캠페인과 마찬가지로 '담배가 몸에 해롭다'는 지식이 사람들의 행동 변화로 직결되지는 않았다. 1964년 미국의 흡연 인구 비율은 40퍼센트였다. 그리고 1973년의 비율도 40퍼센트에 머물렀다.[4] 내가 1부에서 반복적으로 강조한 습관의 힘만큼이나 '중독'의 힘 역시 막강하다. 심각한 의존증을 초래하는 니코틴의 중독성은 헤로인이나 코카인 같은 마약과 비견된다. 하지만 우리는 미국 금연 캠페인의 결말을 잘 안다. 과일과 채소 캠페인이 겪은 참패가 미국인의 니코틴 중독 문제에서는 반복되지 않았다. 마침내 많은 사람이 담배를 끊었고, 더 많은 사람이 애초에 흡연을 시작하지 않았다. 실제로 현재 미국의 흡연 인구 비율은 15퍼센트로, 유럽의 28퍼센트보다 훨씬 낮다(한국의 흡연 인구 비율은 20퍼센트를 오르내린다—옮긴이).[5] 이제 미국의 거의 모든 공간은 금연구역이 됐다. 미국은 흡연의 확산을 막아냈으며 심지어 50년 만에 흡연율을 절반 이상 줄였다. 아쉽게도 저소득층에서는 금연 성공률이 그리 높지 못했다. 빈민 지역에 담배를 파는 가게가 많아 해당 지역의 담뱃값이 낮게 형성되었다는 요인(쿠폰과 할인 포함)이 한몫했다.[6] 그럼에도 불구하고 미국의 전체 흡연율이 감소세로 들어선 현상은, 담배로 고통받는 일반인과 그 실태를 연구하는 사회과학자 모두에게 대단히 인상적이었다. 담배 같은 맹렬한 중독을 이겨낼 수 있다면 사회 역시 변화시킬 수 있지 않을까? 그리고 어쩌면 습관 형성에 관해서도 **힌트**를 얻을 수 있지 않을까?

내가 흥미롭게 여기는 부분은 흡연자들에게 아무리 흡연의 위험성을 경고해도 흡연율에 아무런 영향을 미치지 못했다는 사실이다. 심지어 1964년 미국 연방의무감 보고서(루터 테리 박사가 흡연이 각종 질병과 사망을 초래한다고 주장하며 정부 차원의 대책 마련을 촉구한 보고서) 발표 이후에도 미국의 담배 판매량은 1980년까지 계속 성장했다.[7] 습관을 길들이는 문제에 관해서는 지식이 그다지 강력한 지렛대가 아닌 것이다. 의지력 또한 큰 도움이 안 된다. 특히 니코틴에 뒤범벅되어 있을 때는 더욱 그렇다. 미국 질병대책센터의 조사 결과에 따르면 흡연자의 68퍼센트는 담배를 완전히 끊고 싶다고 말한다.[8] 하지만 이러한 시도는 대개 실패한다.[9] 오직 10명 중 1명꼴로 영원히 담배를 끊는 데 성공한다.[10] 나머지 사람들은 보통 일주일 안에 다시 담배를 문다. 끔찍하게도, 금연을 30회 이상 시도해야 성공할 수 있다.[11] 최종적이고 불가역적인 금연 성공에는 초인적인 자제력이 필요하다. 만약 계속해서 금연에 실패해 서른 번 가까이 흡연과 금연을 반복하는 사람이 있다면, 오히려 그는 나약하고 인내심이 부족한 사람이 아니라 놀랍도록 강인한 의지력을 가진 사람이라고 봐야 한다. 하지만 나는 여러분에게 이런 방법을 추천하진 않는다. 우리는 이렇게 독하지도 않고 끈질기지도 않으니까.

평범한 우리가 나쁜 습관과 작별하고, 좋은 습관을 길러 좀 더 알찬 삶을 살기 위해선 어떻게 해야 할까? 지식과 의지력이 해결책이 아니라면 도대체 무엇이 효과가 있다는 것일까? 다수의 평범한 미국인은 어떻게 지독한 담배의 중독에서 벗어났을까?

1970년 대단히 역사적인 광고가 전파를 탔다. 미모의 여성이 브라운관을 뚫을 기세로 활기차게 걸어 나온다. 한 손에 담배를 쥔 채로. "먼 길을 왔어, 자기"라는 메시지가 자막으로 뜬다. 흡연할 권리조차 투표권과 마찬가지로 여성에게 주어졌다는 의미를 암시하기 위해, 오페레타(오페라보다 좀 더 대중적인 음악-옮긴이) 음악에 맞춰 19세기 복장을 한 여성 참정권 운동가들이 광고에 등장한 것이다. 여성 흡연자를 겨냥해 1968년에 출시된 담배 버지니아 슬림 광고였다. 하지만 이 광고 이후 다시는 담배 광고가 미국 TV에 방송되지 않았다. 1970년 미국 제37대 대통령 리처드 닉슨Richard Nixon이 획기적인 금연 정책에 서명한 덕분이다.[12]

사라진 건 담배 광고뿐만이 아니었다. 니코틴 중독을 부채질하고 흡연 습관을 자극하는 거의 모든 공개적 징후 또한 사라졌다. 담배

자판기가 사라졌고, 해변과 공원이 금연구역으로 지정됐고, 기차와 사무실 안에서 담배를 피우는 사람은 정신병자 취급을 당했다. 닉슨 정부의 담배 규제 법안들은 미국 흡연자들의 '환경'을 변화시켰다. 흡연이라는 습관을 부추기는 환경을 축소하고 망가뜨린 것이다. 이 제 흡연자들은 승강기를 타고 밖으로 나가야 한다. 환경이 변하면 습관도 따라 변한다.

흥미로운 것은 미국이 주마다 서로 다른 금연 정책을 추진했다는 점이다. 이를 통해 우리는 어떤 주의 금연 정책이 성공했는지 확인할 수 있다. 예를 들어 사무실, 식당, 술집에서의 흡연은 적어도 28개 주 이상에서 금지됐다. 그 결과 미국 인구의 약 60퍼센트가 집과 차를 제외한 대부분의 장소에서 아무리 담배를 피우고 싶어도 흡연할 수 없게 됐다.[13] 이러한 규제 조치는 흡연을 막는 데 큰 도움이 됐다.[14] 흡연율이 가장 낮은 10개 주 중 9개 주에서 사무실, 식당, 술집에서의 흡연을 금지하는 법안이 시행되고 있다.[15] 이와는 반대로 흡연율이 가장 높은 3개 주(켄터키주, 웨스트버지니아주, 미시시피주)에는 그런 법안이 없다. 이 3개 주의 흡연 인구 비율은 무려 3분의 1이다.

물론 모든 규제가 흡연 인구를 금연 인구로 바꾼 것은 아니다. 욕구를 해소하고 충동에 반응하며 형성된 흡연 습관은 너무나 강력해서, 법률로 제지한다고 짧은 시간에 뿌리 뽑을 수 있는 대상이 아니었다. 이처럼 습관은 늘 외부 환경과 충돌하고 때론 그 환경마저 압도하곤 한다. 64명의 영국 흡연자를 대상으로 진행된 한 연구는 이러한 충돌의 본질을 잘 밝히고 있다.[16] 술집에 모인 실험 참가자들에게 흡연을 금지시킨 뒤 지금부터 담배를 피우면 벌금을 물릴 것이라고 알렸다. 사람들은 어떻게 행동했을까? 그들은 술집에 들어올 때부터 이미 라이터에 손을 갖다 댔다. 담배에 불을 붙이게끔 하는 평소의 신호(어두침침한 실내조명, 자극적인 안주 냄새, 그리고 가장 극적인 요소인 '술')가 계속해서 작동한 것이다. 이 연구에 참여한 사람 중 거의 절반가량이 무심코 술집에서 담배를 피웠다. 그들에게는 술집에 들어가면 담배에 불을 붙이는 행동이 강력한 습관으로 몸에 배어 있었다. "일단 담배에 불을 붙이고 나니, 퍼뜩 생각이 나서 서둘러 밖으로 걸어 나갔죠." "벌써 몇 년째 반복했던 일인 걸요? 오래된 습관은 쉽게 사라지지 않아요." "입에 담배를 물자마자 깨달았습니다. 내가 잘못했다는 것을. 하지만 그 후로도 이런 일이 몇 번이나 벌어졌어요."

이러한 인지부조화 현상을 단순히 니코틴 중독 때문이라고 해석할 수 있을까? 평소에 담배를 많이 피우는 사람이나 가끔 흡연하는 사람이나 모두 이런 실수를 저질렀다. 범인은 바로 습관, 오직 습관이었다. 그들의 습관은 여전히 새로운 환경(법)을 의식하지 못했다.

다양한 흡연 규제 조치는 습관이 유도하는 자동 반응의 메커니즘을 방해한다. 사람들은 이제 사무실이나 식당에서 담뱃갑에 손을 대다가 퍼뜩 정신을 차리고 외투를 챙겨 밖으로 나간다. 하지만 이러한 갈등은 시간이 지남에 따라 줄어든다. 법률이 정한 금지 조치를 따르면서 흡연자들에겐 새로운 습관이 형성된다. 가령 술집에서 맥주를 마시던 영국의 흡연자들은 잠시 대화를 중단하고, 술잔을 내려놓고, 자리에서 일어나 주섬주섬 외투를 챙겨 들고, 쌀쌀한 바깥으로 나가, 오들오들 떨며 몇 분을 보내야 한다. 흡연이라는 습관을 구성하는 환경을 고약하게 바꿔놓은 것뿐이지만 결과는 놀라웠다. 이러한 조치만으로도 사람들은 확실히 예전보다 담배를 덜 피우게 됐다.

흡연 습관에 대한 또 다른 억제책으로 담배세가 있다. 평균적으로 미국의 담배 한 갑 가격 중 절반가량은 연방세, 주세, 지역세에 해당한다.[17] 세금이 높은 주의 주민들이 담배를 적게 피운다. 2018년 기준 미주리주의 담배세는 17센트(약 20원)로 가장 낮은데[18] 주민 중 22퍼센트가 흡연자다.[19] 담배세가 4.35달러(약 5000원)로 가장 높은 뉴욕주에서는 단 14퍼센트만이 흡연자다. 담배 한 갑에 부과되는 세금이 10퍼센트 증가할 때마다 성인의 흡연율이 평균 4퍼센트씩 떨어진다.[20] 여기에 특별한 마법은 없다. 담배가 비싸질수록 살 수 있는 담배의 양이 줄어드는 것뿐이다. 이 밖에도 흡연 습관의 환경을 방해하는 요소는 많다. 대부분의 상점이 매대에 담배 광고를 전시하지 못한다. 게다가 소비자는 직접 담배를 집을 수도 없다. 담배를 사고 싶은 사람은 점원에게 따로 주문해야 한다. "카멜 블루스 한 갑 주세요. 아니, 그거 말고 저거… 아뇨, 그거 말고요, 그 위에 있는 거요."

그러나 담배처럼 강력한 중독을 억제하는 데 이 정도 방해만으로도 충분할까? 이러한 의문에 답해줄 흥미로운 실험이 있다. 워싱턴주에 거주하는 475명의 금연 도전자들을 담배 신호에 노출시키는 실험을 진행했다.[21] 실험이 진행된 한 달간 참가자들은 자신이 얼마나 담배를 갈망하는지 매일 보고했다. 당연하게도, 담배의 유혹이 가장 높았을 때 그들 중 다수가 다시 흡연을 시작했다. 갈망은 우리의 의식을 순식간에 압도하고 결정을 지휘한다. 하지만 이 연구에서 주목할 점은 다른 것이다. 실험 참가자들은 스마트폰을 통해 위치 추적을 받는 데 동의했다. 연구진은 워싱턴주의 각 지역을 코드화해 참가자들이 담배를 팔 만한 가게나 마트에 언제 접근하는지 실시간으로 확인했다. 참가자들이 이런 장소에 가는 이유는 다양했다. 차에 기름을 넣거나 우유를 사거나. 물론 담배 한 갑을 사러 갔을 수도 있고.

이들 중에는 끝까지 금연에 성공한 사람도 있었고, 도전에 실패한 사람도 있었다. 금연에 실패하는 사람은 자신의 갈망과 긴 홍역을 치르다 결국 담배를 집어 든다. 충동이 점차 쌓이고 결국 그 전투에 지고 만다. 연구진은 이런 갈망에 '담배를 살 수 있는 기회', 즉 적절한 환경이 더해졌을 때 다시 흡연에 빠져들게 되리라고 예측했다. 연구진의 예측은 맞았다. 참가자들의 실패 패턴이 꽤 유사했기 때문이다.

그들은 가게에 들어서는 순간까지도 갈망을 전혀 느끼지 않았다고 보고했다. "당신은 지금 얼마나 담배를 피우고 싶습니까?"라는 질문에 "전혀 아니다"라고 체크했다. 하지만 담배를 판매하는 가게에 들어서자 도전자들은 익숙한 구매 신호에 노출됐다. 다른 사람이 담배를 사는 모습을 목격했을 수도 있다. 또는 계산대 뒤에 설치된 담배 진열대에서 자신이 선호하는 담배 브랜드를 발견했을 수도 있다. 결과는 뻔했다. 상황이 부여한 **이러한 신호만으로도 그들의 흡연은 재발됐다.** 결국 가게를 나오는 그들의 손에는 담배 한 갑이 들려 있었다. 그들은 이렇게 다시 흡연자로 돌아갔다.

정부의 금연 정책이 갖는 의의는 명백하다. 우리는 담배 광고를 제한하고 흡연을 억제하는 법률에 감사해야 한다. 식당에 들어가도 자판기에서 담배를 팔지 않는다. 스크린에서 담배 광고가 나오지 않는다. 술집의 그 누구도 담배를 피우지 않는다. 니코틴의 중독성이 제아무리 강할지라도 이러한 일상적 환경 신호를 조정하는 것만으로도 수많은 흡연자가 금연에 성공하고 새로운 삶을 살게 됐다. 습관을 둘러싼 환경을 바꿔 의식적 자아가 해내지 못한 일을 성취해낸 것이다. 흡연하는 환경을 방해하면 흡연하는 습관도 방해받는다.

즉, 흡연이라는 습관의 폐해에 제대로 반격을 가하려면, 그 습관의 가장 강력한 무기인 '중독'에 맞서서는 안 된다. 오히려 그 측면을 공략해 치고 들어가야 한다.

[역장 이론]

우리가 처한 환경이 곧 힘이다

우리가 자신의 행동을 늘 정확하게 평가하는 것은 아니다. 특히 모든 인간은 주변 상황으로부터 받는 영향을 깎아내리고, 스스로의 의사결정에 훨씬 더 큰 점수를 주는 경향이 있다. 앞서 2장에서 살펴봤듯이, 자신이 잘 제어되고 있다는 과도한 신념을 가리켜 내성 착각이라고 한다. 최근에 자신의 행동을 바꾸려고 시도했을 때 당신은 무엇을 했는가? 아마도 자신이 무엇을 잘못했는지, 왜 그 잘못된 점을 바꾸고 싶은지에 대해 생각했을 것이다. 직업적 성공, 행복한 결혼 생활, 저축을 통한 내 집 마련 등의 과제를 하루빨리 이루고픈 욕구에 집중했다. 그리고 마치 그 욕구에 대한 모든 책임이 스스로에게 있는 것처럼 행동했다.

나도 잘 안다. 자유의지에 대한 믿음은 여러 장점이 있다. 우리에게 인생의 과제를 이룰 수 있다는 자신감을 준다. 하지만 동시에 우리가 속한 물리적, 사회적 세계의 강력한 영향력을 경시하게끔 만들기도 한다. 우리가 가진 의도의 강력함과는 별개로, 어떤 행동을 쉽게도, 또는 어렵게도 만들 수 있는 상황의 힘을 깨닫지 못하게 하는 것이다. 인간의 자유의지에 모든 책임이 있다는 이 믿음은 종종 자기기만으로 이어진다. 하지만 틀렸다. 우리의 자아는 물론 매우 영특하지만, 한눈에 다 보이지 않을 정도로 훨씬 더 거대한 '전체'의 일부일 뿐이다. 우리는 이 단순한 사실을 잊고 산다.

사회심리학의 창시자라고 평가받는 독일 출신의 심리학자 쿠르트 레빈Kurt Lewin은 모든 물질이 물리력에 지배당하듯, 인간의 행동 역시 특정한 '힘Forces'에 영향을 받는다고 주장했다.[22] 그리고 우리에게 가해지는 이 특정한 힘은, 목표나 감정이나 태도 등의 형태로 우리 내부에서 다시 발현된다. 그렇다면 이 '힘'의 정체는 무엇일까? 그것은 바로 우리를 둘러싼 **상황**이다. 예를 들어 잠을 더 많이 자려고 한다면, 그 욕구는 우리를 일찍 잠자리에 들게 하고 침대에서 스마트폰 따위를 치우도록 **추진력**Driving Force을 가할 것이다. 이와는 반대로 밤늦게까지 일해야겠다고 마음먹었다면 그 욕구가 당신의 수면에 대한 **억제력**Restraining Force이 되어 당신을 깨어 있게 만들 것이다. 전자는 내일 출근해야 하는 상황이나 아침 일찍 달리기를 해야 하는 상황이 '힘'을 촉발했을 것이고, 그 힘은 결국 일찍 자려는 태도를 추진했다. 후자는 해도 해도 끝이 없는 업무와 내일까지 제출해야 하는 보고서가 특정한 '힘'을 불러일으켰을 테고, 쏟아지는 잠에 굴복해 침대에 누우려는 욕구를 억제했다. 레빈이 보기에 우리가 처한 '상황Contexts'은 행동에 가해지는 힘 그 자체였고, '추진력'과 '억제력' 간의 끊임없는 투쟁이었다(레빈은 상황을 '환경$_{Environments}$'이라고도 불렀다). 그리고 그 사이에 **마찰력**$_{Friction\ Force}$이 존재한다. 마찰은 우리가 생존하는 데 가장 중요한 물리적 기반이 된다. 운전 중에 브레이크를 밟을 때, 성냥에 불을 붙일 때, 땅 위를 걸을 때 우리는 마찰력에 의존한다(지금 이 순간에도 마찰력은 책과 당신의 손 사이에서 자신의 임무를 묵묵히 수행하고 있다). 마찰력은 경제와도 연관이 깊다. 경제학자들은 공급자와 소비자 간의 시간 마찰, 노력 마찰, 비용 마찰 등이 상거래를 지연시키고 비효율을 야기한다고 한탄한다(이 '마찰력'에 대해선 7장에서 자세히 다룰 예정이다).

레빈은 이 세 가지 요소(추진력, 억제력, 마찰력)를 묶어 **'역장**$_{Force\ Field}$**'** 이론으로 정리했다. 이 원리에 따르면, 담배 규제 법안은 흡연을 **억제** 한다. 그러나 우리의 주변 상황이 흡연을 다시 **추진**할 수도 있다. 흡연하는 주변 사람의 모습을 보는 것만으로도 한동안 담배를 피우지 않았다는 생각이 마음속에 떠오른다. 외부적 힘(상황)에 따라 추진력과 억제력이 끊임없이 교차하는 것이다.

상황은 우리를 둘러싼 세상의 모든 것, 즉 '나'를 제외한 모든 것을 가리킨다. 함께하는 사람들, 때와 장소, 취하는 행동 등 모든 것을 포함하는 개념이다. 심지어 스마트폰 속 가상세계 역시 상황이다. 이러한 모든 외부적 힘이 우리의 행동을 추진하거나 억제한다. 레빈의 유명한 등식에 의하면, '행동'이란 '인간'과 '상황/환경'이 결합한 결과다. 기술적으로는 'B(행동) = f{P(사람), E(상황/환경)}'라고 적을 수 있다.

내성 착각의 작용을 살펴보기 위해 289명의 캐나다 대학생들이 체

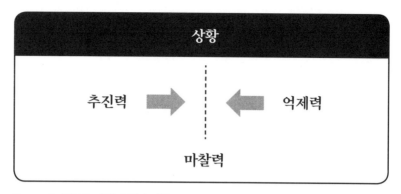

상황

추진력 ➡️ ⬅️ 억제력

마찰력

[도표 6-1] 쿠르트 레빈의 역장 이론

험 학습 프로그램에서 참가한 실험을 들여다보자.[23] 참가한 학생들은 모두 학기 중에 돈을 모으겠다는 강한 의지를 피력했다. 그들의 평균 목표액은 생활비의 약 3분의 1 수준인 5000달러 이상이었다. 연구가 시작되기 직전, 연구진은 학생들에게 저축을 더 쉽게 할 수 있는 프로그램에 참여하도록 제안했다. 하지만 모두가 도움이 안 될 것이라고 답했다. 그 프로그램의 유용성을 의심했기 때문은 아니다. 학생들은 그 프로그램이 다른 사람들에게는 도움이 될 테지만, 단지 자신에게는 소용이 없을 거라고 답했다. 이런 의심에도 불구하고 연구진은 강제로 일부 실험 참가 학생들을 이 예산 관리 프로그램에 등록시켰다. 학기가 끝났을 때 프로그램에 등록한 학생들 중 68퍼센트가 목표를 달성했다. 그리고 프로그램에 등록하지 않고 스스로 저축에 도전한 그룹 중에서는 57퍼센트만이 목표 저축액에 도달했다. 11퍼센트 포인트의 차이가 그리 커 보이지 않을 수 있다. 이 실험을 통해 알 수 있는 것은, 자신이 세운 첫 계획의 힘을 과도하게 믿는 학생일수록 외부의 도움을 신뢰하지 않는다는 사실이다.

외부 환경의 영향을 과소평가하는 경향은 단지 저축 프로그램 실험에서만 드러나지 않는다. 심지어 그 힘이 강력하고 명백할 때도 우리는 이런 편견에 쉽게 사로잡힌다. 스탠퍼드대학교 학생들을 무작위로 짝지어 진행한 퀴즈 게임 실험을 살펴보자.[24] 한 학생이 무작위로 '질문자'의 임무를 맡아, 자신만 답을 아는 어려운 퀴즈를 짝에게 냈다. 예를 들면 "W. H. 오든(Wystan Hugh Auden, 20세기 미국 시인-옮긴이)의 W. H.는 무엇의 머리글자인가?", "세상에서 가장 긴 빙하는 무엇인가?" 같은 질문들이었다. 답변자들은 평균적으로 열 문제 중에서 네 문제를 맞혔다.

분명히 질문자가 절대적으로 유리한 상황이었다. 답변자는 질문자 머릿속에서 제멋대로 나온 질문에 답해야 하는 대단히 불리한 위치였다. 그런데도 이렇게 불평등한 관계마저 실험 참가자들은 제대로 인식하지 못했다. 연구가 끝나갈 무렵 참가자들에게 자신과 파트너의 지적 수준을 평가하게 했다. 질문자들은 답변자들보다 자신이 더 똑똑하다고 믿었다. 놀랍게도 답변자들은 자신의 지적 수준을 상대적으로 낮게 평가했다. 질문에 답하려 노력했지만 끝내 실패했던 답변자들은 몹시 괴로워하며 바보가 된 것 같았다고 털어놓았다. 불평등한 상황이라는 외부적 힘이 명백히 존재했음에도 그들은 상대에게 유리하고 자신에게는 불리한 게임의 법칙을 간과하고 있었다. 오로지 질문자의 개인적 지식을 바탕으로 한 질문이었으므로 정답을 맞히지 못하는 것이 당연한 일이지만 답변자들은 끊임없이 자신의 부족한 지식을 책망했다.

이처럼 우리는 상황에 따라 행동하고 스스로를 평가하면서도 주변 상황의 영향력을 무시하는 경향이 있다. 그러니 변화를 꾀할 때 의지력과 동기부터 찾아나서는 것도 놀랄 일은 아니다. 어떤 행동이 주변의 압박에 얼마나 크게 좌우되는지 우리는 깨닫지 못한다. 하지만 우리의 습관은 그 점을 알고 있다. 더 건강해지겠다고, 더 부자가 되겠다고, 더 똑똑해지겠다고 마음을 다잡는 데 실패했다면 스스로를 자책하는 대신 부엌을 정리하라. 과일 바구니를 눈에 더 잘 띄는 곳에 둬라. 설탕 덩어리 쿠키를 파는 커피숍을 피해 약간만 더 돌아서 출근하라. 브라우니를 가져오는 동료를 피하라. 우선 자신을 용서한 다음, 당신이 살고 있는 상황을 평가하여 자신의 삶을 더 쉽게 만드는 일에 착수하라. 그렇게 하면 우리의 인생에는 좋은 습관만 굴러들어올 것이다.

[재배열]
문제를 해결하기 전에 먼저 상황을 정리하라

『그릿』의 저자 앤절라 더크워스Angela Duckworth와 그의 동료들은 펜실베이니아대학교 재학생을 두 그룹으로 나눠, '매일 밤 프랑스어 공부하기'나 '마감 전에 숙제 끝내기'와 같은 공부 목표를 적어서 내달라고 요청했다.[25] 실험 첫 주, 첫 번째 그룹에는 목표 달성에 유리하도록 유혹을 최소화할 수 있는 학습 공간을 설계하도록 시켰다. 이 학생들은 주기적으로 공부를 독촉하는 알람을 설정하거나, 페이스북처럼 신경을 분산시키는 요소를 차단하는 온라인 애플리케이션을 스마트폰에 설치했다. 또는 도서관 열람실을 예약함으로써 자신의 주변 상황에 놓인 외부적 힘을 변화시켰다. 새로운 추진력을 설정하거나 억제력을 제거하는 방법을 사용했던 것이다. 두 번째 그룹에는 유혹에 저항하는 도구로 오직 의지력만을 사용하도록 시켰다.

한 주가 지난 후 학생들은 자신의 학습 목표 달성도에 1점(매우 나쁨)부터 5점(매우 좋음)까지의 점수를 매겼다. 평균적으로는 모든 학생이 비교적 성공적인 결과를 냈지만, 자신의 상황을 제어한 그룹 쪽이 자기통제에만 의지한 쪽에 비해 0.5점 정도 점수가 높았다.

문제를 해결하기 전에 상황을 재배열하고 통제하는 이 전략[26]은 얼핏 우회적인 접근법처럼 보인다. 가장 중요한 스스로의 행동 대신 주변의 상황을 바꾸는 방식이니 말이다. 우리의 직관은 곧바로 새로운 해결책으로 뛰어들라고 말한다. 위의 연구 프로젝트에 참여한 학생들도 비슷한 경향을 보였다.[27] 그들에게 공부를 앞두고 내적 갈등을 겪었을 때 어떻게 처리했는지 물어봤더니, 가장 흔히 나온 대답은 자신을 변화시키는 것과 관련되어 있었다. 38퍼센트가 스스로 생각하는 방식을 바꾸려 노력했다고 답했다. 숙제를 하는 일의 장단점을 따져보면서 스스로에게 동기를 부여하는 방식이었다. 또 24퍼센트는 유혹에 맞서 스스로를 제어하는 등 행동을 변화시키려 노력했다고 털어놨다. 상황을 바꾸려 노력했다는 학생은 16퍼센트에 불과했고, 새로운 상황을 찾으려는 시도를 했다고 답한 학생은 12퍼센트에 그쳤다. 10명 중 6명이 문제의 원인을 자신에게, 10명 중 3명이 상황에 돌린 것이다.

아마도 당신은 배우자와 더 행복한 관계를 이어가길 원할 것이다. 그 목표를 위해 인내와 끈기에만 의존해야 한다면, 상대가 화를 내거나 짜증을 부릴 때 독한 말을 퍼붓고 싶은 충동을 억누르고 억지로 따스한 말만 꺼내려고 노력해야 할 것이다. 혹은 직장에서 일을 미루는 버릇을 고치고 싶은가? 같은 방법으로 대처해야 한다면 당신은 인스타그램을 확인하고 싶은 충동, 말 많은 동료와 어울리고 싶은 충동을 계속해서 이겨내야 한다. 즉, 명확한 목표를 설정한 다음 그 목표를 이루기 위해 **모든 노력을 기울여** 우리의 행동을 제어해야 하는 것이다. 하지만 앤절라 더크워스 연구팀이 진행한 실험 참가자들이 경험했듯 자기통제를 이용한 행동 변화는, 상황을 변화시킴으로써 얻을 수 있는 행동 변화처럼 그리 성공적이지 못하다. 설사 동일한 효과를 얻을 수 있더라도(실제로는 그럴 수도 없지만), 우리의 행동을 제어하겠다는 야무진 시도는 결코 즐거운 일이 아니다. 계속해서 자신의 욕구와 맞서 싸워야 한다는 뜻이기 때문이다. 마음속에 떠오르는 것을 억지로 참아야 하며, 흥을 깨고 금욕 속에 자신을 밀어 넣어야 한다.

공부하는 공간, 즉 환경에 변화를 꾀한 학생들은 자신과의 불쾌한 전쟁을 치르지 않았다. 이들은 물리적, 사회적 주변 환경에서 놀고 싶은 유혹을 아예 제거함으로써 여러 바람직하지 않은 욕구를 차단했다. 예를 들어 친구와 영화를 볼지 말지 갈등하지 않았다. 그런 유혹의 가능성이 존재하지 않는 도서관이라는 공간에 자신을 가뒀다. 그 공간에서는 의식적으로 옳은 일을 하려고 무언가를 강제할 필요가 없었다. 그 대신 그 환경에서 가장 하기 쉬운 일, 바로 공부를 했다. 학생들은 자기 자신과 싸우며 충동을 억누를 필요가 없었다. 스스로의 흥을 깨는 짓도 하지 않았다. 애초에 꺼야 할 불씨를 제거했기 때문이다.

5장에서 우리는 자제력이 높은 사람이 어떻게 목표를 달성하는지 알아봤다. 그들이 손에 쥔 도구는 충동에 저항하고 바람직하지 않은 행동을 억제하는 초인적인 능력이 아니다. 자제력 점수가 높은 사람들은 통제력을 아예 사용하지 않는다. 그러므로 '자제력'이라는 단어는 사실 잘못된 명칭이다. 그럼에도 우리가 이 단어를 사용하는 이유는, 적어도 겉으로 보기에는 그들이 유혹에 맞서 스스로를 대단히 효과적으로 제어하는 것처럼 보이기 때문이다. 하지만 사실과 다르다. 그들은 그저 목표를 달성하기 위한 유리한 상황에 자신을 놓아두는 법을 이해하고 있을 뿐이다.

자제력 점수가 높은 사람들은 온라인 설문조사에서 다음과 같이 답했다.[28]

나는 내 장기적 목표를 달성하도록 돕는 친구를 선택한다.
나는 공부할 때 방해 요인이 없는 장소를 신중하게 고른다.
나는 부도덕한 행동을 유발하는 상황을 일부러 피한다.

이들은 행동을 쉽거나 어렵게 만들 수 있는 '상황 신호'의 힘을 이해하고 있었다. 이와는 반대로 자제력 점수가 낮은 학생들은 이런 진술에 그다지 강하게 동의하지 않았다. 한 실험에서 학생들에게 철자 순서를 바꿔 전혀 다른 뜻의 단어를 만들어내는 '애너그램' 문제

습관 형성자	상황 재배열	➡️	실행 착수	➡️	문제 해결
습관 미형성자	곧장 실행 착수	➡️	⋯	➡️	문제 미해결

[도표 6-2] 습관 형성자와 습관 미형성자의 문제 해결 과정 비교

를 냈다. 빨리 푸는 학생에게는 25달러를 지급했다.[29] 학생들은 소음이 가득한 대학원 휴게실에서 곧바로 문제를 풀거나, 5분을 기다린 후 조용한 방에서 문제를 풀 수 있었다. 사전 평가에서 높은 자제력 점수를 받은 학생 중 대다수는 시끄러운 휴게실을 피해 조용한 방에서 푸는 쪽을 택했다. 그들은 비록 시간을 버리는 불이익이 있더라도, 잠시 기다렸다가 집중할 수 있는 환경에서 문제를 풀기 원했다. 또 다른 지능 테스트 실험 역시 마찬가지 결과였다.[30] 현기증 나는 삽화로 도배된 시험 문제지와 아무런 꾸밈 없이 평범한 시험 문제지 두 가지가 주어졌다. 물론 시험 내용은 동일했다. 여기서도 자제력 점수가 높은 학생들은 평범한 시험 문제지를 더 많이 골랐다. 문제를 풀기에는 지루하고 반복적인 패턴의 시험지가 더 유리하다고 판단한 것이다. 이처럼 남들보다 문제를 쉽게 해결하는 사람들은 주의를 분산시키고 집중력을 방해하는 요소에 민감하게 반응하며, 본격적인 행동에 착수하기 전에 그것들을 반드시 제거한다. 매우 단순하지만 이 차이가 초래할 결과는 엄청나다.

* * *

역장 이론을 설계한 쿠르트 레빈은 인간의 삶에서 가장 거대한 변수로 주변 사람을 꼽았다. 그는 이를 '사회적 힘'이라고 불렀는데, 이 힘은 우리의 상황에 개입하는 무수한 타인으로 이루어져 있다. 주변 사람이 무엇을 하고 무엇을 하지 않느냐가 우리의 행동에 결정적인 영향을 끼친다고 설명했다. 식당에서 대식가와 같은 테이블에 앉으면 그들이 음식을 권하든 안 권하든 결과적으로 더 많은 음식을 먹게 된다.[31] 그러나 우리가 이러한 영향력을 늘 인식하는 것은 아니다. 이 실험에 참가한 사람들은 자신의 허기와 음식의 맛 때문에 과식했다고 보고했다. 타인의 행동은 자신의 식사량과 아무런 관련이 없다고 주장했다.[32]

타인의 존재가 일상에 얼마나 큰 영향을 미치는지에 대해서는 미국 공군 사관학교 후보생 3500명이 참가한 실험을 통해 확인할 수 있다. 후보생들은 1년 내내 신체 단련에 거의 광신적으로 집착한다. 연구진은 후보생들을 무작위로 나눠 방을 배정한 뒤, 일정 기간 동안 함께 살게 했다.[33] 이렇게 무작위로 룸메이트를 배정한 결과, 고등학교 시절 체력 점수가 높았던 후보생과 상대적으로 체력 점수가 낮았던 후보생이 함께 생활하게 됐다. 같은 그룹에 포함된 30명의 학생들은 대부분의 시간을 함께 보냈다. 인접한 기숙사 방에 머물고, 같은 식당에서 밥을 먹으며, 같은 공간에서 공부했다. 후보생들의 체력은 다 같이 향상됐을까, 아니면 다 같이 하락했을까? 후보생들의 평균 체력 점수는 떨어졌다. 반년마다 시행되는 체력 테스트를 통과하

156

지 못하는 후보생이 더 많아진 것이다.

후보생들은 아마 서로의 운동 프로그램을 따라 했을 것이고, 어느 그룹에 속해 있느냐에 따라 단련의 강도가 달라졌을 것이다. 연구진이 흥미롭게 여긴 것은 타인의 영향력이 대부분 한 방향으로만 작동했다는 점이다. 체력이 낮은 동료가 있으면 테스트 점수가 낮아졌지만, 체력이 높은 동료가 있다고 해서 그만큼 체력 점수가 높아지지는 않았다. 연구진은 체력이 낮은 동료와 영화 관람이나 비디오 게임 같이 몸을 거의 쓰지 않는 활동은 같이 할 수 있지만, 체력이 차이가 나는 동료끼리 장거리 달리기를 함께 할 수는 없었을 것이라고 실험 결과를 해석했다. 즉, 전자의 상황에서 알게 모르게 사회적 힘이 '전체 평균 체력 저하'라는 방향으로 발현되었고, 이와는 반대로 '전체 평균 체력 향상'의 기회가 될 수 있는 외부적 힘(후자)은 애초에 발생조차 안 되었다는 것이다. 언제나 유리한 상황에 자신을 놓아두는 법을 터득하는 것만으로 우리의 삶은 더 나은 방향으로 저절로 흘러갈 것이다.

7장

습관 설계 법칙 2
적절한 곳에 마찰력을 배치하라

•

지나치게 큰 목표를 세우지 않는 것.
이것이 목표를 달성하는 가장 쉬운 방법이다.
- 쿠르트 레빈

[낮은 마찰 전략]
"감자튀김도 드릴까요?"

월급 계좌에서 저축 계좌로 자동이체를 설정해놓으면 돈을 모으기 더 쉽다는 걸 우리는 안다. 처음에는 고통스럽지만, 결국에는 자동으로 돈이 빠져나가는 것에 그다지 신경을 쓰지 않게 된다. 추진력의 작동을 자동화함으로써 우리는 월급날마다 반복해서 저축하는 데 성공할 수 있다. 하지만 여기서 멈추면 안 된다. 추진과 억제를 조장하거나 방해하는 세 번째 힘을 습관 설계에 활용할 수 있다. 역장 이론의 마지막 구성 요소인 마찰력이다.

기업들은 이 오묘한 원리를 마케팅에 적극적으로 동원한다. 가장 대표적인 사례는 이것이다. "감자튀김도 드릴까요?" 이 질문은 감자 튀김으로 향하는 고민을 방해할 마찰력을 순식간에 제거한다. "네!" 하면서 말이다. 넷플릭스나 왓챠 같은 스트리밍 서비스 역시 이 마찰력을 제거하는 법을 잘 알고 있다. 손가락을 움직이거나 어떤 결정을 내리기도 전에 드라마 다음 에피소드가 시작된다. 미처 손을 써볼 틈도 없이 우리의 시간과 집중력은 드라마의 다음 영상 속으로 직진한다. 온라인 쇼핑몰 역시 비슷한 방법을 동원해 소비자가 계속해서 다른 상품을 구매하게끔 알고리즘 법칙을 짰다. 어떤 행동으로 향하는 길 위에 놓인 마찰력을 말끔히 제거한 것이다. 이제 우리는 이 길 위를 따라 맹렬하게 '추진'한다.

우버나 리프트 같은 차량 공유 회사들은 역장 이론의 하나인 '낮은 마찰 전략'에 입각해 서비스를 고안한다. 우버에서 연구 책임자로 일했던 M. 키스 첸M. Keith Chen 교수는 내게 다음과 같이 설명했다.[1]

우버 앱은 마치 버튼 하나만 누르면 작동하는 제품처럼 고안되었습니다. 앱을 열면 휴대폰의 GPS 위치 추적 기능이 사용자의 위치를 자동으로 알려주죠. 생각할 필요도 없어요. 그냥 버튼을 누르고 "차가 필요해"라고 말하면 그만입니다. 그럼 차가 도착하고 사용자는 차에 타서 어디에 갈 건지 기사에게 말하면 됩니다. 업계 전문가들은 우리의 서비스를 지칭하며 '마찰이 없다(Frictionless)'고 표현했죠. 이 개념은 현재 실리콘밸리에서 가장 유명한 개념이 되었습니다. 사용자가 가장 빠르고 손쉽게 마법에 빠지도록 만드는 게 관건입니다. 우버의 초기 사용자들에게는 그야말로 마법 같은 일이었죠. 단지 스마트폰 버튼 하나만 눌렀을 뿐인데 갑자기 누군가 차를 끌고 와서 내가 가고 싶은 데까지 데려다준다? 놀라운 일이잖아요.

우버는 고객과 고객의 욕구 사이에 놓인 마찰을 제거했다. 스마트폰 버튼을 누르는 것조차 엄청난 장벽이라고 여기는 사람이 아닌 이상, 이제 미국인들은 우버 서비스를 통해 공간 이동이라는 꽤 험난한 과제를 손쉽게 해결한다. 그렇다면 이러한 원리를 기업의 교묘한 술수 대신 우리의 습관 형성에 활용한다면 어떻게 될까?

'미즈 앙 플라스 Mise en Place'는 '제자리에 놓다'라는 뜻의 프랑스어다. 프랑스 고급 레스토랑의 주방장들은 이 원칙을 엄격히 지킨다. 그들은 모든 것이 말 그대로 제자리에 놓이기 전에는 요리를 시작하지 않는다. 조리법에 따라 조리 도구와 식재료가 순서대로 준비되어 있어야 한다. 습관 형성의 관점에서 보자면 이 주방의 원칙은 불필요한 마찰을 감소시키기 위해 고안된 작지만 거대한 지혜다. 조리 과정을 방해하는 사소한 마찰력을 제거해 가장 효율적으로 음식을 조리하는 것이다.

너무나 간단한 개념이지만, 초보 요리사들은 이 마찰력 제거 기술을 쉽게 이해하지 못한다. 내가 나파밸리에 위치한 세인트헬레나 요리 학교에서 만난 신입생들은 그저 얼른 요리에 돌입해 멋진 음식을 만들고 싶어 안달이 나 있었다. 이 학교의 부학장이자 제과제빵학과 교수 로버트 죠린Robert Jörin은 이렇게 말한다. "학생들은 재료부터 찾습니다. 밀가루와 설탕을 가져온 뒤 열심히 섞기 시작합니다. 그러다 '아, 설탕이 한참 부족하구나!' 하고는 다시 냉장고에 가서 설탕을 가져옵니다. 처음부터 다시 시작해야 하는 거죠. 그들은 멀리 내다보지 않아요. 그러니 제대로 된 요리가 나올 리가 없죠." 죠린은 이렇게 덧붙였다. "전문 요리사들이 가장 먼저 하는 생각은 '미즈 앙 플라스'입니다. 새 디저트를 만들기 위한 모든 재료와 도구를 준비하고 나면, 그다음에는 요리에 필요한 절차를 마음속으로 그려봅니다. 그 재료와 도구를 사용할 논리적 순서를 가늠하는 거죠. 이렇게 시작한 후에는 그 무엇도 잊어버리지 않습니다. 내 앞에 모든 조건이 잘 정렬되어 있기 때문에 따로 생각할 필요도 없죠. 자, 이렇게 바닥에 초콜릿 크런치를 깔고, 그 위에 파이를 올리고, 그다음으로는 광택제를 바르는 겁니다." 이렇듯 모든 상황(재료를 준비하고 레시피를 생각하는 일)이 잘 정돈되면 오직 목표(디저트를 만드는 일)에만 집중할 수 있다.

학생들은 수업 첫날에 이러한 '마찰 감소 접근법'을 배운다. 요리학교의 교육국장인 제니퍼 퍼셀Jennifer Purcell은 이렇게 설명했다. "모든 재료가 손이 닿기 쉬운 곳에 정렬돼 있어야 합니다. 불필요한 동작은 최소화해야 하죠. 빠르고 편하게, 최소한의 단계만으로 요리할 수 있어야 합니다. 요리사의 움직임은 자연스럽고 편안하고 거의 생각 없이 이뤄져야 하는 거죠. 중간에 마찰이 개입하면 반드시 사고가 일어납니다." 숙련된 전문가들의 주방은 가장 완벽한 '자동성 모델'에 따라 운영된다. 레스토랑을 가득 채운 손님들을 행복하게 해주기 위해서는 같은 품질의 요리가 반복적이고 빠르게 나와야 한다. 그 목표를 위해 주방장은 작은 마찰에도 예민하게 반응하고, 주방을 늘 똑같은 상황으로 유지한다.

[거리 마찰]
위치는 가장 강력한 마찰력이다

레빈은 모든 상황을 역장 안에 놓인 힘으로 파악했다. 이 힘은 그가 상상한 것보다 훨씬 더 강력한 영향력을 발휘하고 있다. 그리고 아마도 우리가 삶에서 손쉽게 적용할 수 있는 가장 단순한 마찰력은 바로 '거리'일 것이다. 우리는 가까이에 있는 것과 더 자주 교류하고 멀리 떨어져 있는 것은 대개 무시한다.

미각 실험에 참여하고자 어느 연구실 부엌에 들어섰다고 가정해보자. 인터뷰 담당자가 당신에게 이렇게 말한다. "질문지를 가지고 다시 올게요. 그때까지 뭐든 마음대로 드세요." 방 안에는 두 개의 그릇이 있다. 그중 하나에는 버터팝콘이, 다른 하나에는 껍질이 깎인 사과가 담겨 있다. 홀로 남겨진 시간은 총 6분이다. 어떤 날은 팝콘 그릇이 손 닿기 쉬운 식탁 위에 있고, 사과 그릇은 보이긴 하지만 먹으려면 자리에서 일어나야 하는 조리대 위에 있다. 또 어떤 날은 둘의 위치가 뒤바뀌어 있다. 당신은 어떻게 할까? 뭐든 먹을 수 있으니 위치가 어떻든 상관없이 더 좋아하는 쪽(아마도 팝콘)을 먹는 게 당연해 보인다. 틀렸다.[2] 팝콘이든 사과든 일어나서 집을 필요가 없을 때 실험 참가자들은 가까이에 있는 음식을 더 많이 먹었다. 손닿기 쉬운 거리에 사과가 있을 때는 약 50칼로리를 더 먹었고, 같은 위치에 팝콘이 있을 때는 섭취량이 세 배나 증가했다. 바꿔 말하면 팝콘이 더 멀리 있을 때 참가자들은 팝콘을 세 배나 덜 먹었다는 뜻이다. 이 실험에서 관측된 마찰 요인은 아주 단순했다. 바로 '거리'였다. 고칼로리 스낵을 단지 약간 멀리 두는 것만으로도 상당한 마찰력을 생성해 냈다. 향긋한 팝콘 냄새에도 섭취를 참게 만드는 데에는 그 정도의 거리만으로도 충분했다.

나는 이런 종류의 마찰을 매년 여름 진행하는 습관 과학 컨퍼런스에서 목격한다. 몇 해 전, 과일을 잔뜩 준비했는데 컨퍼런스 참여자들이 손도 대지 않았다. 강의실 한쪽 구석 상자 안에 넣어두는 바람에 사람들이 거들떠보지도 않았던 것이다. 나는 과일을 회의실 한가운데로 옮겼다. 그러자 과일이 순식간에 사라졌다. 너무 익어버린 바나나조차도. 구내식당이나 뷔페에서 음식을 담을 때도 이와 같은 종류의 '거리 마찰'이 강력한 힘을 발휘한다. 음식의 위치를 달리해 진행한 수많은 실험에서, 손님들은 더 잘 보이고 더 접근하기 쉬운 음식을 더 많이 그릇에 담았다.[3]

슈퍼마켓의 제품 진열 방식도 이러한 외부의 압력을 인식하고 있다. 우리는 쇼핑할 때마다 이 마찰력의 노예가 된다. "눈높이가 구매를 결정한다." 만약 허리를 낮게 숙이거나 손을 높이 뻗어야 한다면, 우리는 물건을 덜 괴롭힐 것이다. 계산대 근처에 자극적인 맛을 지닌 과자와 사탕이 놓여 있는 건 우연이 아니다. 가장 저렴한 물건이 가장 잘 보이는 위치에 놓여 있는 것 역시 계산된 진열이다. 만약 계산대 옆에 사과를 파는 가게가 있다면, 그곳은 우리의 건강과 행복을 증진하려고 노력하는 마트일 것이다.

도시에 사는 사람들은 대체로 채소를 적게 섭취하지만, 더 넓은 공간에 농산물을 진열하는 슈퍼마켓이 근처에 있다면 상대적으로 과일과 채소를 더 많이 섭취하게 된다.[4] 2010년 여름, 텍사스주 오스틴의 '지속 가능한 음식 센터'는 신선한 과일과 채소를 쉽게 접하기 힘든 저소득층 밀집 지역에 임시 농산물 가판대를 설치했다.[5] 연구진은 굳이 거주자들에게 건강에 대해 교육하거나 이 농산물 가판대를 홍보하려고도 하지 않았다. 단지 증가된 근접성의 효과를 관찰하기만 했다.

연구를 시작하기 몇 주 전, 연구진은 농산물 가판대 설치 예정 장소에서 약 800미터 반경의 주민들을 인터뷰했다. 주민 중 약 5퍼센트가 농산물 가판대에서 물건을 사본 경험이 있다고 보고했다. 평균적으로 주민들은 과일과 채소를 하루에 대략 3.5인분 섭취했다. 조사를 마친 후 가판대를 학교 밖과 주민센터 밖에 각각 설치했다. 어떤 결과가 나왔을까? 처음 조사했던 주민 중에서 약 4분의 1가량이 그 농산물 가판대에서 물건을 구입했다. 과일 소비가 두 배로 올랐고 주민들이 집에서 채소 샐러드를 해먹기 시작했다. 조사 지역 주민들의 농산물 하루 평균 섭취량은 약 10퍼센트 증가해 4인분을 넘었다.

2017년 2~3월 한 데이터 분석 업체가 750만 대의 스마트폰 기록을 수집했다. 이 업체는 스마트폰을 가진 사람이 헬스장을 얼마나 멀리까지 다니는지 분석했다.[6] 약 6킬로미터 떨어진 헬스장에 다니는 사람들은 한 달에 5회 이상 방문했다. 이와는 반대로 약 8.2킬로미터 떨어진 헬스장에 다니는 사람들의 방문 횟수는 월 1회에 그쳤다. 겨우 2킬로미터 남짓의 차이가 다섯 배의 차이를 만들어낸 것이다. 의식적 자아는 그런 짧은 거리를 장애물, 즉 마찰로 인식하지 않는다. 하지만 습관은 사소한 차이에도 민감하게 반응한다.

심지어 거리는 친구 관계에도 영향을 미친다. 1950년의 한 연구에서는 MIT의 '학생 주거 프로젝트'에 참여한 260명의 기혼 참전용사들 간의 우정을 평가했다.[7] 학기 초에 참가자들은 작은 2층짜리 주택 밀집 지역의 아파트에 살도록 무작위로 배정됐다. 연구진은 각 참가자가 사는 집의 현관문 간 거리를 측정한 다음, 누가 서로 친구가 되는지를 추적했다. 참전용사들은 무작위로 친구를 사귀지 않았다. 바로 옆집의 이웃과 친구가 되는 사례가 가장 많았고, 다른 층에 사는 사람들보다는 같은 복도를 공유하는 사람을 더 많이 친구로 사귀었다. 55미터 이상 떨어져 사는 사람과 친구가 되는 사례는 없었다. 복도 끝에 사는 사람도 별로 인기가 없었다. 오다가다 사람들을 만날 기회가 없었기 때문이다.

위치라는 마찰력을 잘만 활용하면 원하지 않는 삶은 멀리 떨어뜨리고, 원하는 삶은 내 쪽으로 당겨올 수 있다. 위치는 마치 '해류'와도 같기 때문이다.[8]

[바리케이드 전략]
마찰력 추가하거나 제거하기

저축을 위해 신용카드 사용을 자제하는 습관을 떠올려보자. 애초에 신용카드는 돈을 쓰는 행위에서 마찰력을 감소시키기 위해 만들어진 것이다. 소비자들은 돈이 없을 때도 신용카드를 사용해 계속 돈을 쓸 수 있다. 그러니 저축을 하려면 신용카드 대신 현금을 써야 한다. 그렇다면 체크카드는 어떤가? 체크카드는 생긴 것만 빼고는 현금과 동일하다. 현금을 쓰든 체크카드를 쓰든 우리의 돈이 줄어드는 것은 동일하다. 그러나 실제로 돈을 쓸 때의 행위 과정은 전혀 다르다. 즉, 마찰력에서 큰 차이가 난다. 한 연구에 따르면 체크카드 대신 현금을 낼 때 30퍼센트 가까이 덜 지출하는 것으로 나타났다.[9]

현금의 어떤 면이 소비에 마찰력을 부여하는 것일까? 우선 현금으로 뭔가를 사면 우리 손에서 뭔가가 줄어드는 것이 보인다. 반면 플라스틱 카드를 이용할 때는 그런 유형적인 변화가 없다. 반복해서 사용해도 카드의 모양은 변하지 않는다. 또한 뭔가를 현금으로 구매할 때는 지폐를 내야 할지 동전을 내야 할지 고민해야 하고, 바쁜 와중에 거스름돈까지 챙겨야 한다. 이런 것들이 구매를 하는 데 마찰력으로 작용한다. 현금을 사용하라는 조언은 실제 효과가 있는 것으로 드러났다. 지갑에 현금만 두는 것은 돈을 소비하는 데 마찰력을 일으킴과 동시에 돈을 저축하는 추진력을 만들어낸다.

때로는 정보 자체가 마찰력처럼 보일 수 있다. 그러나 미국의 채소 먹기 캠페인에서 본 것처럼 아는 것과 행동하는 것은 별개의 문제다. 논리적으로 생각하면 메뉴판에 칼로리 수치를 적어두는 것이 칼로리 섭취를 줄이는 데 도움이 되어야 마땅하다. 2008년부터 대형 레스토랑의 메뉴판에 칼로리 표시를 의무화한 뉴욕의 사례를 살펴보자. 뉴욕에 거주하는 700명 이상의 패스트푸드 고객을 대상으로 설문한 결과, 이 규제가 처음 시행됐을 때 칼로리 정보를 눈여겨본 사람은 51퍼센트였다.[10] 그랬던 것이 2014년에는 37퍼센트로 감소했다. 고객에게 정보를 제공했음에도, 칼로리 표시는 그들의 행동에 **아무런 영향**을 끼치지 못했다. 칼로리를 표시한 식당과 그렇지 않은 식당의 매출 현황을 6년간 비교한 결과, 모든 지역에서 고객이 섭취한 칼로리의 양이 상승했다. 외식 횟수도 감소하지 않았다. 분명 '칼로리 표시'라는 마찰력을 동원했음에도 사람들의 식습관은 변하지 않았다. 뭐가 문제였을까?

물론 우리가 가끔, 큰돈이 드는 구매를 할 때는 정보의 영향을 받을 수 있다. 냉장고나 세탁기에 붙어 있는 '에너지 소비효율 등급'이 보이는가? 그 스티커에는 전력 사용량과 비용에 관한 유용한 정보가 담겨 있다. 큰돈을 쓸 때 우리는 여러 모델을 비교해보며 의식적 자아의 힘을 빌려 결정을 내린다. 하지만 이런 사례에서조차 그 효과는 우리의 기대만큼 크지 않다. 소비자는 미래의 에너지 사용량에 대한 추상적 정보와 그로 인해 절약되는 비용보다는, 냉장고의 가격, 색깔, 디자인, 제빙 기능 유무 등 당장 눈에 띄는 특징에 더 큰 무게를 두기 때문이다. 메뉴판 역시 마찬가지다. 눈에 잘 보이지도 않는 엄숙한 폰트로 적혀 있는 칼로리 수치보다는 화려하고 먹음직스러운 음식 사진에 압도당하기 마련이다. 물론 이러한 정보가 아무런 영향을 미치지 못하는 것은 아니다. 에너지 소비효율 등급은 소비자가 가전제품을 구매할 때 진지하게 고려하는 항목 중 하나다.[11] 하지만 결정적인 영향력을 발휘하지는 않는다.

그럼에도 불구하고 에너지 소비효율 등급 표시와 칼로리 표시 등의 조치는 꼭 필요하다. 왜냐하면 적어도 소비자는 외면할지 몰라도 제품을 생산하고 판매하는 기업들은 그러한 법적 조치를 무시할 수 없기 때문이다. 이 정보 표시는 일종의 의무다. 칼로리 표시는 소비자의 건강을 보장하고, 에너지 소비효율 등급 표시는 소비자의 미래

지출을 아낀다. 실제로 칼로리 표시를 법적으로 강제한 이후 일부 체인 레스토랑은 메뉴 구성에 변화를 가했고, 그 덕분에 스타벅스 매장에 전시되는 케이크의 크기는 좀 더 작아졌다.[12] 에너지 소비효율 등급을 표시한 이후부터 가전제품 제조사들은 디자인과 가격뿐 아니라에너지 효율에도 비로소 관심을 갖기 시작했다.[13] 이는 마찰력의 낙수 효과라고 할 수 있다. 작은 조치가 기업의 우선순위에 영향을 미쳤고, 결과적으로 우리를 둘러싼 환경이 뒤바뀐 것이다.

내 차는 장애물에 가까이 다가갈 때마다 경고음이 울린다. 말하자면 충돌에 '마찰력'이 있는 셈이다. 처음에는 경고음이 신경에 거슬렸다. 나는 남편에게 이 차에 대해 불평을 늘어놓았다. 하지만 결국에는 그 소리에 익숙해졌고 이제는 그 소리가 아예 들리지도 않는다. 잠시 여행지에서 차를 렌트할 일이 있었다. 경고음 장치가 없는 자동차였는데, 잠깐의 실수로 범퍼에 눈에 띄는 흠집을 내고 말았다. 그 짜증 나는 경고음이 사실은 유용한 마찰력을 제공했던 것이다. 그리고 그 경고음이 없어지자 나는 꽤나 큰 수리비를 지출해야 했다.

이처럼 상황이 만들어내는 힘은 일단 자리를 잡고 나면, 우리에게 계속해서 목표를 달성하라는 신호를 내보낸다. 우리는 그 신호를 무시하거나 당연하게 받아들일 수 있지만, 상황의 힘은 비록 우리가 잊는다고 해도 우리의 곁에 머물며 습관이 자동화될 때까지 존재감을 드러낸다. 그럼에도 여전히 많은 사람이 상황의 힘이 행동에 미치는 영향력을 경시한다. 그 대신 어려운 상황에 맞서서 스스로에게 동기를 부여하고 자신을 제어하기 위해 힘겨운 싸움을 계속한다.

당신이 이 책을 읽고 단 하나의 개념을 얻을 수 있다면, 나는 그 단

구분	달성할 습관	제거할 습관	마찰력 활용 (제거 혹은 추가)
거리 마찰	주 3회 이상 운동하기	멀다는 핑계로 운동을 자꾸 미루는 습관	먼 헬스장 대신 동네 헬스장에 등록하거나 집 앞 공원에서 운동한다 (마찰 제거)
행동 마찰	계획적으로 지출하기	밤마다 스마트 폰으로 온라인 쇼핑몰에서 충동 구매하는 습관	쇼핑몰 앱을 스마트폰 깊숙한 곳에 저장하거나 아이디와 비밀번호 자동 저장을 해지한다 (마찰 추가)

[도표 7-1] 마찰력 활용 전략의 사례

어가 '마찰력'이 되길 바란다. 단순하고 직관적이면서도 잘만 활용하면 놀라운 결과를 얻을 수 있기 때문이다.

상황을 재배열하고 적절한 곳에 마찰력을 배치하기.

이러한 작은 시도가 창조하는 힘의 실질적 가치에 대해선 이른바 '습관 과학'의 전 분야에서 다양한 실험 결과를 통해 쏟아져 나오고 있으며, 점차 형태를 갖춰나가고 있는 중이다.

* * *

마음껏 먹을 수 있는 중국식 뷔페에서 진행된 한 연구가 있다. 비만인 손님 중에서 약 42퍼센트가 음식이 잘 보이는 정면 자리에 앉았다.[14] 일반 체중인 손님들 중에서 정면 자리에 앉은 사람은 27퍼센트에 불과했다. 날씬한 손님 중 대다수는 음식과 멀리 떨어진 곳을 선택했다. 정상 체중 손님의 38퍼센트는 칸막이가 설치된 자리에 앉았다. 추가로 음식을 더 가져오기 위해서는 옆에 앉은 사람이 몸을 움직여야만 했다. 하지만 비만 손님 중에서 칸막이 자리에 앉은 비율은 16퍼센트였다. 그들 중 대다수가 음식을 가지러 가기 쉬운 자리를 선택했다. 이뿐만이 아니었다. 날씬한 손님들은 무릎 위에 냅킨을 두는 비율이 더 높았다(50퍼센트). 비만 손님들 중에 같은 행동을 한 사람은 25퍼센트에 그쳤다. 냅킨은 음식을 가지러 가는 데 아주 사소한 방해물에 불과하다. 하지만 이미 살펴봤듯이 아무리 작은 마찰력일지라도 큰 차이를 만들어낼 수 있다.

당신은 어떤 방법으로 차이를 만들어내고 싶은가? 여전히 자신의 의지력만이 자신의 운명을 결정할 수 있다고 생각하는가? 만약 그렇다면 습관 형성의 과학이나 상황에 숨은 심리적 힘 따위는 모두 집어던지고 외부와 단절된 진공의 상태에서 오로지 내면에서 나오는 힘에 따라 행동한다고 믿으면 된다. 그러다가 실수를 하고 뒤처지는 순간이 오면 스스로 심한 자괴감을 느낄 것이다. 그나마 운이 좋다면, 즉 불굴의 투지로 목표를 달성하고 승자의 자리에 오른다면, 여전히 저 밑바닥에서 힘겨운 싸움을 하는 타인을 바라보며 우월감을 느낄 것이다.

　이게 괜찮은 이야기로 들리는가? 이 이야기가 무척 익숙하게 들리
지 않는가? 우리는 훨씬 더 나은 길을 걸어갈 수 있다. 당신이 인내와
끈기라는 골방에서 나올 수만 있다면 말이다.

8장

습관 설계 법칙 3

나만의 신호를 발견하라

•

안정이란 그저 정지된 상태를 말하는 것이 아니다.
- 클레멘스 벤첼 로타르 폰 메테르니히

[상황 신호]

습관은 늘 똑같은 신호에 반응한다

습관은 예측할 수 없고 제멋대로 부는 비바람을 좋아하지 않는다. 사실 싫어하는 편이다. 그것도 아주 몹시. '다양성'은 습관을 약화시킨다. 익숙하지 않은 장소, 자연스럽지 않은 동선, 반복적이지 않은 일과와 같은 다양성은 우리 삶에 자리 잡고 있는 습관의 지배력을 희석시킨다. 6장과 7장을 읽고 온 독자라면, 아마 자신의 삶을 새롭게 정렬하고 재배치했을 것이다. 이렇게 구축한 안정적 상황은 습관이 자라날 가장 기본적인 토양이다. 그런데 만약 당신이 이 토대를 자꾸

흔들고 뒤엎고 파헤친다면 습관은 결코 자리를 잡을 수 없을 것이다. 우리는 자신의 삶을 최대한 일관되게 유지해야 한다. 그렇지 않으면 습관은 마치 응달에 놓인 식물처럼 아주 천천히 자랄 수밖에 없다. 하지만 더 큰 비극은 따로 있다. 만약 습관이 형성될 상황이 모래성처럼 쉬이 무너져 내리면, 그 안에 숨어 있던 '상황 신호'마저 한꺼번에 영영 사라져버릴지 모른다. 내가 경고하고 싶은 것이 바로 이것이다. 우리는 이 신호를 놓치면 안 된다.

아침에 일어나서 가장 먼저 하는 일이 무엇인가? 많은 사람이 이불 밖으로 나오자마자 커피를 마신다. 일종의 습관이다. 이때의 상황은 '부엌'이다. 만약 당신이 드립 커피를 마신다면 커피 필터, 커피 가루, 물, 유리병, 드립 커피 머신 등이 상황 신호가 될 것이다. 에스프레소 커피 메이커로 커피를 내린다면 상황 신호는 필터 바구니, 에스프레소 원두, 탬퍼(커피 가루를 단단하게 눌러주는 기구-옮긴이), 에스프레소 머신, 우유 스팀기 등이다. 드립 커피를 내린다면 부엌의 아일랜드 식탁에 앉아 커피가 다 내려질 때까지 기다릴 것이다. 또는 에스프레소 커피와 우유 거품을 만들어야 할지도 모른다. 이것들은 우리가 커피를 만들 때 겪는 상황을 구성하는 여러 요소 가운데 일부다. 그리고 충분한 반복을 거치면서 이 요소들은 하나의 신호로 정착되고 비로소 우리의 아침 습관에 스며든다.

물론 오늘 아침 거실에서 커피 잔을 집으려다 어젯밤 아이가 바닥에 내팽개친 장난감 기차에 발이 걸려 넘어질 수도 있었다. 혹은 다 떨어진 커피 필터를 채워놓는 걸 깜빡했을지도 모른다. 이런 변화들은 우리 삶에 각인된 상황 신호를 변경시킨다. 그리고 바로 이때 의식적 자아가 습관의 갑주를 비집고 튀어나온다. 모든 것이 자동으로 연결된 아침의 풍경이 아주 미세하게 조정되는 것이다. '지금 당장 장난감 기차를 치워버릴까?' '지금 꼭 커피를 마셔야 하나?' '그냥 출근길에 카페에 들를까?' 이렇게 상황 신호가 변하면 우리는 비로소 생각이라는 것을 하게 된다. 그저 습관대로 행동할 수 없게 되는 것이다. 심지어 지금 당장 커피가 꼭 필요한지도 다시 결정해야 한다. 커피를 안 마시는 건 큰 문제가 되지 않는다. 다만 커피를 마신 후 짧게 조깅을 하거나 방을 정리하는 습관을 들인 사람이라면 자신의 좋은 습관을 하루쯤은 포기해야 할지도 모른다. 커피만 포기하면 되는 것 아니냐고? 글쎄, 그게 과연 그렇게 쉬운 문제일까?

만약 평소 조깅할 때 달린 거리를 자동으로 측정해주는 스마트폰 애플리케이션을 사용한다고 치자. 애플리케이션에서 삐 소리가 나오면 목표한 거리만큼 달렸다는 뜻이다. 즉, 스마트폰과 애플리케이션은 '아침 조깅'이라는 습관을 형성하는 중요한 일부분(상황 신호)이다. 하지만 어젯밤, 스마트폰이 제멋대로 업데이트를 단행하면서 목표 거리 알림 서비스가 더 이상 작동하지 않게 됐다면? 비록 작은 변화지만 이런 신호 변화는 당신에게 작은 결정을 강요한다. 당장 온라인에 접속해 애플리케이션을 다시 설치할까? 아니면 오늘 하루쯤은 그냥 초등학교 운동장을 달릴까? 일상적이고 친숙한, 즉 오직 나만의 상황 신호가 사라지자 아침 조깅이라는 습관에 제동이 걸린 것이다.

혹은 조깅 파트너가 상황 신호로 작용할 수도 있다. 나는 아침마다 집 앞 공원을 달리는데, 작은 호수가 보이기 시작하는 지점에서 나보다 서너 살 나이가 많은 것으로 보이는 한 여성 러너와 늘 마주친다.

그녀는 내가 팔을 좀 더 크게 휘젓고 속도를 높이게 만드는 결정적 상황 신호다(물론 이 사실을 그녀는 모른다). 달리는 시간이 조깅의 방아쇠가 되기도 한다. 커피를 만드느라 꾸물거리면 임의의 경쟁자를 놓칠 것이고, 그러면 전력 질주를 하지 못할 것이고, 제 시각에 복귀해 샤워를 하지 못할 것이다. 어쩌면 (조깅을 마치고 돌아오는 길에) 늘 코끝을 황홀하게 감싸주는 갓 나온 크루아상 냄새를 맡지 못할 수도 있다. 이 모든 게 커피 때문이라면 당신은 믿겠는가?

이 밖에도 우리의 습관을 구성하는 상황 신호의 가짓수는 더 증가할 수 있다. 중요한 것은 습관이 이러한 상황 신호를 다 소화해야지만 비로소 발동된다는 것이다. 장소, 도구, 사람, 시간, 행동 등 모든 것이 상황과 결합될 때 우리의 아침 습관이 만들어진다. 이 중에서 하나라도 바뀌면 자동조종 모드가 작동을 멈추고, 그 빈자리에 의식적 자아가 올라타 핸들을 조종하기 시작한다. 습관이 가장 싫어하는 상황이 발생하는 것이다.

12주 동안 헬스장 신규 회원들을 대상으로 하루 일과 중의 운동 패턴을 살펴본 실험이 있다.[1] 어떤 사람은 매일 아침 7시에 헬스장에 간다고 보고했고, 다른 사람은 매일 저녁식사 후라고 답했다. 또 시간이 날 때마다 간다고 답한 사람도 있었다. 어떤 사람이 가장 꾸준히 헬스장을 다녔을까? 일정한 시간대에 운동한다고 답한 사람들이 훨씬 더 꾸준히, 오래 헬스장을 이용했다. 이들은 운동을 해야겠다고 특별히 상기하지 않고도 헬스장에 갔다. 말 그대로 헬스장 방문과 운동 습관이 자동 연결된 것이다. 일관성 없이 운동했던 사람들은 그런 행운을 누리지 못했다. 그들은 내가 가장 추천하지 않았던 방법에 의

[도표 8-1] '아침 달리기'라는 습관(상황)을 구성하는 상황 신호들

존해 운동을 지속하고자 노력했다. 운동을 **원할 때**, 혹은 의식적으로 스스로에게 강제할 때만 헬스장에 간 것이다.

근력 운동보다는 좀 더 일상적인, 그러나 훨씬 더 치명적인 문제를 일으킬 수 있는 약 복용 습관은 어떨까? 대부분의 약은 복용 시점이 매우 중요하다. 너무 자주 먹어도 안 되고 너무 뜸하게 먹어도 안 된다. 하지만 이 주기를 유지하는 것이 쉬운 일은 아니다. 혈압 관리나 피임을 목적으로 하는 약을 먹을 땐 특히 더 그렇다. 이런 종류의 약을 매일 꾸준히 먹는 게 어려운 까닭은 특별한 병의 증상, 즉 습관을 자극할 만한 통증이라는 상황 신호가 없기 때문이다. 그러나 적절한 복용 시기를 놓치면 큰 재앙이 올 수도 있다. 이런 환자들에게 꾸준한 약 복용 습관을 들이려면 어떤 방법이 가장 효과적일까?

고혈압 약의 복용 습관과 상황 신호 간의 연관성을 탐구한 어느 실험에서 연구진은 약병 뚜껑에 복용 주기와 시각을 기록했다.[2] 참가자들은 전반적으로 준수사항을 잘 지켜서 약 76퍼센트가 처방받은 시각에 약을 먹었다. 연구진은 이 76퍼센트 중 대다수가 증상이 심하거나 약의 효능을 신뢰하는 환자일 것이라고 추측했다. 하지만 약을 제때 복용한 환자들은 그저 정해진 시각에 늘 약을 먹는 습관이 형성된 사람들이었고, 증상의 정도나 약물에 대한 신뢰도는 실험 결과와 아무런 상관이 없었다. 약 복용 습관이 철저하게 확립된 사람들은 고혈압 초기 환자든 말기 환자든 약을 더 자주 먹었을 뿐 아니라, 정해진 시각으로부터 2시간 이내에 반드시 복용했다. 경구피임약을 복용하는 환자들을 대상으로 한 유사 연구에서도 결과는 비슷했다.[3] 이들에게도 약을 먹어야 하는 '동기'보다 시간이라는 '상황 신호'가 훨씬 더 강력하게 작용했다.

대체 자신의 심장 건강보다 더 동기를 자극하는 일이 또 뭐가 있겠는가? 연구진은 약의 효능을 신뢰하는 환자일수록 복용 시각을 잘 준수할 것이라고 기대했다. 그러나 환자들의 동기와 믿음은 복용 습관에 아무런 영향을 미치지 않았다.[4]

[주의 집중 효과]

숲을 보지 말고 나무를 보라

지금까지 우리의 행동을 둘러싼 상황 신호들이 어떻게 서로 관계를 맺고 작용하는지 그 원리에 대해 살펴봤다. 인간의 마음은 나무를 보느라 숲을 놓치도록 설계되어 있다. 신호에 집중한 나머지 더 큰 그림, 즉 전체적인 세상을 보지 못한다. 자책할 필요는 없다. 바로 이러한 인간의 타고난 취약점을 활용해 삶의 불필요한 부분을 도려내고 가장 핵심적인 영역만을 포착하는 방법을 찾아낼 것이다.

삶의 많은 부분은 거대한 신호에 의해 현실이 가려진 일종의 초현실적 풍경과도 같다. 1952년 벨기에의 초현실주의 화가 르네 마그리트Rene Magritte는 우리보다 반세기나 앞서 습관을 구성하는 상황 신호들을 발견해냈다. 그가 그린 「개인적 가치Personal Value」에는 면도솔, 비누, 유리잔, 머리빗이 비현실적으로 크게 그려져 있다. 빗이 침대보다 크고 유리잔이 사람 키만 하다. 그가 21세기에 활동했다면 스마트폰과 컴퓨터를 침대만 하게 그렸을 것이다. 심지어 탁자 위 스마트폰에서 끊임없이 울려대는 페이스북 피드 알림 소리를 그렸을지도 모른다. 이 천재 화가는 자신의 그림을 통해 무엇을 말하려고 했을까? 여기서 20세기 유럽 화풍의 변천과 의의에 대해 고찰할 필요는 없을 것 같다. 다만 마그리트가 힌트로 남겨둔 이 그림을 통해 우리는 신호의 본질을 이해할 수 있다.

인간의 뇌는 외부의 신호를 놀랍도록 잘 포착한다. 다만 그것을 우리의 의식이 인지하지 못할 뿐이다. 배가 몹시 고플 때는 핫도그 가게 간판만 눈에 보인다. 목이 마를 때는 시원한 음료수를 벌컥벌컥 마시는 광고 속 모델의 표정을 간절히 쳐다본다. 지루하고 따분할 때는 모르는 사람들의 수다마저 귀에 쏙쏙 들어온다. 신호는 기본적으로 과거의 보상 위에 만들어진다. 흡족한 보상을 얻은 경험이 있다면 그 보상을 연상하는 어떤 일이 벌어졌을 때 그것을 잽싸게 포착해 기억 속에 저장하는 것이다.

9장에서 자세히 이야기하겠지만 인간의 신경 시스템은 보상을 얻을 때 매우 활발하게 반응한다. 뇌는 이러한 반응을 기억했다가 어떤 행동을 할 때 가장 적절한 보상을 얻는지 그 상황을 통째로 저장한다. 이를 '신호화'라고 부르는데, 간단히 말해 '보상'과 '신호'를 연결하는 것이다. 뇌는 여기서 그치지 않고 과거에 우리에게 보상을 안겼던 신호에 가장 빨리 반응하도록 온 정신에 비상대기를 명령한다. 핫도그 가게 간판을 보자마자 지금 내 수중에 돈이 얼마나 있는지 고민하는 이유가 바로 이 때문이다. 좀 더 극단적으로 말하자면 인간은 신호의 노예다. 그 덕분에 우리는 특별히 무엇에 집중해야 할지 의식적 결정을 내리기도 전에 이미 신호를 알아차릴 수 있는 것이다.[5] 이렇게 자리를 잡은 상황 신호는 수많은 다른 일상적 신호보다도 더 빠르게 우리의 주의를 잡아끈다.

이러한 신호의 '주의 집중 효과'를 잘 보여주는 실험이 있다.[6] 연구진은 실험 참가자들에게 다음과 같은 과제를 부여했다.

(1) 화면 위에 갖가지 색의 원이 전시된다.
(2) 그중에서 적색 또는 녹색 원이 나오면 그 안에 그려진 선이 수평인지 수직인지 확인해 체크한다.
(3) 제대로 체크하면 상금(2~10센트)을 준다.

참가자 중 한 그룹에는 녹색 원을 맞히면 큰 보상(10센트)을, 적색 원을 맞히면 작은 보상(2센트)을 줬다. 다른 그룹에는 이와 반대로 보상을 줬다. 실험에 참가한 학생들은 이 게임을 240회나 수행했다. 수많은 원 중에서 적색이나 녹색 원을 찾아내는 습관이 형성되기에 충분한 횟수였다. 참가자들은 모두 몇 달러씩 받을 수 있었다. 8일 후 이번에는 다른 과제가 주어졌다. 원의 색과는 상관없이 화면 안에서 형태가 다른 도형을 찾아내는 일이었다. 예를 들면 타원들 사이에서 삼각형 하나를 찾으면 되는 과제였다. 과제의 난도가 낮아졌지만 학생들은 예상치 못한 어려움을 겪었다.

앞선 연구에서 녹색 원을 찾았을 때 큰 보상(10센트)을 받았던 학생들은 계속해서 녹색 원에 주의를 빼앗겼다. 그들은 삼각형을 찾아야 했지만 지난 240회의 보상 경험이 자꾸만 녹색 원을 찾도록 유도했다. 화면에 녹색 원이 뜨지 않을 때도 있었지만, 녹색 원이 한 번 나오면 과제 수행 능력이 현저히 떨어졌다. 적색 원을 찾았을 때 큰 보상을 받았던 학생들 역시 마찬가지였다. 적색 원이 자꾸만 그들의 집중력을 방해했다. 논리적으로는 납득할 수 없는 일이었다. 학생들은 더 이상 녹색 원과 적색 원을 찾을 필요가 없었다. 하지만 기존의 신호는 그들의 동기와는 상관없이 제멋대로 작동했다. 마그리트의 그림으로 비유하자면, 그들 눈에는 녹색과 적색 원이 침대만큼이나 커다랗게 보였던 것이다. 과연 이것을 이성적인 인식이라고 볼 수 있을까? 우리는 매 순간 세상을 객관적으로 인식하지 못한다. 무엇을 어떻게 인식할지는 이성이 아닌 우리의 습관이 결정한다.

* * *

주로 공군에서 쓰는 **전방시현장치**Heads Up Displays는 컴퓨터가 생성한 시야를 투명한 렌즈 위에 투사해 보여주는 장치다. 이 장치는 조종사가 장비를 내려다보지 않고도 가장 중요한 수치들을 확인할 수 있게 해준다. 요즘에는 전방시현장치를 자동차에 설치하기도 한다. 주행 속도와 남은 연료량 같은 중요한 정보를 자동차 앞 유리에 전시해 운전자가 오로지 앞만 보고 질주할 수 있도록 돕는다. 우리의 마음도 이와 흡사하다. 습관을 단단하게 형성한 사람은 자신에게 꼭 필요한 특정 상황 신호를 골라 언제 어디서나 잘 포착하도록 확대해놓을 수 있다.

우리는 늘 수많은 신호에 둘러싸여 있다. 이것들이 모두 삶에 도움이 되는 신호일까? 심지어 이 중에는 소모적이고 질 나쁜 습관을 발동시키는 신호도 숨어 있다. 늦은 시각에 접하는 자극적인 치킨 광고, 덩달아 졸음에 휘말리게 만드는 동료의 하품, 그럴싸한 공부 계획을 흔드는 운동장의 공 차는 소리… 이러한 상황 신호 역시 달콤한 보상 위에 구축되므로 우리의 뇌는 어떤 신호가 좋은 습관과 연결되는지 혹은 우리를 유혹에 굴복하게 하는지 제대로 분간하지 못한다. 그리고 무엇을 택하든 그것은 언젠가 습관이 되어 오랫동안 우리 삶을 지배할 것이다.

어떤 상황을 통해 반복적으로 보상을 얻으면 그것과 비슷한 상황이 벌어졌을 때 자동으로 주의를 빼앗기게 된다. '지난번에 이 매장에서 싸고 괜찮은 원피스를 구입했는데 이번에 또 할인 행사를 하나?' 과거에 만족감과 성취감을 심어주었던 신호가 우리의 주의를 잡아끌며 유익한 행동을 반복하도록 돕는 것이다. 따라서 좋은 습관이 내 삶에서 작동되길 원한다면 그러한 습관이 발생하는 상황 신호를 발견해내고, 그것을 내 주변에 안정적으로 확립시키면 된다.

물론 반대의 상황이 벌어질 수도 있다. 7장에서 소개한 뷔페 실험에서 일반 체중인 손님들 중 71퍼센트가 음식을 뜨기 전에 어떤 음식들이 있는지 뷔페 전체를 둘러봤다. 그때 그들은 접시를 들고 있지 않았으며, 마치 자신을 둘러싼 수많은 신호(식탐을 자극한 온갖 음식물)를 탐지하는 것처럼 조심스럽게 행동했다. 그들은 자신에게 유리한 신호(몸에도 좋고 맛도 좋은 음식의 위치)와 불리한 신호(맛도 없고 몸에도 안 좋은 음식의 위치)를 파악한 뒤 비로소 음식을 담기 시작했다. 하지만 비만인 손님들 중에서 자신을 둘러싼 신호를 파악하려고 노력한 사람은 전체의 3분의 1에 불과했다. 대다수 사람이 곧장 먹기부터 시작했다. 그들은 별로 까다롭지 않았다. 일반 체중의 손님들은 비록 자신을 둘러싼 신호를 아예 제거해버리지는 못했지만, 어떤 신호가 자신에게 유리하고 불리한지 사전에 확인했다. 그리고 몸에 나쁘다고 판단한 음식이 있는 곳은 아예 다가가지도 않았다. 이를 통해 그들은 음식을 담을 때마다 고민하지 않고 평소 먹었던 대로 건강한 음식만을 접시에 담을 수 있었다.

일상의 신호를 활용하라

연주가가 1시간짜리 악보를 암기하는 방법

혹시 이런 호기심을 품어본 적이 있는가? 피아노 연주가가 악보도 보지 않고 어떻게 그토록 긴 곡을 한 번의 멈춤 없이 연주할 수 있는지 말이다. 물론 탁월한 재능과 오랜 세월에 걸친 집중 연습의 결과 겠지만, 이 경이적인 연주 속에는 신호를 활용한 그들만의 노하우가 숨어 있다. 훌륭한 연주가들은 머릿속에 특정한 신호를 설정해둔다. 이는 마치 우리가 낯선 도시를 탐험할 때 눈에 띄는 건물을 이정표 삼아 미지의 세계에 대한 자신만의 정신적 지도를 완성해가는 과정 과 유사하다.

나는 런던 왕립음악학교의 연구원이자 프로 첼리스트인 타니아 리스보아Tania Lisboa 박사에게 음악을 어떻게 배웠는지에 대해 이야기를 들은 적이 있다.[7] 그녀는 이렇게 설명했다. "학생들, 특히 어린 학생들은 한 곡을 처음부터 끝까지, 다시 처음부터 끝까지, 또 처음부터 끝까지 반복해서 연습합니다. 그 행동이 중간에 끊기면 중간부터 다시 시작하지 못합니다. 처음으로 돌아가 다시 시작해야 하는 거죠. 연주를 통째로 암기했기 때문입니다."

한 곡을 덩어리로 인식하는 것이다. 학생들에게는 곡의 처음과 끝 외에 다른 음악적 신호가 없다. 100미터를 쉬지 않고 헤엄치는 일과 비슷한 것이다. 당연히 고통스럽고 속도도 더디다. 그들에게 곡의 중간 부분을 연주해달라는 요청은 당신에게 전화번호 일곱 번째 숫자를 물어보는 것과 동일하다. 그 숫자를 떠올리기 위해선 전화번호 첫 번째 숫자부터 순서대로 읊어야 하는 것이다. 이처럼 인간의 기억력은 너무나 쉽게 망가질 수 있고 주의력 역시 너무나 쉽게 분산될 수 있다.

하지만 오랜 시간 단련된 음악가들은 이토록 연약한 인간의 정신력을 일찌감치 간파했고, 음악적 신호를 통해 악보를 통째로 외우는 방법을 터득해냈다. 따라서 그들은 기억력 감소를 크게 걱정하지 않는다. 리스보아 박사는 내게 말했다.

전문가들도 처음부터 끝까지 한 곡을 연습하지만 보통은 저마다의 기준으로 구획을 나눠서 연습합니다. 그들은 곡의 어느 부분에서라도 멈췄다가 다시 시작할 수 있습니다. 연주가들에게는 악보뿐만 아니라 악보를 둘러싼 모든 음악적 상황이 하나의 신호가 됩니다. 음악의 감정이 고조되거나 저조되는 부분, 건반을 짚는 방법이 변하는 부분, 템포가 갑자기 빨라지는 부분, 반복적인 멜로디가 사라지는 부분 등 모든 '변화'가 그들에겐 음악적 신호입니다. 이런 포인트가 곡의 음표를 기억 속에 복원해주고, 연주가가 자동조종 모드로 곡을 질주할 수 있도록 도와줍니다.

숙련된 연주가는 동료가 실수를 하거나 관객이 기침을 해도 연주에 방해를 받지 않는다. 마치 몸 안에 연주곡이 각인된 것처럼 곡의 어느 지점에 이르기만 하면 자동으로 손끝에서 음악이 흘러나오는 것이다.

덮어쓰기 전략

때로는 우리의 습관적 반응 그 자체가 신호가 되어 또 다른 반응을 이끌어낼 수 있다. 대단히 빈번하게 벌어지고 있지만, 많은 사람이 그 실체를 깨닫지 못하고 있다.

미국 화재예방협회에서는 서머타임(Daylight Saving Time, 여름과 겨울의 낮 시간 변화에 따라 시간을 조정하는 제도-옮긴이) 적용을 위해 시간을 조정할 때 화재경보 장치의 배터리도 교체한다. 서머타임이라는 신호에 대한 반응을 재신호화해 일종의 좋은 사회적 습관을 정착한 것이다. 미국은 이 캠페인을 배터리 기술이 충분히 발달될 때까지 지속적으로 펼쳐왔다.[8] 충전 기술이 지금처럼 뛰어나지 않았던 시절에는 경보장치의 배터리가 방전된 탓에 제때에 화재 위협을 감지하지 못해 큰 재산 손실을 입곤 했다. 그래서 화재 경보 관리자들은 시곗바늘을 조정하는 기존의 습관 위에 배터리를 교체하는 새로운 습관을 덮어씌웠다. 이렇게 함으로써 최소한 1년에 두 번은 안정적으로 배터리를 교체할 수 있게 되었다. 그리고 이러한 재신호화가 반복되면 '시곗바늘 조정'(반응 1)과 '배터리 교체'(반응 2)가 결합된다. 일부 소방서에서는 3월과 11월에 배터리를 무상으로 나눠주면서 이런 덮어쓰기를 독려하기도 한다. 이처럼 여러 요소로 구성된 활동을 매번 같은 방식으로 반복해 수행하면, 우리의 뇌는 복수의 행동을 하나의 단위로 연결시킨다. 모든 절차가 습관이라는 이름으로 단일 저장되는 것이다.

정기적으로 이를 닦으면서도 늘 치실 사용을 깜빡하는 사람이 아주 많다.[9] '덮어쓰기 전략'이 이러한 사람들에게 도움을 줄 수 있을지 실험하고자 월평균 1.5회만 치실을 사용하는 50명의 영국인을 모집했다. 연구진은 그들에게 치실 사용의 이점과 올바른 치실 사용법을 가르쳤다.[10] 참가자 중 절반에게는 밤에 이를 닦기 **전에** 치실을 사용하라고 요청했고, 나머지 절반에게는 이를 닦은 **후에** 치실을 사용하라고 요청했다. 결과는 극명했다. 이를 닦은 후에 치아 사이의 이물질을 제거한 참가자들만이 기존 습관(이 닦기) 위에 새로운 습관(치실 사용)을 제대로 덮어씌웠다. 나머지 절반, 즉 먼저 치실을 쓰고 이를 닦도록 한 사람들은 이를 닦기 전에 '아 맞아, 치실을 먼저 써야지' 하고 애써 기억해내야 했다. 즉, 자동화된 신호가 없었던 것이다.

4주간 매일 참가자들은 치실 사용 여부를 연구진에게 보고했다. 참가자의 한 달간 평균 치실 사용 일수는 24일이었다. 흥미로운 것은 8개월 뒤에 벌어진 일이었다. 덮어쓰기에 성공한 사람들, 즉 이를 닦은 후에 치실을 썼던 사람들은 여전히 한 달에 11일 정도 치실을 사용했다. 치실 사용이라는 새로운 습관이 기존의 습관 위에 성공적으로 뿌리를 내린 것이다. 하지만 그 반대 그룹은 고작 일주일에 한 번만 치실을 사용하는 데 그쳤다.

미국의 세제 기업 P&G는 새로운 제품 사용에 덮어쓰기 전략이 얼마나 효과적인지 파악하기 위해 우리 연구실과 협업했다. 우리는 대학생들에게 P&G가 제공한 섬유탈취제 신제품을 한 달 동안 쓰게 했다.[11] 한 번의 분무만으로도 옷에서 냄새를 제거할 수 있는 제품이었다. 하지만 아무리 품질이 좋아도 사용자가 꾸준히 탈취제를 사용하는 것이 중요했다. 나는 일부 학생들에게만 기존의 '세탁 루틴'에 이 탈취제 사용을 덮어쓰라고 지시했다. 나머지 학생들에겐 그저 신제품의 놀라운 효능과 구체적인 사용법만 알려줬다. 주말마다 두 그룹의 학생들은 새 섬유탈취제를 사용한 횟수를 우리에게 보고했다. 그들은 이 제품을 마음에 들어 했고 꽤 자주 사용했지만, 덮어쓰기 전략을 활용한 그룹의 학생들이 상대적으로 더 탈취제 사용을 습관화했다. 덮어쓰기 전략을 쓴 참가자 중에서 빨래에 거의 신경을 쓰지 않는다고 답했던 학생들의 탈취제 사용 빈도가 특히 더 높았다. 이들은 한 달에 평균적으로 13회 탈취제를 뿌렸다. 덮어쓰기 전략을 쓰지 않은 학생들은 사용 횟수가 15퍼센트 더 낮았다.[12]

이처럼 기존 습관에 새로운 반응(습관)을 더하는 것은 좋은 습관을 형성하는 데 매우 유용한 삶의 기술이다. 이렇게 하면 새로운 습관을 빠르게 자동화할 수 있다. 왜냐하면 이미 우리 삶에 정착된 습관에는 강력한 자동성이 확립되어 있기 때문이다. 그 위에 그저 새로운 단계를 하나 더 추가하면 그만이다.

단, 이 덮어쓰기 전략은 새로운 행동이 기존의 행동과 조화를 이룰 때 가장 큰 효과를 낸다.[13] 둘 사이에 아무런 연관이 없다면, 그것은 습관으로 정착되지 않고 날마다 의식적 노력으로 애써 성취해야 할 지긋지긋하고 고통스러운 과제가 될 뿐이다. 만약 오후 3시마다 간식을 먹는 습관이 있는 사람이라면, 8층에 있는 카페까지 걸어서 올라가는 새로운 행동을 추가해 불필요한 칼로리 섭취에 따른 죄의식을 상쇄하겠다고 마음먹을 수 있다. 그러나 '배가 출출해 쿠키를 먹겠다는 행동'과 '체중 감량을 위해 몸을 혹사시키겠다는 행동' 사이에는 아무런 연관성이 없다. 습관이 우리 삶에서 언제 형성되는지 이해하지 못한 사람들이 흔히 범하는 실수다.

신호	반응 1(기존 습관)	반응 2(새로운 습관)
여름철이 되어 서머타임 시즌이 다가온다	모든 시계를 표준시보다 1시간 앞당긴다	경보 장치의 배터리를 교체한다 결합
식사를 마치자 입속이 찜찜하다	화장실에 가서 양치질을 한다	치실로 치아 사이의 이물질을 제거한다 결합
잘 시간이 되어 내일 기상 시각을 체크한다	탁자 위의 스마트폰으로 알람을 설정한다	스마트폰 옆에 있는 약봉을 집어 약을 먹는다 결합
배가 출출하고 입이 심심하다	카페에 가서 쿠키를 구입한다	카페에 가는 길에 계단 운동을 한다 결합 실패

[도표 8-2] 덮어쓰기(재신호화) 전략 사례

하지만 자기 전에 비타민 약을 챙겨먹는 습관은 충분히 덮어씌울 수 있다. 약통을 침대 옆 탁자 위에 올려두고 자기 전에 스마트폰을 체크하는 습관에 비타민 복용을 묶으면 된다. 만약 매일 오전 10시에 사무실에서 나와 스타벅스에 커피를 사러 가는 습관이 있다면 이 시간을 미뤄 뒀던 이메일에 답장을 보내는 시간으로 활용하면 된다.

덮어쓰기 전략은 비즈니스 분야에서 더욱 노골적으로 활용된다. 전문가들은 이러한 전략을 **편승 마케팅**Piggyback Marketing이라고 부른다. 각기 다른 두 기업이 협력하여, 기존 제품을 보완 상품의 신호로 활용하는 전략이다. 편승 마케팅은 페이팔(PayPal, 온라인 결제 시스템의 한 종류-옮긴이)이 어떻게 그토록 빨리 인기를 얻었는지 설명해준다. 페이팔은 아주 초기부터 이베이 결제 시스템에 결합되었다. 이베이에서 물건을 구매하는 사람은 점점 페이팔 사용에 익숙해졌다. 충분한 소비 경험이 쌓이면서 사람들은 '이베이 구매 습관'과 '페이팔 결제 습관'을 결합했고, 결국 페이팔은 미국 소비자들의 구매 습관에 자연스럽게 녹아들었다.

여러 소셜미디어 기업의 급격한 성장 또한 이 전략을 통해 설명할 수 있다. 인스타그램은 초기에 페이스북에 가로막혔으나, 결국에는 둘이 통합되어 페이스북이 인스타그램의 사용을 촉발하는 안정적 신호가 되었다. 페이스북 친구 프로필에 기재된 다양한 SNS 계정 정보를 보고 유저들이 인스타그램에 유입하기 시작한 것이다. 유튜브 역시 지금의 왕좌를 차지하기 전까지는 그저 동영상 플랫폼 서비스의 하나일 뿐이었다. 하지만 동영상 업로드 기능이 지원되지 않아 불편을 겪는 마이스페이스(Myspace, 초기 SNS 시장을 석권한 미국의 인터넷 웹사이트-옮긴이) 유저들이 유튜브에 동영상을 올려 그 URL 주소를 그대로 마이스페이스 계정에 재업로드하면서 유튜브의 존재가 세상에 알려지게 됐다. 결국 유튜브는 마이스페이스라는 매우 강력한 신호와 연결되어 영상 플랫폼 분야를 넘어 디지털 세계의 주도권을 차지했다.

바꿔치기 전략

기존 신호를 바탕으로 새로운 행동을 형성하는 덮어쓰기 전략과 유사한 것으로 어떤 행동을 다른 행동으로 변화시키는 '바꿔치기 전략'이 있다. 지금이야 두유가 우유의 대체 식품으로서 미국 소비자들에게 인기를 얻고 있지만, 두유와 두부 등 콩을 원재료로 하는 가공식품류는 도입 초반만 하더라도 미국 시장에서 차갑게 외면당했다. 이미 동물성 단백질이나 치즈 같은 식품들이 미국 가정식의 모든 메뉴를 장악하고 있었기 때문이다. 결국 두유는 유당분해효소 결핍증(젖당을 분해하는 효소의 활성도가 정상치보다 현저히 낮은 질환-옮긴이)을 겪고 있는 고객을 겨냥한 신제품 아이스크림과 결합함으로써 여러 유제품의 대체재로 존재감을 드러냈다. 두부 역시 스테이크를 대체하며 비슷한 길을 걸었다. 이제 두유와 두부는 미국의 식탁에서 빼놓을 수 없는 중요한 식자재가 되었다. '아이스크림'과 '스테이크'라는 매우 강력한 기존의 반응을 활용해 그 자리에 슬쩍 새로운 반응을 끼워 넣은 것이다.

습관 연구자 젠 라브레키Jen Labrecque와 나는 소비자들에게 그들이 최근에 구입한 제품 중 실제 사용한 제품과 사용하지 않은 제품 두 가

신호	기존의 반응	→	새로운 반응
달콤하고 부드러운 간식을 섭취하려는 열망	아이스크림	→	두유 아이스크림
동물성 단백질을 섭취하려는 열망	소고기 스테이크	→	두부
책을 읽으려는 열망	종이 책	→	이북 리더기
청소하려는 열망	빗자루	→	진공청소기
꺼내기 쉬운 위치에 놓인 음료를 구입하려는 열망	탄산음료	→	생수

[도표 8-3] 바꿔치기 전략 사례

지가 무엇인지 물었다.[14] 우리는 새로 구입한 제품이 기존에 쓰던 제품을 대체했는지 확인하고자 했다. 예를 들어, 이북e-book 리더기는 종이 책을 쉽게 바꿔치기했다. 진공청소기는 빗자루나 대걸레를 치워버리는 데 일조했다. 이와는 대조적으로, 새로 들인 운동기구로 인해 대체된 기존 제품은 아무것도 없었다. 바꿔치기 전략은 소비자의 동일한 열망 위에서만 적용된다. 러닝머신 기계가 공원을 대체할 수는 있어도 진공청소기나 오븐을 대체할 수는 없다. 이처럼 새로운 습관은 기존의 습관에 균열 없이 완전히 녹아들 때 비로소 정상적으로 작동하기 시작한다.

근래 탄산음료 소비량이 눈에 띄게 줄어들고 있다. 반대로 생수 소비량은 급증하고 있다. 이 역시 바꿔치기 전략과 관련이 깊다.[15] 편의점이나 마트에서 탄산음료와 생수가 진열된 위치를 눈여겨본 적이 있는가? 원래 대다수의 마트에서 탄산음료는 늘 가장 꺼내기 쉬운 곳에 진열되어 있었다. 손님이 걸어 들어오는 정면 냉장고나 계산대 옆이 바로 그런 곳이다. 생수 업체들은 바로 그 점을 노렸다. 탄산음료 바로 옆에 생수를 잔뜩 쌓아놓은 것이다. 그 덕분에 소비자들은 좀 더 건강한 습관을 들일 수 있었다.

물론 동일한 자리에 새로운 대체재를 슬쩍 갖다놓는다고 해서 무조건 바꿔치기 전략이 성공하는 건 아니다. 초콜릿 맛이 나는, 하지만 초콜릿보다 훨씬 더 건강한 주전부리인 암갈색 열매 캐럽은 원래 초콜릿을 대체해 미국인의 건강을 지켜줄 것으로 큰 기대를 모았지만 결국 실패했다. 캐럽의 실패는 자녀의 점심식사를 튀김이나 과자 대신 당근과 오이로 대체할 수 있으리라는 어리석은 믿음과 연결된다. 바꿔치기 전략이 성공하려면 (9장에서 자세히 다루겠지만) '보상'의 원칙을 잘 기억해야 한다. 새로운 선택지가 전보다 못한 것으로 판명되면, 뇌의 도파민은 활동을 멈추고 앞으로는 그 행동을 피하라는 신호를 내보낸다. 더 나은 반응을 이끌어내고자 새로운 신호를 만들려고 할 때는 반드시 더 큰 보상을 마련해야 한다.

만약 나쁜 습관을 갖고 있다면 그 습관을 발동시키는 신호가 무엇인지 파악하라. 그리고 그 신호가 요구하는 보상을 동일하게 실현할 수 있는 좀 더 나은 반응(습관)이 무엇인지 고민하라. 아무것도 없는 황량한 대지 위에 좋은 습관이 단숨에 자라나기를 기대하면 안 된다.

우리를 둘러싼 수많은 신호를 주체적으로 파악해 그것들이 이미 구축해놓은 '자동화'를 적극적으로 활용해야 한다.

9장

습관 설계 법칙 4

행동과 보상을 긴밀히 연결하라

•

나는 살면서 단 하루도 일한 적이 없다.
모두 재미있는 놀이였을 뿐이다.

- 토머스 에디슨

[보상 예측 오류]

보상은 언제나 기대보다 커야 한다

당신의 인내심은 반도체 실리콘 한 조각보다 훨씬 빨리 닳는다. 나역시 마찬가지다. 소프트웨어는 아무리 같은 일을 여러 번 반복해도 지루하게 여기는 법이 없다. 전력만 무한히 공급되면 무엇이든 영원히 지속한다. 아무것도 하지 않는 것처럼 보여도 기계는 끊임없이 무언가를 반복하고 있다. 하지만 인간은 그렇지 않다. 같은 일을 하면 우리는 금세 지치고 싫증을 느낀다. 그리고 결정적으로 우리에겐 호기심이 많다. 늘 다양한 변화와 더 강한 자극을 원한다. 인생의 반복적인 필연성을 능가하는 무언가가 필요하다.

이 '무언가'가 바로 습관 설계 법칙의 네 번째 요소다. 상황과 마찰은 습관이 형성되는 길을 닦고, 신호는 엔진에 시동을 건다. 그리고 보상은 습관이라는 전차가 계속해서 앞으로 나아가도록 연료를 공급한다. 최초의 노력에 대한 사소한 **보상**조차 없다면 우리의 습관은 지속되지 않을 것이다. 보상의 법칙은 그리 복잡한 게 아니다. 우리는 아주 예전부터 거래에 익숙했다. 만약 뭔가가 대가로 주어지지 않는다면 우리는 그 일을 자발적으로 하지 않을 것이다. 그 무언가가 충분히 좋다고 여겨질 때 우리는 비로소 최초의 노력을 들일 만한 가치가 있다고 판단한다. 그러나 다른 습관 설계 법칙과 마찬가지로, 겉으로는 단순해 보이는 보상의 원리 뒤에도 복잡한 실체가 숨어 있다.

흡족한 보상을 얻으면 뇌는 도파민을 내보낸다. 도파민은 우리의 기분을 좋게 만들어주고 앞으로도 그 일을 계속하도록 추진해준다. 그러나 도파민이 가장 왕성하게 분비되는 때는 예기치 못한 보상을 경험할 때다. 그리고 이러한 예기치 못한 보상은 우리 삶에서도 종종 발견된다. 마트에서 특가 상품을 구입해본 적 있는가? 누구나 '딱 하루 반값 할인!'이라고 적힌 우유를 구입해본 적이 있을 것이다. 어느 뇌과학 연구 결과에 따르면 특가 상품을 구입할 때 소비자의 뇌에서 다량의 도파민이 분비된다고 한다. 도파민은 '반값으로 우유를 구입한 상황'과 함께 당시의 '날아갈 것만 같은 좋은 기분'을 시냅스에 저장한다. 이 과정이 몇 번 더 반복되면 소비자에게 새로운 브랜드의 상품을 구매하는 습관이 형성된다. 이제 마트에서 그 우유를 발견하면 당시의 기분 좋은 상황을 떠올리며 가격을 고민하지 않고 자동으로 우유를 집어 들게 되는 것이다. 이것이 기대하지 않았던 보상이 만들어내는 습관의 작동 방식이다. 즉, 더 이상 '결정'을 내리지 않게 되는 것이다. 한번 구매 습관이 정착되면 다른 우유가 반값 할인을 하지 않는 이상 쉽게 사라지지 않는다.

이처럼 습관이 형성되기 위해선 우리의 비의식적 자아가 기대했던 것보다 좀 더 크고 좋은 보상이 돌아와야 한다. 이는 신중함과 창의력이 필요한 일이다. 별로 로맨틱하게 들리지는 않겠지만, 만약 배우자와 친밀함을 더하는 새로운 습관을 형성하고자 한다면 퇴근 후 가벼운 볼 뽀뽀 이상으로 애정을 드러낼 수 있는 놀랍고도 진심 어린 쇼를 계획해야 한다. 당신이 아주 큰 잘못을 저지르지 않았다면 아마 배우자는 진심으로 기뻐할 것이다. 애정 표현이 서툰 사람에게 예상하지 못한 애정 표현을 받았다는 사실 자체가 파트너로서는 매우 놀라운 보상이다. 이것을 기억하라. 예기치 못했던 보상의 효용은, 바로 그 '예기치 못함'에 달려 있다. 그 정도의 보상이 통한다는 건 그간 배우자의 기대치가 매우 낮았다는 것을 암시한다(반성부터 하라).

배우자는 뽀뽀 이상의 추가적인 애정을 기대하지 않았다. 하지만 당신은 폭풍 같은 키스를 퍼부었다. 즉, 배우자의 예상은 틀렸다. 이를 **보상 예측 오류**Reward Prediction Error라고 부른다. 이런 예기치 못한 보상은 우리 뇌에서 도파민의 분비를 자극한다. 도파민은 **감각운동성 회로**를 타고 흐르는데, 바로 이 감각운동성 회로가 뇌에서 습관 형성을 주관하는 영역이다. 도파민의 자극은 감각운동성 회로를 구성하는 **감각운동 피질**, 그리고 이 피질과 연결된 조가비핵까지 이어진다. 너무 복잡하게 생각할 필요 없다. 이것들이 모두 인간의 반복적인 행동,

즉 습관에 관여하는 영역이라는 것만 기억하면 된다.[1] 도파민이 많이 분비될수록 습관을 관장하는 뇌 영역이 활발히 작동하게 되고, 도파민을 생성해낸 상황과 그때의 반응이 습관으로 정착될 가능성 또한 높아지는 것이다.

보상이 클수록 도파민의 분비량도 커지며, 따라서 자극을 받는 시냅스의 영역도 더 커진다. 배우자의 뇌는 당신의 예기치 못한 애정 표현을 도파민의 분비와 함께 시냅스에 기록한다.[2] 기대치와 실제의 격차가 클수록 자극도 강해지므로 더 오래 기억에 남는다.[3] 이로써 배우자의 뇌에는 더 나은 애정 표현 습관을 형성하기 위한 신경적 기반이 구축되었다. 배우자는 동일한 상황(예를 들면 저녁식사)이 되었을 때, 어제의 보상 경험을 기억하고 있다가 당신이 굳이 애정 표현을 하지 않아도 당신의 행동에 더 적극적으로 반응한다. 정확히 표현하자면, 배우자가 아니라 배우자의 뇌가 그러한 방향으로 아주 살짝 변한 것이다.

물론 그렇다고 해서 이것이 애정 표현을 이제 중단해도 된다는 뜻은 아니다. 습관의 뇌과학적 작동 방식과는 별개로 우리는 배우자에게 언제나 최선을 다해 사랑을 바쳐야 한다. 게다가 도파민은 기대에 미치지 못하는 상황이 발생했을 때도 왕성하게 분비된다. 보상을 기대했는데 적절한 보상을 받지 못하면, 뇌는 앞으로 그런 행동을 피하라는 신호를 내보낸다.[4] 집에 늦게 도착해 배우자와의 키스를 놓치게 되거나 쇼핑 할인이 끝나 제값을 다 치러야 할 상황이 다시 반복되면, 도파민은 앞으로 이와 관련된 반응을 더 이상 작동시키지 말라는 의견을 뇌에 전달한다. 이것이 보상의 어두운 측면이다. 배우자에게 한두 번 애정을 주고 차갑게 대하거나 딱 하루 반짝 세일을 한 뒤 고객을 무시하면 뇌는 이를 단박에 '전략적 기만행위'로 간주하고 보상에 대한 통상적인 반응을 기억에서 삭제해버린다.

[보상 내재]
보상은 빠를수록 좋다

도파민이 생성되고 지속되는 원리를 좀 더 자세히 이해할 필요가 있다. 도파민은 분비 후 1분 이내에 습관 학습을 촉진하는 것으로 알려졌다.[5] 이것이 뜻하는 바는 무엇일까? 2주 후에나 받게 될 상여금이나 3개월 뒤 누리게 될 우승의 영광보다는, 지금 눈앞에 갓 나온 식빵 한 조각이 습관 형성을 더 강력하게 촉진한다는 뜻이다. 채 60초도 안 되어 사라질 도파민이 '상황'과 '반응'을 결합해 시냅스 안에 저장되도록 유도하려면, 어떤 일을 한 직후에 곧장 뇌가 보상을 인식하도록 조치해야 한다. 그래야 습관이 만들어질 기본 조건이 마련된다.

이런 짧은 시간을 감안한다면, 습관 형성에 가장 효과적인 보상은 행동 자체 혹은 행동의 일부에 **내재**되어야 한다. 자녀에게 동화책을 읽어주면서 아이들이 즐거워하는 모습을 볼 때 우리가 얻게 되는 기쁨의 감정이나, 무료 급식소에서 자원봉사를 하며 선행을 베풀 때 경험하는 베풂의 온기 같은 것들 말이다. 우리는 쥐가 아니다. 그러니 자원봉사를 하고는 스스로에게 초콜릿을 선물하면서 습관이 형성되기를 기대하지는 마라. 봉사라는 행위에 내재된 보람을 보상으로 인식하도록 습관을 설계하면 된다. 당신 안에 내재된 휴머니티를 활용하라.

폭스바겐은 노르웨이 수도 오슬로의 지하철 계단을 피아노 건반처럼 바꿔놓는 공공 캠페인을 벌였다.[6] 밟자마자 건반 소리가 나는 요상한 계단 주위에 사람들이 구름처럼 몰려들었다. 또 쓰레기를 넣으면 '퐁당' 하고 소리가 나는 쓰레기통을 공원에 설치했다. 사람들은 그 소리를 다시 듣기 위해 주변의 쓰레기를 모아 자꾸 던졌다.[7] 행동에 내재된 가장 대표적인 보상인 '재미'를 활용한 사례다.

아이들에게 비누로 손을 씻도록 하는 것은 개발도상국에서 가장 비용이 적게 들면서도 효과가 가장 강력한 건강 유지 정책이다. 아이들이 '손 씻는 습관'을 반복하게 하려면 어떻게 해야 할까? 아프리카 대륙으로 날아간 연구자들은 남아프리카공화국 웨스턴케이프에 사는 네 살짜리 빈곤층 아이들에게 투명 비누를 나눠줬다.[8] 비누 속에는 플라스틱 물고기와 공 같은 작은 장난감이 박혀 있었다. 또 다른 아이들에게는 평범한 비누를 줬다. 이 아이들에겐 비누로 손을 열심히 닦으면 장난감을 주겠다고 제안했다. 변을 보고 나서도, 식사 후에도 손을 닦지 않던 아이들은 투명 비누를 받자 거의 매일 손을 닦았다. 아마 아이들은 비누를 사용해 손을 닦을수록 플라스틱 공룡 인형이 점점 더 가까이 다가오는 것 같은 기분을 느꼈을 것이다. '재미'라는 보상이다. 하지만 일반 비누를 받은 아이들은 전혀 손을 닦지 않았다. 몇 개월 뒤에나 받을 수 있는 장난감만으로는 수년간 축적된 '손 안 씻는 습관'을 고칠 수 없었다.

그렇다면 어른들을 위한 재밌는 보상은 무엇이 있을까? 케냐의 어느 시골 지역 부엌 싱크대에 작은 거울을 붙여 놓았다.[9] 사람들은 이곳을 지나가면서 자연스럽게 거울을 보며 손을 닦았다. 자신의 얼굴을 들여다보는 보상 덕분이었다.

이보다 더 재밌는 보상이 어디 있겠는가? 습관은 쾌락의 경험에 특히 더 민감하게 반응한다. 그것이 도파민이 분비되는 법칙이기 때문이다. 기분 좋고, 기쁘고, 짜릿하고, 재밌고, 황홀한 경험을 하면 도파민이 폭발적으로 분비되고, 습관을 관장하는 뇌 영역을 폭격하듯 자극한다. 따라서 비의식적 자아가 무엇을 습관으로 선택하게 할지 유도하는 방법은 단순하다. 우리가 즐거움을 발견할 수 있어야 한다. 행동한 직후 기대한 것 이상의 쾌락을 반복적으로 느낄 때, 도파민에 의해 왕성하게 활성화된 습관 시스템이 비로소 작동되기 시작하는 것이다.

'재미'나 '기쁨'처럼 우리 행동에 내재된 보상의 효과를 측정하기 위해 수행한 또 다른 연구가 있다. 연구진은 대학생들의 운동 습관을 조사했다.[10] 예상한 대로 운동을 기분이 좋아지는 재밌는 활동이라고 여긴 학생들이 더 오래, 더 꾸준히 헬스장에 갔다. 그들은 운동하러 가려고 크게 고민할 필요가 없었다. 이와 반대로 자동성을 창출하는 보상을 경험하지 못한 학생들은 운동장이나 헬스장에 갈 때 습관의 힘을 동원하지 못하고 그저 자신을 채찍질하며 간신히 발걸음을 옮겼다. 아주 약간의 변화만으로도 그들의 마음을 가볍게 만들어줄 수 있었을 텐데 말이다.

* * *

물론 보상이 꼭 행동 자체에 내재될 필요는 없다. **외부**로부터 보상을 얻을 수도 있다. 게다가 어떤 외부 보상은 아주 즉각적이다. 애인을 기쁘게 해주려고 당신이 저녁식사를 준비할 때, 애인이 식탁에 앉으면서 건네는 칭찬 한마디가 바로 즉각적인 외부 보상이다. 특정한 환경도 외부 보상이 될 수 있다. 로비를 화려하게 꾸며 놓은 헬스장은 운동할 때 우리가 상류층에 속해 있다는 느낌을 준다. 어떤 헬스장은 멋진 운동복을 제공하기도 한다. 이렇게 우리는 소속감과 우월감을 느끼면서 운동 습관을 형성할 수도 있다. 누군들 특별한 대접을 마다하겠는가?

급여 역시 전형적인 외부 보상이다. 이는 모든 경력과 삶, 사회 전체를 작동시키는 대단히 거대하고 강력한 보상이다. 투박하지만 효과적이다. 하루 일한 노동의 대가를 그날 바로 받게 된다면 가장 좋겠지만, 대다수의 사람은 행동과 보상 사이의 지연을 감수한다. 이러한 '지연'이 도파민이 활약할 기회를 날려버린다는 것을 사람들이 깨닫는다면 아마 대규모 파업이 일어날 것이다. 하지만 외부 보상의 효과는 행동에 내재화한 보상에 비하면 그다지 강력하지 않다. 만약 어떤 일을 수행한 뒤 돈을 받을 수 있다고 가정해보자. 우리는 그 일을 어떻게든 완수하겠지만 지불이 끝나면 더 이상 그 일에 손을 대지 않을 것이다.

대부분의 보상에는 내재성과 외부성이 혼합되어 있다. 당신이 늦게까지 사무실에 남아 야근하는 이유는 그 프로젝트에서 최선을 다하고 싶은 마음 때문이기도 하고(내재된 보상), 상사에게 칭찬받기를 기대하기 때문이기도 하다(외부 보상).

내가 강조하는 핵심은 이것이다. 보상은 즉시 이루어져야 한다. 내재된 보상이든, 외부에서 촉발된 보상이든 행동과 보상 간의 지연이 발생하면 습관 형성의 추진력은 급격하게 속도를 잃고 좌초된다. 습관의 지속성이 사라지는 것이다.

종종 정부에서 제공하는 각종 보건 의료 프로그램은 금연, 감량, 명상 등의 대가로 사람들에게 돈을 지급한다. 경제 법칙에 따른다면 프로그램 참가자들은 지급액이 커질수록 건강 습관을 잘 지킬 것이다. 적어도 처음에는 말이다.[11] 남녀 31명을 대상으로 진행된 6개월짜리 감량 프로그램을 연구한 사례를 들여다보자.[12] 그들이 처음 측정한 몸무게는 평균 약 95킬로그램이었다. 그리고 달마다 한 번씩 체중을 측정했다. 한 달 전보다 2킬로그램 이상을 감량하면 100달러씩 받을 수 있었다. 이 돈은 체중 측정 직후 참가자들의 계좌에 이체됐다. 결과는 어땠을까? 6개월 뒤 참가자들은 평균적으로 약 2.2킬로그램을 감량했다.

지불은 분명히 어느 정도 효과가 있었다. 감량의 대가로 돈을 받지 못한 32명의 대조군에 비해 돈을 받은 그룹이 확실히 더 나은 성과를 냈다. 대조군도 똑같이 한 달에 한 번 체중을 측정했다. 하지만 6개월 동안 그들은 겨우 0.45킬로그램을 감량했을 뿐이다. 그렇다면 습관의 지속성도 그대로 유지됐을까? 이 연구가 종료되고 3개월 후 모든 참가자의 몸무게를 다시 쟀다. 돈을 받은 그룹은 6개월간 감량한 체중의 일부를 다시 얻었다. 맨 처음과 비교하면 0.9킬로그램을 감량한 수준이었다. 돈을 받지 않은 대조군과 별 차이가 없었다.

아마 그들은 체중을 측정하는 날이 임박해서야 다이어트를 시작했을 것이다. 측정일 하루 전에는 아예 단식을 했을 수도 있다. 어쨌든 100달러는 큰돈이니까. 이런 식으로 다이어트를 한 참가자들은 새로운 식습관을 반복하지 않았다. 그들의 의식적 자아는 그런 반복이 불필요하다고 평가했을 것이다. 매일 적게 먹어서 상금을 타든, 하루이틀 확 굶어서 상금을 타든 무슨 대수인가?

9개월은 엄청나게 긴 시간이다. 아마 참가자들은 다이어트에 도전하면서 가끔은 그 보상을 떠올렸을 것이다. 하지만 그들이 보상을 실감하는 순간은 고작 매달 말일 총 아홉 번이었다. 무려 270여 일 중 단 9일만 도파민이 분비되었던 것이다. 이 정도로는 살을 빼는 습관이 형성될 수 없다. 상황과 행동과 반응이 결합해 습관으로 설계되기에는 보상의 횟수가 지나치게 적었다. 결국 도전자들의 다이어트 시도는 습관으로 이어지지 못했다.[13]

경제학의 관점에서 보자면 큰 보상에 큰 효과가 따라와야 마땅하다. 매달 감량의 대가로 100달러를 받을 수 있다거나 마감 일정을 맞추면 콘서트 티켓을 얻을 수 있다는 등의 보상은 동기를 크게 북돋을 것처럼 보인다. 하지만 그렇다고 습관이 형성되는 건 아니다. 그 보상과 행동이 충분히 밀접하게 연관되어야 한다. 단편적이고 고립된 큰 보상만으로는 습관을 형성하지 못한다.

수많은 기업에서 직원 복지 프로그램을 실시한다. 성과를 달성하거나 정해진 기간에 프로젝트를 완수하면 여러 혜택을 부여하는 식이다. 하지만 앞서 살펴본 것처럼 이러한 프로그램의 효과는 미미하

구분	내재된 보상	외부 보상
봉사활동	자존감, 보람	가산점
운동	단단해진 몸	수영복
체중 감량	내 몸에 딱 맞는 옷	상금
공부	모르던 것을 아는 재미	컴퓨터 게임

[도표 9-1] 내재된 보상과 외부 보상

다. 행동과 보상이 긴밀히 연결될 수 없는 한계 때문이다.[14]

그럼 벌칙의 효과는 어떨까? 대표적으로 '벌금통'이 있다. 누군가 욕을 하면 벌금통에 5달러를 넣어야 한다고 강제하거나, 수학 시험에서 60점을 넘기지 못하면 사고 싶던 재킷 구입을 포기해야 한다고 가정해보자. 이런 식의 조건부 계약은 가족의 조롱까지 뒤따르기 때문에 좋은 습관을 들이는 데 큰 도움이 되리라 충분히 예상할 수 있다. 이런 장치들은 단기 목표를 달성하기 위한 효과적인 동기가 될 수는 있다. 하지만 새로운 습관을 형성하는 강력한 보상은 아니다. 습관을 형성하는 도파민의 작동 원리를 고려한다면, 이러한 패널티는 우리가 변화시킬 행동과 너무 거리가 멀고 특정한 반복에 밀접하게 연관되어 있지도 않다. 이 점을 명심하라. 보상을 통한 습관 형성의 지름

길은 '수많은 반복에 대한 즉각적인 보상'뿐이다.

[불확실한 보상]
"거의 딸 뻔했는데!"

당신은 다른 사람을 관리해본 적이 있는가? 그렇다면 그들이 가장 원하는 근무 환경이 무엇인지 아는가? 그들은 언제나 투명하고 신뢰할 수 있고 예측할 수 있는 보상을 원한다. 정시에 퇴근할 수 있는지, 월급은 제때 들어오는지, 상여금은 얼마나 들어오는지를 끊임없이 궁금해하고 온통 그것만 생각한다. 의외성은 배제되어야 한다. 언제나 예측할 수 있어야 하고 변수가 있어선 안 된다. 그래야 조직원이 최대의 성과를 낼 수 있다. 이런 직장의 시스템은 구성원 간 신뢰를 형성하고 혼란과 스트레스를 줄여준다. 하지만 새로운 습관을 효과적으로 형성하는 길은 이와 전혀 다르다. 습관은 예측할 수 없는 보상의 의외성에 의존한다. 나는 이러한 습관 형성의 경향성을 **불확실한 보상**이라고 부른다.

카지노 수익 중에서 대략 70퍼센트는 슬롯머신과 비디오 포커에서 나온다.[15] 거의 성공 직전까지 가는 '니어 미스Near Miss'를 원래의 확률보다 더 자주 연출하도록 프로그래밍된 이 기계들은 플레이어들의 도파민을 거의 사망 직전까지 분출시키도록 고안된 중독 장치다. 그들은 속으로 '거의 딸 뻔했는데!'라고 반복적으로 외치며 벌겋게 핏발 선 눈으로 헛된 희망을 핥는다. 이렇게 폭발적으로 분비된 도파민은 뇌의 보상 회로를 자극하고, 이로써 계속 도박에 몰두하는 습관이 형성된다. 특히 도박꾼들은 아주 간발의 차로 돈을 따지 못할 때 실제로 돈을 딸 때만큼의 극적인 쾌감을 경험한다. 아마 도박을 해본 사람이라면 이 기분을 잘 알 것이다. 풀하우스(세븐 포커에서 나올 확률이 2.6퍼센트에 불과한 대단히 강력한 패-옮긴이)를 완성하기 직전 마지막 히든카드를 받을 때의 기분을.

진화론에 따르면 모든 동물은 불확실한 보상에 훨씬 더 민감하게 반응한다. 왜냐하면 식량이 부족한 야생에서 생존하기 위해서는 확실하지 않은 상황에서도 계속 도전해야 했기 때문이다. 식량, 물, 짝짓기 등 생존하기 위한 조건을 충족하려면 참혹한 실패가 예상되어도 행동을 멈춰선 안 된다. 쉬지 않고 도전하고 버텨야 한다.[16] 바로 이때 도파민이 성공 가능성이 매우 낮은 상황에서도 우리가 도전할 수 있도록 동기를 불어넣는다. 만약 인간의 뇌 구조가 확실한 보상에만 이끌리도록 설계됐다면, 인류는 아무런 시도도 하지 못한 채 굶어 죽었을 것이다.

이는 현대에서도 마찬가지다. 마지막으로 스마트폰을 들여다본 게 언제인가? 미국인들은 하루에 80억 번 스마트폰을 확인하는데, 1인당 평균 46회꼴이다.[17] 스마트폰 사용은 매우 습관적인 행동이다. 하루의 모든 일과에 달라붙어 있다. 아침에 일어나서, 출근하는 길에, 밥 먹기 전에, 밥 먹은 뒤에, 일하는 중에, 퇴근하는 길에, 자기 직전에… 종일 스마트폰을 확인한다. 그렇다면 스마트폰의 보상은? 이메일을 확인하고 문자를 확인하고 페이스북의 새 피드를 확인하는 게 전부다. 거의 대부분의 정보가 별로 중요하지 않지만, 가끔 유용한 정보를 얻기도 한다. 이 어쩌다 얻는 보상이 스마트폰에 정기적으로 손이 가도록 만드는 것이다. 언제 누구에게 메시지를 받을지 알 수 없다는 불확실성이 우리를 점점 더 스마트폰의 노예로 전락시키는 것이다.

동물 실험을 통해 불확실한 보상의 힘을 확인할 수 있다. 통에 쥐를 가둬놓고 레버를 누를 때마다 식량을 줬다. 단, 이 보상은 무작위로 이뤄졌고 시간 간격 역시 불규칙했다. 때로는 레버를 누른 지 9초 후에 식량을 줬고, 때로는 30초를 기다려야 했다.[18] 이러한 '간헐성'은 자연 상태의 보상과 유사하다. 꽃에서 꽃가루를 얻으려는 꿀벌은 특정 개화 시점까지 기다려야 더 많은 꽃가루를 채취할 수 있다. 기다림의 시간은 예측할 수 없다. 길 수도 있고 짧을 수도 있다. 쥐는 자신에게 언제 식량이 주어질지 알지 못했으므로 레버를 수없이 눌러야 했다. 그것이 식량을 얻기 위해 쥐가 할 수 있는 유일한 방법이었다. 흥미로운 것은 보상이 완전히 중단된 후에도 쥐가 계속해서 레버를 눌러댔다는 사실이다. 레버를 누르는 강력한 습관이 형성된 것이다. 직장에서는 이것을 '생산성'이라고 부른다.

인간도 어떤 면에서는 쥐와 유사하다. 초콜릿을 보상으로 받는 경매가 열렸다. 초콜릿 5개가 든 통이 하나 있고, 초콜릿 3개 또는 5개가 든 통이 있다. 후자의 통에 초콜릿이 몇 개 들었는지는 낙찰받기 전까지 알 수 없다. 상식적으로 생각하면 당연히 후자의 통이 더 낮은 가격에 낙찰되어야 한다. 하지만 그렇지 않았다. 시카고대학교 연구진이 조사한 내용을 보면, 초콜릿 5개가 보장된 통의 평균 응찰 가격은 1.25달러였고, 3개 혹은 5개가 담긴 통의 평균 응찰 가격은

1.89달러였다.[19] 그 이유를 물어봤더니 참가자들은 불확실한 경매가 더 흥미로웠기 때문이라고 답했다. 실제 보상의 가치가 높아진 게 아니다. 무엇이 나올지 모르는 상황이 더 재밌을 뿐이었다.

'게이미피케이션Gamification'이라고 부르는 게임화 전략은 바로 이러한 보상의 불확실성을 바탕으로 만들어졌다. 많은 비디오 게임이 불확실한 보상을 체계화해 플레이어를 붙잡는다. 중독은 습관의 다양한 얼굴 중 하나다. 교육용 게임 또한 불확실성을 활용한다. 2018년 비디오 게임 산업의 경제 규모는 1300억 달러를 거뜬히 넘어섰다.[20] 정답을 맞히면 임의의 점수를 얻는 식이다.[21] 여기서도 학생들은 정해진 점수를 받을 때보다 주사위로 점수가 결정될 때 훨씬 더 진지하고 열성적으로 퀴즈에 임했다. 심지어 정답률도 더 높았다. 게이미피케이션은 전투기 조종사, 정비공, 복강경 검사 외과의 등 끊임없이 기술을 숙련해야 하는 전문가를 대상으로 한 직업 훈련 프로그램에서도 사용된다.

불확실한 보상이 예측 가능한 보상보다 습관 형성에 더 큰 영향을 미친다는 것이 모순처럼 들리겠지만, 우리의 뇌가 불확실성에 훨씬 더 예민하게 반응하는 현상은 틀림없는 사실이다.

[습관의 둔감성]
보상 없이도 작동한다면 그것이 습관이다

보상은 습관이 얼마나 강력해졌는지 측정할 수 있는 유일한 방법이다. 1부에서 우리는 습관의 비가시성에 대해 살펴봤다. 비의식적 자아에 의해 지배되는 습관 시스템은, 우리 눈에는 잘 보이지 않는 미지의 영역이다. 항상 은밀한 곳에 숨어 우리의 삶에 영향을 미치기 때문이다. 하지만 우리가 습관의 힘을 측정할 수 없는 것은 아니다.

과학자들은 보상에 대한 **둔감성**Insensitivity을 습관의 형성 여부를 판단하는 기준으로 삼는다.[22] 어떤 행동이 습관인지 확실히 알 수 있는 유일한 방법은, 보상이 바뀌거나 사라졌을 때 그 행동이 지속되는지를 확인하는 것이다. 보상을 전처럼 누리지 못하거나 보상이 더 이상 주어지지 않아도 그 행동이 지속된다면 습관이라고 판단할 수 있다. 만약 체중이 10킬로그램이나 감량되어 더 이상 뺄 살이 없음에도, 저녁 6시 이후에는 금식을 유지하고 아침마다 20분씩 가볍게 달리는 일상을 반복하면 그것은 삶에 단단히 뿌리를 내린 습관이라고 봐도 무방하다.

한 실험에서 쥐에게 레버를 100회 또는 500회 누르도록 훈련시켰다.[23] 처음에는 보상으로 먹이만 줬다. 그리고 얼마 뒤 쥐에게 음식 몇 조각을 먹이면서 주삿바늘로 쥐를 쿡 찔러 몸에 독소를 주입했다. 레버 누르기를 100회 반복했던 쥐들은 금세 논리적인 행동을 취했다. 레버 누르기를 멈췄던 것이다. 그러나 레버를 500번 누른 쥐들은 독소로 인해 고통을 느끼면서도 레버 누르기를 멈추지 않았다. 습관이 형성된 것이다. 물론 이 쥐들이 영원히 레버를 누른 것은 아니다. 쥐들의 습관은 경험을 거치면서 조금씩 수정됐다. 더 이상 제대로 된 보상을 얻지 못하자 쥐들은 행동을 그만뒀다. 이 연구는 습관의 가장 기본적인 특성 한 가지를 밝혀준다.

습관은 욕구가 사라지고 보상이 멈춰도 우리를 행동하도록 만든다. 마치 이전에 받았던 보상의 유령이 붙어 있기라도 한 것처럼.

보상의 유령이 우리 삶에 얼마나 강력한 영향을 미치는지 확인하기 위해 나는 연구실 동료 데이비드 닐과 팝콘을 갖고 흥미로운 실험을 진행했다.[24] 우리는 참가자에게 이 연구가 관객의 영화 선호도를 파악하기 위한 실험의 일환이라고 설명했다. 그리고 실험 참여의 대가인 것처럼 속여 팝콘 한 봉지와 물 한 병을 나눠줬다. 참가자 중 절반은 눅눅해진 팝콘을, 나머지 절반은 신선한 팝콘을 받았다. 영화 상영이 끝난 뒤 참가자들은 팝콘 봉지를 다시 반납했고, 이를 통해 우리는 그들이 먹은 양을 측정할 수 있었다.

사전에 실험 참가자 전원에게 자신이 영화를 볼 때 팝콘을 얼마나 자주 먹는지 습관 강도를 측정했다. 영화를 보면서 팝콘을 먹는 습관 강도가 낮았던 참가자는 전반적으로 팝콘을 덜 먹었다. 특히 눅눅한 팝콘은 거의 먹지 않았고 그나마 신선한 팝콘을 더 많이 먹었다. 이들은 평균적으로 신선한 팝콘은 70퍼센트를, 눅눅한 팝콘은 40퍼센트를 먹었다. 실험 대상자가 대학생들이었다는 점을 고려하면, 아무리 눅눅한 팝콘일지라도 공짜 음식이니 평소보다 좀 더 먹었을 것이라는 설명이 가능하다. 이와는 대조적으로 영화를 볼 때 팝콘을 먹는 습관 강도가 높았던 참가자는 팝콘이 눅눅하든 신선하든 관계없이 받은 양의 60퍼센트 이상을 먹었다.

물론 모든 실험 참가자가 눅눅한 팝콘은 싫다고 말했지만, 그 선호가 개인의 습관을 가로막지는 못했다. 평소 팝콘을 습관적으로 먹던 사람은 늘 그랬던 것처럼 실험장에서도 팝콘을 무의식적으로 입에 집어넣었다. 그들은 당장의 쾌락에 완전히 둔감한 모습을 보였다. 우리는 사람들이 자신이 섭취하는 음식을 적극적으로 판단할 줄 알았다. 적어도 먹어도 되는 음식인지 물어볼 것이라고 예상했다. 하지만 그러기에는 평소 보상을 통해 적응된 습관의 힘이 너무나 강력했다. 불이 꺼지고 영화가 상영되고 손에는 팝콘 봉지가 들려 있다. 그리고 그들은 팝콘 봉지 속에 손을 집어넣는다.

이들을 눅눅한 팝콘을 게걸스럽게 먹는 머저리라고 흉보면 안 된다. 그저 자신의 습관에 충실하게 반응한 것뿐이다. 이를 '보상 만족 효과'라고 부른다. 한번 만족스러웠던 보상(따끈따끈한 팝콘의 맛)은 그 보상의 효과가 사라진 뒤(눅눅한 팝콘의 맛)에도 지속된다. 보상 만족 효과는 왜 우리가 카드빚을 다 갚고도 그때의 자부심을 추억 삼아 절약 습관을 멈추지 않는지를 설명한다. 이미 절약이라는 행동이 자동 조종 모드 위에 올라섰기 때문이다. 버크셔해서웨이의 회장 겸 CEO 워런 버핏Warren Buffett은 1958년에 3만 1500달러를 주고 샀던 집에 지금도 거주하고 있다. 디쉬네트워크의 창립자 겸 회장인 찰리 에르겐 Charlie Ergen은 지금도 매일 집에서 샌드위치에 음료수를 곁들인 도시락을 싼다. 힐러리 스웽크Hilary Swank, 레이디 가가Lady GaGa, 크리스틴 벨 Kristen Bell은 쿠폰을 모아 쇼핑하는 것으로 유명하다.

그러나 자극적인 보상에 의해 형성된 나쁜 습관 역시 끈질기게 지속되는 건 마찬가지다. 유튜브는 시키지 않아도 자꾸만 관련 영상을 추천해 가장 눈에 잘 띄는 곳에 떡하니 전시한다. 한번 재밌는 영상을 보고 느낀 만족감(보상)은 그 영상을 재생하도록 부추긴다. 사람들은 「왕좌의 게임」 시즌1을 보고 충격에 빠졌지만, 시즌이 거듭될수록 마치 옛 친구와의 의리를 지키기 위해, 즉 습관처럼 반복적으로 에피소드를 시청하게 됐다. 제작사가 더 이상 예전처럼 영혼을 뒤흔드는 드라마를 만들어내지 못할지라도 우리의 비의식적 자아는 신경 쓰지 않는다. 저녁이 되면 불을 끄고 침대에 누워 이불 속에 들어가 스마트폰을 켜고 즉각적이고 강렬한 보상이 넘쳐나는 세계로 빠져든다. 이것이 보상과 습관의 작동 방식이다.

10장

습관 설계 법칙 5
마법이 시작될 때까지 반복하라

•

우리가 올바른 방향으로 나아가고 있다면
우리가 해야 할 일은 계속 걷는 것뿐이다.
- 조지프 레너드 골드스타인

[자동화된 반복]
마법은 언제 시작되는가

당신은 이제 상황과 보상의 힘을 확인했다. 추진력과 억제력과 마찰력을 활용해 가장 유리한 상황을 만드는 요령과 나만의 신호를 포착해내는 방법도 배웠다. 자신의 의지력과 판단력을 과신하는 내성 착각의 위험성도 인식했다. 예상을 뛰어넘는 보상의 위력도 확인했다. 최소한의 노력으로 최대의 성과를 만들어내는 가장 강력한 도구가 습관이라는 사실을 모두 깨달았다. 이 정도면 충분한 것 같다. 그런데 마법은 언제 시작되는 걸까? 언제부터 습관의 힘이 작동되는 걸까? 대체 자동화된 무의식은 언제쯤 질주를 시작할까?

나는 어렸을 때 이런 테스트를 해본 적이 있다. 침대에 누워서 눈을 감고 잠을 청하다가 스스로에게 이렇게 묻는 것이다. "나 지금 자고 있니?" 물론 나는 깨어 있었다. 사실, 이 테스트에서 정답을 맞히는 건 불가능하다. 침대에 누워 눈을 감으면 점점 잠이 오고… 어느새 해가 비추고 일어날 시간이 된다. 인간이 인식할 수 있는 '잠에 드는 순간' 따위는 없다. 우리의 특별한 마법, 즉 습관도 마찬가지다. 매주 3회 이상 헬스장에 가는 행동을 시작하고, 계속한다. 신용카드 대신 체크카드를 쓰는 행동을 시작하고, 계속한다. 저녁으로 치킨 대신 고구마와 샐러드를 먹는 행동을 시작하고, 계속한다. 언제까지? 우리가 더 이상 그렇게 하려고 마음먹지 않을 때까지 말이다. 바로 그때 습관이 형성된다. 1년 뒤 우리는 두둑해진 통장과 잘록하게 들어간 허리를 보고 흡족해한다.

마법은 알지 못하는 사이에, 조용히 시작된다. 그러니 언젠가는 마법이 일어난다는 걸 믿어야만 한다. 그렇게 되기 전까지는 '최소한의 노력'이 필요하다. 우리의 신경 네트워크와 기억 시스템에 습관이 정착되기 전까지는 의도적으로 새로운 행동을 몇 번이고 반복해야만 한다. 그러다 어느 시점이 되면 그 반복은 습관을 낳고 우리의 제2의 천성이 되는 것이다.

그렇다면 삶이 자동조종 모드로 운전을 시작할 때까지 대체 몇 번이나 같은 행동을 반복해야 하는 걸까? 인내심이 부족한 사람이라면, 즉 이 책을 집었을 독자라면 그 '횟수'나 '시간'이 궁금할 것이다. 어떤 행동이 습관으로 굳어지기까지 21일이 걸린다는 주장이 있다. 즉,

3주 동안만 억지로 헬스장에 가거나 TV를 끊으면 원하는 습관을 몸에 각인할 수 있다는 이론이다. 물론 이것은 미신에 불과하다. 이 숫자는 유명한 성형외과 의사이자 숱한 자기계발서를 쓴 맥스웰 몰츠 Maxwell Maltz가 1960년에 출간한 『사이코 사이버네틱스Psycho Cybernetics』(이 책은 2019년 12월 『맥스웰 몰츠 성공의 법칙』이라는 제목으로 한국에 출간됐다-옮긴이)에 나온다.[1] 그는 성형수술을 마친 환자가 자신의 새로운 외모에 적응하는 데 얼마나 걸리는지 추측했다. 일반적인 습관 형성 기간과는 거리가 먼 숫자다.

내가 속한 연구실에서 박사학위를 공부한 피파 랠리Pippa Lally는 런던대학교 학생 96명에게 40달러씩 주고 3개월간 연구에 참여하도록 했다.[2] 학생들은 각자 습관으로 정착시키고 싶은 행동을 하나씩 정했다. 그런 다음 그 새로운 행동과 짝지을 일상 상황을 하나씩 골랐다. 한 학생은 매일 점심에 과일 한 조각을 먹기로 했다. 또 다른 학생은 저녁식사 직전에 15분씩 달리기로 했다. 점심마다 물 2리터를 마시겠다는 학생도 있었다. 피파 랠리의 실험 목표는 학생들이 자신의 행동이 자동화됐다고 **느낄 때까지의** 반복 횟수를 찾아내는 것이었다.

참가자들은 저녁마다 연구 웹사이트에 접속해 자신이 목표로 세운 행동을 계획대로 수행했는지 보고했다. 또 '자동으로 했다', '생각 없이 했다', '깨닫기 전에 시작했다' 등의 보기에서 하나를 골라 '자동성 수준'을 평가했다. 연구 초기 학생들은 자동성 수준을 약 3점으로 평가했다(42점 만점). 행동을 더 많이 반복할수록 자동성 평가 점수도 높아졌다. 같은 행동을 세 번째 수행했을 때 가장 높은 점수가 나왔다. 여기까지는 당연한 결과였다. 하지만 40회 이상 반복했을 때는 그 절반의 점수에 그쳤다. 이성적으로 생각한다면 횟수가 높아질수록 자동화 수준도 함께 올라가야 했다. 하지만 그렇지 않았다.

아무튼 피파 랠리는 자신의 연구 결과를 이렇게 보고했다.

날마다 건강한 음식을 섭취하는 행동은 약 65일이 지나자 특별히 생각하지 않고도 자연스럽게 반복되었다. 주기적으로 건강한 음료를 섭취하는 행동은 자연스러운 반복까지 약 59일이 걸렸다. 운동은 습관으로 굳어질 때까지 91일 이상이 걸렸다. 말하자면 어떤 행동은 다른 행동에 비해 자동화되기까지 걸리는 시간이 더 길다고 할 수 있다. 피아노 연주를 예로 들자면, 쇼팽 협주곡을 배우는 게 동요 피아노 반주를 배우는 것보다 훨씬 더 많은 연습량이 필요한 것과 동일한 이치다. 우리는 복잡한 행동보다 단순한 행동을 더 빨리 배운다. 헬스장에 가서 몸을 단련하는 것처럼 행위의 요소가 다양한 행동은 습관으로 정착하기까지 특별히 더 까다로운 과정이 필요할 수 있다.

어떤 행동이 자동화됐다고 느낄 때까지 걸린 시간은 평균 '66일'이었다. 즉, 새로운 행동을 두 달 조금 넘게 반복하면 습관이 형성된다는 뜻이다.

하지만 이 실험은 완벽하지 않았다. 참가자 96명 중 14명이 도중에 그만두었다. 남은 82명도 평균적으로 세 달 중 단지 절반 정도만 웹사이트에 접속했다. 학생들은 오로지 자신의 끈기와 노력만을 **유일한** 무기로 삼아 이 실험에 달려들었다(아, 40달러라는 외부 보상도 있었다). 결과는 자명했다. 그들의 의지력은 무한하지 않았다. 그들은 자신을 이끌어주는 '외부적 힘'을 전혀 활용하지 않았다. 가령 개를 산책시키거나 우편물을 수거할 때 자연스럽게 저녁 조깅을 한다든지, 후식으로 과일을 제공하는 식당을 선택해 날마다 과일 먹기라는 목표를 달성하는 방법들 말이다. 말하자면 이 실험의 결과는 오로지 의지력만으로 어떤 습관을 형성하려면 66일간 자신을 고통 속에 내던져야 한다는 것이다. 정말 그 길밖에는 답이 없을까?

습관이 형성되기까지 얼마나 시간이 걸리는지 측정한 다른 연구 결과도 있다. 이 연구는 실험 참가자에게 '느낌'을 묻는 대신 행동을 유발하는 '동인'이 무엇인지 찾으려고 시도했다. 의식적 자아가 내린 결정이 그 동인이라면 습관이 아닐 것이다. 하지만 그게 아닌 다른 동인이 행동에 개입했다면 습관 형성의 시작이라고 봐도 될 것이다.

이를 위해 연구진은 2228명의 캐나다 헌혈자를 조사했다.[3] 연구 참가자는 2003년 4월 21일부터 4월 26일 사이에 헌혈한 사람 중에서 선발했다. 이들은 전부 적어도 한 차례 이상 헌혈을 한 사람들로, 평균 14회의 헌혈 경험이 있었고 최다 헌혈자의 헌혈 횟수는 97회였다. 참가자들은 실험 개시일 이후 6개월간 헌혈하려는 의도를 연구진에게 보고했다. 그리고 연구진은 이후 그들이 실제로 헌혈했는지를 추적했다.

예상했던 것처럼, 초보 헌혈자(헌혈 횟수 20회 미만)는 자신이 의도한 바대로 움직였다. 헌혈하겠다는 계획이 강하다고 보고한 뒤 실제로 헌혈에 참여했고, 별로 그럴 마음이 없다고 말한 사람은 헌혈하지 않았다. 그러나 스무 번 넘게 헌혈한 사람들의 행동은 '의도'에 얽매이지 않았다. 헌혈 경험이 더 많은 사람일수록 다시 헌혈에 참여하는 데 의사결정이 관여하는 정도가 점차 줄어들었던 것이다. 무려 40회 이상 헌혈한 참가자 그룹은 사실상 의도가 헌혈 행위에 아무런 영향을 미치지 않았다. 그들은 자신이 연구진에게 헌혈 의도를 어떻게 보고했든지 간에 계속해서 헌혈에 참여했다. 마치 습관처럼.

이 연구에서도 역시 습관과 비습관을 나누는 명확한 경계는 드러나지 않았다. 그보다는 습관이 점차 세력을 확장해, 의식적 결정을 거치지 않고 독자적으로 활동하는 것처럼 보였다. 과거에 헌혈한 경험이 많은 참가자일수록 자신의 의지나 판단에 기대지 않았다. 그냥 헌혈 장소가 눈에 띄거나 동료가 헌혈을 한다고 하면 습관적으로 자신의 피를 기꺼이 내줬다.

* * *

여기까지 읽은 독자라면 아마 40회(캐나다 헌혈자 실험)의 반복이 66회(런던대학교 실험)보다는 더 희망적이라고 느낄 것이다. 하지만 습관형성을 위한 상황과 그것을 측정한 방식이 모두 상이했으므로 그 무엇도 신뢰할 만한 숫자라고 여겨선 안 된다.

물론 습관 형성을 좀 더 쉽게 만드는 강력한 추진력을 활용했을 때 더 낮은 횟수(40회)가 나왔다는 점은 대단히 흥미롭다. 퀘벡은 헌혈 시스템이 아주 잘 조직된 도시다. 헌혈 사업을 주관하는 단체 헤마 퀘벡Hema Quebec이 헌혈자들을 체계적으로 관리하고 피가 필요할 때 그들에게 연락하면 사람들이 지정된 헌혈 장소로 알아서 나온다. 이처럼 퀘벡의 보건 당국은 시민이 일부러 헌혈할 곳을 찾아야 하는 불편함(마찰)을 제거하고, 가입된 시민 모두에게 헌혈 일정을 주기적으로 알려줌으로써 도시 전체의 '헌혈 습관'을 활성화했다. 캐나다 헌혈자 실험의 결과는 우리가 어떻게 해야 매직 넘버를 줄일 수 있을지 힌트를 준다.

하지만 적절한 상황을 조성한다고 해도 무언가를 오랫동안 반복하는 일은 결코 쉬운 일이 아니다. 우버의 연구 책임자 첸 교수는 이렇게 말했다.

우버에 가입한 운전자는 평균 열 번도 운행하지 않습니다. 운전자들이 우리 플랫폼에 계속 붙어 있게 만드는 건 매우 어렵죠. 이것이 우버가 감당해야 하는 가장 큰 비용입니다. 어딘가로 가려는 사람은 엄청나게 많은데, 그에 비해 자신의 차를 직접 운전하려는 사람은 훨씬 적죠. 운전자 한 명을 양성하는 데 얼마나 많은 비용이 들어가는지 아십니까? 신원 조사를 해야 하고, 정비공에게 그들의 차를 점검하게 해야 하고, 자동차가 정상적으로 운행될 수 있는지도 확인해야 하죠. 할 일이 많아요. 그렇게 대략 1000달러를 투자해 겨우 운전자 한 명을 시스템에 등록시켰는데, 고작 여덟 번만 운행하고 마는 겁니다. 이런 식으로 우버에서 떨어져나가는 운전자 수가 수십만 명은 될 겁니다. 우린 지금 이 시간에도 엄청난 돈을 잃고 있죠.[4]

우버에 가입한 운전자는 분명 처음에는 자신이 몇 번만 운행하고 그 일을 관둘지 몰랐을 것이다. 다시 첸이 말한다. "처음에는 어렵겠죠. 낯선 사람이 갑자기 자기 차 뒷자리에 앉으면 무척 어색합니다. 그 사람과 자신의 관계를 어떻게 정립해야 할지 파악해야 하니까요.

이런 고민이 개입하는 순간 대다수의 운전자는 다음 운행을 포기합니다."

그래서 우버는 이런 운전자들을 붙잡기 위해 외부적 힘을 더해 '환경'을 바꿨다. "승차가 쉬지 않고 반복적으로 이뤄지게 했습니다. 그들은 아마 모르겠지만, 우버 운전자가 이용자를 내려주고 난 다음에 곧바로 다음 운행이 잡힙니다. 마치 넷플릭스 같죠. 우리는 이것을 '자동화된 반복'이라고 말합니다. 우버는 실시간으로 진행되는 수많은 운행을 연결하기 위해 엄청난 돈을 들여 데이터를 분석합니다. 그럴 만한 충분한 가치가 있죠. 운전자가 대기하는 시간을 완전히 없애서 그들이 자꾸만 고민하고 갈등하고 후회하는 시간을 원천 봉쇄하는 겁니다. 당연히 운전자들도 더 많은 돈을 벌게 됩니다. 평균적으로 10회 이상 연속해서 운행하면 운전자들은 이 상황에 완전히 적응합니다. 어색함을 느낄 겨를이 없어지는 거죠. 어느새 3시간이 훌쩍 지나고 운전자는 '제발 그만 좀 운행 정보를 보내라고, 화장실 좀 가자!'라고 말할 정도가 되는 겁니다." 끝으로 첸은 이렇게 말했다. "우리의 목표는 운전자의 대기 시간을 '0'으로 만드는 것입니다. 그들에게 생각할 시간을 주고 싶지 않으니까요."

우버는 외부적 힘을 이용해 매직 넘버를 10회까지 줄였다. 40회와 66회보다 훨씬 더 적은 숫자다. 세계 최대의 모빌리티 기업으로부터 억대 연봉을 받는 수많은 석학이 달라붙어 얻어낸 결실이다. 하지만 자신의 삶을 다루는 세계 최고의 전문가는 바로 자신 아니던가? 우리는 매직 넘버를 줄일 방법을 알고 있다. 다만 아직 실천하지 않았을 뿐이다.

행동이 행동을 부른다

그러나 완전히 새로운 습관을 들이려면 다른 문제부터 처리해야 한다. 삶에서 습관이 전혀 없는 빈 공간은 존재하지 않는다. 하루의 대부분은 서로 상충하는 습관과 습관이 옥신각신한 결과물이고, 이런 일은 우리 의식의 표면 아래에서 벌어진다.

원대한 목표를 세운 당신은 그 목표를 달성한 자신의 모습을 머릿속으로 그려봤을 것이다. 하지만 하루가 지나고, 이틀이 지나고, 사흘이 지나고… 빌어먹을 현실을 자각하는 순간 당신의 감정은 변하기 시작한다. 매일 밤마다 밀려오는 흉악한 허기, 마치 밀물처럼 서서히 스며드는 격렬한 무기력, 갖고 싶은 물건을 눈으로 확인해야 한다는 고통이 최초의 다짐을 침몰시킨다. 자신의 대담한 결정이 가져다줄 찬란한 성취감에 대해 점점 의욕을 느끼지 못하게 되는 것이다. '나는 변화가 필요해'라던 당신의 마음은 이제 '굳이 이렇게까지 해야 하나'라는 의심으로 바뀐다.

새로운 행동에 뛰어드는 일은 곧 기존의 행동을 폐기하는 일이다. 도서관에 가서 공부하겠다는 의지는 PC방에 가지 않겠다는 의지이며, 퍽퍽하고 비릿한 닭가슴살을 먹겠다는 의지는 먹음직스러운 파스타를 안 먹겠다는 의지다. 하지만 이 상충하는 두 의지는 결코 동시에 충족되지 않는다. 새로운 목표를 방해하는 기존의 습관은 즉시 사라지는 게 아니다. 좋은 습관으로 향하는 의지가 조금이라도 시들해지는 순간 나쁜 습관이 슬며시 고개를 든다. 이것이 우리가 늘 출발했던 곳으로 다시 되돌아오는 과정이다. 너무 익숙하다고?

하지만 바로 이 순간이 반복이라는 망치가 눈부시게 활약할 순간이다. 고민하지 말고 좋은 습관으로 향하는 행동을 그냥 반복하라. 처음에는 괴롭고 힘들겠지만, 임계점을 돌파하면 내적 갈등이 해소되면서 새로운 행동이 싹을 틔운다. 습관은 마음을 빠르게 장악한다. 자신이 선호하는 상황을 인식하기만 하면 반응이 자동으로 촉발된다. 과연 이것이 내가 진짜로 원하는 것인지 고민하기도 전에 행동에 나서는 것이다. 그러니 이 점을 명심하라. 습관의 이 가공할 처리 속도는 우리가 원하는 것을 얻고자 할 때는 '선물'이 되지만, 원하지 않는 습관을 통제하려 할 때는 '골칫거리'가 된다는 것을.

반복은 모든 소원을 들어주는 도깨비방망이나 마법의 도화선이 아니다. 그저 우리의 습관을 빠르게 유발하는 지름길일 뿐이다. 당신이 어떤 일을 두 번째 할 때는 처음보다 시간과 정신적 노력이 덜 든다. 세 번째는 두 번째보다 더 수월해지고, 네 번째는 세 번째보다 월등해진다. 그리고 그사이 습관이 불쑥 치고 들어와 마음을 장악한다.

습관이 인간의 의식을 장악하는 속도를 다룬 한 연구가 있다. 연구진은 네덜란드의 어느 마을 학생들에게 자전거가 마을 주변의 장소 여섯 곳에 가기 위한 가장 현실적인 수단인지를 물었다.[5] 참가자 전원이 동의했다(네덜란드인은 대단한 자전거 애호가들이다). 그런데 다른 학생들보다 더 빨리 대답한 몇몇이 있었다. 이들은 다른 보기를 고려하지도 않고 무조건 자전거가 가장 현실적인 수단이라고 주장했다. 4주가 지난 후, 이번에는 학생들에게 그 여섯 장소까지 실제 몇 번이나 자전거를 타고 가봤는지를 물었다. 이전의 첫 질문에서 빨리 대답한 학생일수록 지난 4주간 자전거를 더 많이 탔다는 사실이 드러났다. 말하자면 이들에게는 다른 선택지를 고려하지도 않을 정도로 자전거 타기라는 습관이 강력하게 형성되어 있었던 것이다. 인생이 복잡할수록 마음에 먼저 떠오른 생각을 따르는 편이 대개 더 쉬운 선택인 법이다.

하지만 이렇게 빠른 습관적 판단이 항상 바람직한 것은 아니다. 종종 바람직하지 않은 습관이 나도 모르는 사이에 툭 튀어나올 때가 있다. 초등학교 부모 간담회가 열리는 날이었다. 나는 이웃에 사는 존과 함께 만나서 학교까지 걸어갈 참이었다. 학교 바로 옆에 위치한 존의 집 앞에서 그를 기다리며 서 있는데 조금 웃긴 상황이 벌어졌다. 존이 현관문을 열고 인도 쪽으로 걸어 나오지 않고 차고로 가 자동차 시동을 켠 것이다. 집을 나서면 자동으로 차에 오르던 그의 습관이 목적지가 어디든 상관없이 무조건 차에 타도록 유도한 것이다.

이처럼 반복은 습관이 작동하는 시간을 가속화한다. 그리고 이는 '의사결정 간소화'와 긴밀하게 연관된다. 다른 행동 대안에 대한 고려를 멈추는 것이다. 대부분은 효율적이고 실용적이지만, 때로 우리는 다른 선택을 고려하면 더 이득을 볼 수 있는 상황에서조차 새로운 평가와 판단을 포기해버린다.

다시 네덜란드 학생들을 대상으로 한 실험으로 돌아와서, 학생들은 등교할 때와 마을을 돌아다닐 때 자전거를 얼마나 자주 이용하는지 연구진에게 구체적으로 보고했다.[6] 자전거를 자주 타는 학생도 있었고 가끔만 이용하는 학생도 있었다. 연구진은 이들에게 과제를 내줬다. 학생들이 사는 마을을 배경으로 임의의 두 지점을 지정한 뒤 이 두 지점을 왕복하는 이동 수단으로 도보, 버스, 자전거, 노면전차, 기차 중 무엇이 가장 적절한지 물었다. 연구진이 제시한 두 지점은 학생들이 한 번도 가본 적 없는 곳이었다. 과제에 답하기 전 참가자들은 마을과 이동 수단에 관한 30가지의 정보를 열람할 수 있었다. 따라서 두 지점 간의 거리, 길의 상태, 날씨, 이동 수단의 지연 가능성 등을 포함한 데이터를 될 수 있는 한 많이 검토하는 것이 합당했다.

하지만 자전거를 자주 타는 학생일수록 데이터를 덜 검토했다. 그들은 대개 자전거 정보에만 집중했고 결정을 내리기 전 다른 선택지에 대해서는 전혀 고민하지 않았다. 그들이 살펴본 정보의 개수는 총 14가지뿐이었다. 하지만 자전거를 거의 타지 않는 학생들은 상대적으로 훨씬 더 신중한 모습을 보였다. 그들은 결정을 내리기 전 19가지의 정보를 열람했다. 이들은 각 이동 수단의 장단점을 따지며 모든 선택지를 골고루 살펴봤다.

자전거에 푹 빠진, 즉 자전거 타기가 강력한 습관으로 형성된 학생들은 일종의 터널 비전(Tunnel Vision, 앞이 잘 보이지 않는 좁은 시야-옮긴이)에 빠져 있었다. 이는 8장에서 다룬 '숲이 아닌 나무를 보는' 습관의 특성과도 밀접하게 닿아 있다. 자신에게 필요한 정보를 모아 전방 시현장치에 전시해두고 오로지 그 좁은 시야에만 몰두하는 경향 말이다. 자전거를 많이 타는 학생들은 다른 선택지를 검토하는 데 불필요한 시간을 빼앗기지 않았다. 그들은 주저하지 않았다. '자전거'라는 1순위가 일단 마음에 떠오른 뒤에는 그냥 생각을 멈췄다. 복잡한 산길을 벗어나 생각의 터널 속으로 곧상 실주한 것이다.

MBA 학생들을 대상으로 재미난 실험을 진행했다. 새로운 컴퓨터 제품 출시를 앞둔 가상의 컴퓨터 회사에 학생들을 취업하게 한 뒤 어떤 신제품을 주력 상품으로 삼을 것인지 판단하게 했다.[7] 신제품 후보는 총 세 가지였고 모델명만 다를 뿐 성능은 동일했다. 가상의 임원이 된 학생들은 A, B, C 세 제품 중에서 A 제품에 대해서만 충분히 검토하고 평가할 기회를 얻었다. 어차피 나머지 두 제품도 성능이 동일하기 때문에 검토할 필요가 없었다. 학생들은 가상 기업의 신제품으로 A 제품을 출시해야 한다고 투표했다. 전체의 50퍼센트가 넘는 인원이 A 제품을 지지한다고 밝혔다. 상식적으로는 각각 3분의 1씩 표가 나와야 했다. 학생들은 왜 이렇게 편견에 사로잡힌 결정을 내린 걸까?

연구진이 그들의 생각을 부호화했더니 이들이 B, C 제품보다 A 제품을 훨씬 더 자주 생각했던 것으로 결과가 나왔다. 심지어 다른 제품을 무시할수록 편견이 강해지는 경향이 드러났다. A 제품에 대한 생각을 반복하자 터널 비전에 갇히게 되어 결국 판단의 시야가 좁아진 것이다.

* * *

반복은 무언가를 더 쉽게 보이도록 만들어준다. 2005년 영국에서 사람들이 운동에 어떻게 매달리게 되는지를 추적한 연구가 진행됐다. 연구진은 새로 문을 연 헬스장 회원 94명을 3개월간 추적했다.[8] 회원들은 이미 적지 않은 회비를 냈기 때문에 처음에는 모두 열심히 운동을 했다. 하지만 마지막은 최악이었다. 71퍼센트가 처음 며칠만 제대로 나오고 중도에 포기했다. 그렇다면 나머지 29퍼센트는 어떻게 됐을까? 그들은 3개월 내내 평균 주 3회 이상 헬스장을 꾸준히 이용했다. 그렇다고 이 29퍼센트에 속하는 사람들이 의지력 점수가 높은 것도 **아니었다**(연구진은 실험을 시작하기 전에 모든 참가자의 의지력 점수를 측정했다). 운동을 특별히 더 좋아했던 것도 아니다. 다른 71퍼센트도 시작할 때는 똑같이 운동을 좋아했다.

나는 그들이 우리가 앞에서 이야기한 상황제어 전략을 적절히 사용했을 것이라고 생각하지만, 당시의 연구 내용만으로는 속단할 수 없다. 나는 이들의 성공 비결을 파헤치려는 것이 아니다. 이미 충분히 연구해 밝혀냈으니까. 다만 내가 흥미롭게 바라본 시점은 실험이 종료된 '이후'다.

연구가 끝날 무렵, 최종 질문지를 작성했을 때 이들 29퍼센트는 처음보다도 자신의 운동 능력과 통제력이 더 강해졌다고 보고했다. 살이 빠지고 근육이 생긴 것과는 별개로, 무언가를 지속할 수 있다는 자신감 또한 부쩍 자라난 것이다. 헬스장에 가는 그들의 행동은 예전보다 훨씬 더 자연스러워졌다. 반대로 중간에 헬스장을 떠난 회원들은 연구를 시작했을 때보다 운동이 더 싫어졌다고 보고했다. 심리학에서는 이러한 현상을 '하류 효과'라고 부른다.

이 실험 결과가 너무 당연해 보이는가? 순환 논리에 불과하다고 생각하는가? 하지만 이것이 유일한 진실이다.

헬스장에 한 번 간 사람은 다음 날에도 계속 갔다.

행동이 행동을 낳고 반복은 또 다른 반복을 불렀다. 여기에 덧붙일 복잡하고 특별한 첨가물은 없다. 나는 당신이 이 단순하고 명쾌한 진실을 깨닫고 세상을 긍정적으로 바라보면 좋겠다. 얼마나 쉽고 간편한가? **뭔가를 그저 계속하기만 하면 그것이 점점 더 쉬워진다는 뜻이니까 말이다.**

[마지막 선택]

반복 그 이상의 것을 추구하라

반복의 힘을 너무 과장해서는 안 되니 마지막으로 주의사항 하나를 추가하겠다. 우리는 더 나은 사람, 더 나은 배우자, 더 좋은 부모, 더 건강한 사람, 더 생산적인 사람, 더 경제적인 사람이 되기 위해서 행동을 반복하여 습관화한다. 반복은 이런 일이 우리 삶에서 자동으로 일어나게 해준다. 앞선 실험 결과가 이를 증명한다. 그래서 반복이 폭발적인 성장의 유일한 지름길이라고 여길지도 모르겠다. 사실이런 생각은 그 역사가 굉장히 길다. 아리스토텔레스는 일찍이 반복의 힘에 대해 이렇게 말했다. "우리는 우리가 반복적으로 행하는 그 무엇이다. 따라서 탁월함이란 행동이 아니라 습관이다." 이 표현은 1967년에 퓰리처상을 받은 문명사학자 윌 듀랜트Will Durant가 고대 그리스어를 해석한 것에서 따왔다.[9]

목표를 이루기 위해 설계된 의식적 훈련의 무한한 반복은 음악, 글쓰기, 운동, 학문 등 수많은 분야에서 인간을 더 뛰어난 존재로 도약

시키는 데 일조했다. 인류는 지난 수천 년간 이 반복의 단순한 힘을 통해 미묘한 음감을 악보로 옮기고, 황홀한 서사를 창조하고, 육체의 우아함과 강건함을 증명했다. 심지어 말콤 글래드웰Malclom Gladwell은 '1만 시간'이라는 구체적인 숫자까지 제시했다.[10] 그의 주장에 따르면 어떤 행동을 그만큼 연습(반복)하면 누구나 탁월함의 경지에 이를 수 있다고 한다. 하지만 나는 아리스토텔레스의 격언과 글래드웰의 주장이 그다지 정확하지는 않다고 생각한다(그리고 아마도 아리스토텔레스 역시 그런 의도로 그 말을 한 것은 아닐 것이다). 단언컨대 '탁월함'과 '반복'은 같지 않다. 우리는 경험을 통해 이 점을 알고 있다.

누구나 죽을 때까지 양치질을 반복하지만 양치질의 달인이 되진 못한다. 우리는 수십 년간 출퇴근을 반복했지만 여전히 일하기는 죽기보다 괴롭다. 이불 빨래, 욕실 청소, 쓰레기 분리 배출, 걸레질… 이런 예를 들자면 끝도 없다. 하지만 수많은 사람이 이런 일에 꾸준히 시간과 노력을 바친다. 이 모든 게 탁월함을 추구하기 위한 행동이라고? 절대 아니다. 반복이 습관 형성에 결정적인 영향을 미친다는 건 잘 알겠다. 하지만 그것이 충분조건인지는 분명하지 않다. 더 나아가, 우리 삶을 더 가치 있게 만들어줄 수 있는지도 모르겠다.

NBA 최고의 선수 스테픈 커리Stephen Curry는 반복의 힘을 보여주는 가장 압도적인 사례다.[11] 그의 신체 조건은 농구와 어울리지 않았다. 한 언론 인터뷰에서 그는 이렇게 인정했다. "1부 리그 대학 코치 중에서 그 누구도 저를 선발하거나 장학금을 제안하지 않았습니다."[12] 하지만 커리는 버텨냈고 결국 남다른 훈련 습관으로 이름을 떨쳤다.[13] 말하자면 그는 '1만 시간의 법칙'의 살아 있는 광고판이나 마찬가지다. 그렇다면 결론은 단순하다. 우리 모두 커리처럼 백 번, 천 번, 만 번 링을 향해 공을 던지면 된다. 나이키가 친절하게 그 길을 독려해줄 것이다. "저스트 두 잇!" 하지만 우리는 잘 안다. 스테픈 커리가 1000만 명 중에 한 명 나올까 말까 한 재능의 결정체라는 사실을. 아직 발현되지 않은 위대함을 지녔을지 모르는 당신으로서는 아쉬울 수 있겠지만, 안타깝게도 누구나 커리가 될 수 있는 것은 아니다(커리의 아버지 델 커리는 한때 NBA를 대표하는 3점슛 스페셜리스트였다).

88건의 연구를 체계적으로 분석해 반복 훈련이 음악, 게임, 스포츠, 교육, 직업 분야에서의 성공과 얼마나 밀접한 관련이 있는지를 조사했다.[14] 그랬더니 훈련을 더 많이 할수록 더 나은 결과를 얻는 것으로 나왔다. 모두의 예상과 일치했다. 하지만 더 나은 결과를 얻은 사례 중 75퍼센트는 반복 훈련 말고도 다양한 변수가 개입되어 있었다. 선천적 재능, 유리한 기회, 뛰어난 트레이너 등등. 특히 작문이나 그림 그리기 등 예술 활동 분야에서는 반복 훈련의 효과가 훨씬 더 낮았다. 단순한 반복만으로 스타가 되기를 바라는 건 지나친 희망이라는 게 분명해 보인다.

내가 하고 싶은 말은 이것이다. 반복을 통해 좋은 습관이 형성될 수 있다는 가능성을 믿고, 우리는 새로운 행동을 꾸준히 실천해야 한다. 여기까진 맞는 말이다. 하지만 거기서 멈추고 오로지 반복만이 정답이라는 태도로 스스로를 몰아붙여선 안 된다. 의식에 매여 있는 당신의 인생 일부를 반복으로 만들어진 습관에 맡긴 뒤, 그렇게 얻은 여유를 정말 중요한 일(기계처럼 반복해선 안 되는 일)에 투입해야 한다. 더 중요한 일이 무엇인지 알아내는 것은 당신의 몫이다. 어쩌면 스테폰 커리의 경기 영상을 보면서 자신의 슛 동작을 다듬는 데 활용할 수도 있다. 잊지 마라. 우리는 언제나 반복 그 이상의 것을 추구해야 한다.

* * *

습관은 더 나은 삶을 이끈다. 단지 생산성의 차원만이 아니다. 우리는 생각이 너무 많다. 지나치게 많은 생각은 불안을 낳고 또 다른 생각을 하게 만들고 삶은 금세 헝클어진다. 과도한 생각은 정작 중요한 일을 완수하는 데 불쑥 장애물로 등장해 우리를 괴롭히기도 한다. 이에 대한 처방으로 '마인드풀니스Mindfulness'라는 치료법이 관심을 얻고 있다. 머릿속에서 길을 잃지 말고 본질을 자각하라는 개념이다. 과거의 실수에 얽매이거나 앞으로 맞이할 과제를 앞서 고민하지 말고 '지금' 그리고 '여기'에 집중하라고 주문한다. 습관은 아마도 이런 마음의 '비평가 상태'를 달성하는 가장 자연스럽고도 효과적인 방법일 것이다. 습관적 마음은 **철저하게 무심한 마음**이다. 이 마음은 인생의 과제를 올바른 위치에 정렬시킨다. 그리고 권한을 위임한다. 교차로에 자리를 잡고 노선을 배정한다. 아이들은 언제 잠자리에 들지 결정하는 데 집착하지 않는다. 그 대신 자신의 상황에 주어진 수면 신호에 반응해 늘 하던 대로 잠이 든다.

이러한 습관의 중요한 특성을 발견해낸 흥미로운 실험이 있다. 아이들을 대상으로 '초밥 만들기 게임'을 진행한 이 실험의 결과는 너무 깊이 생각하지 않는 것이 목표 달성에 얼마나 큰 도움을 줄 수 있는지 보여준다.[15] 이 게임은 물 섞기, 소금 추가하기, 설탕 뿌리기, 밥 섞기, 밥 깔기, 연어 얹기 등의 여러 단계(총 16단계)로 구성되었다. 게임이 시작되면 화면 왼쪽 상단에 있는 아바타가 플레이어에게 할 일을 일러준다. 젠 라브레키, 크리스틴 리Kristen Lee와 나는 일부 플레이어에게 나중에는 아바타의 도움 없이 직접 초밥을 만들어야 한다고 미리 경고했다. 따라서 그들은 누가 시키지 않았지만 이미 게임 시작 전부터 계획을 미리 신중하게 짜고 각 단계를 암기하려고 노력했다. 이런 지시를 받지 않은 다른 플레이어들은 그저 즐겁게 게임에 참여했다. 이들은 모두 총 열 번의 게임을 했다. 어느 그룹이 게임의 순서를 더 효과적으로 외웠을까? 결과는 우리의 예상과 정반대였다.

각 과정을 세심히 기억하며 외우려고 노력한 그룹은 앞 단계에서 다음 단계로 넘어가는 반응 속도가 느렸다. 이 아이들은 무려 열 번이나 게임을 했음에도 다음에 무엇을 해야 할지 신중하게 기억해내려고 애썼다. 반대로 별 고민 없이 게임을 즐겼던 아이들은 반응 속도가 매우 빨랐다. 소금 다음엔 설탕, 설탕 다음엔 밥, 밥 다음엔 연어… 아이들의 손은 마치 기계와 같이 자동으로 움직이는 것처럼 보였다. 이른바 자동 인지 연상 작용이 이뤄진 것이다. 아이들은 연어를 보자마자 칼을 들었다. 연어가 칼을 꺼내라는 '신호'로 형성된 것이다.

우리는 조리 순서에 변화를 줬다. 간장 대신 칠리소스를 추가하라고 주문했을 때 암기에 몰두한 플레이어들은 바뀐 레시피를 놓치지 않았다. 자동 인지 연상 작용이 강력하게 형성되지 않은 상태에서 아이들은 자신의 행동을 쉽게 바꿀 수 있었다. 다음 단계를 촉발하는 상황 신호를 사용하지 않고 그저 머릿속에 조리 순서를 저장해뒀기

1단계	늘 동일하게 유지되는 안정적인 상황을 조성하라.
2단계	좋은 습관으로 향하는 마찰력은 줄이고 나쁜 습관으로 향하는 마찰력은 높여라.
3단계	행동(반응)을 자동으로 유발하는 자신만의 신호를 찾아라.
4단계	언제나 기대 이상으로, 신속하고 불확실하게 보상하라.
5단계	마법이 시작될 때까지 이 모든 것을 반복하라.

[도표 10-1] 잠재된 43%의 무의식이 만드는 강력한 습관의 법칙 5단계

때문에 지속되는 습관이 형성되지 않았던 것이다. 따라서 조리법 변화에 효과적으로 대처할 수 있었다. 하지만 초밥을 만드는 과정 자체가 습관으로 형성된 아이들은 조리법 변화, 즉 상황 변화에 적절히 대처하지 못했다. '이런, 간장이 아니라 칠리소스를 넣어야 하는데!' 이런 생각을 하기도 전에 마음속에 떠오르는 행동이 튀어나왔다. 그들은 습관에 지배받고 있었다.

이 연구는 아직 초기 단계다. 과도한 생각이 어떻게 습관 형성을 방해하는지에 대해서는 아직 과학적으로 정확히 밝혀지지 않았다. 하지만 한 가지는 분명하다. 우리가 생각을 더 많이 할수록 습관은 우리 곁에서 자꾸만 더 멀어진다. 행동을 변화시키려고 할 때 우리는 모든 단계를 재구성하고 계획하려고 애쓴다. 그것은 마치 탱고를 배

우면서 모든 움직임을 일일이 외우려는 것과 똑같다. 그렇게 해서는 탱고를 배울 수 없다.

　습관이 설계되는 원리는 명백하다. 특별한 계획이나 심사숙고 없이 어떤 행동을 반복적으로 지속할 때 습관은 형성된다.[16] 상황에 통제권을 넘겨주면 행동(반응)은 신호에 자동으로 반응하게 된다. 삶의 다양한 상황에서 마찰력을 적절히 배치하고 제거하면 좋은 습관은 촉진되고 나쁜 습관은 억제된다. 결국 우리는 아무 생각 없이 건강한 음식을 먹고, 제시간에 일을 끝마치고, 가족에게 스스럼없이 마음을 표현한다. 이것이 방치된 무의식이 만들어내는 강력한 습관 설계의 법칙이다.

3부

습관은 어떻게
삶을 변화시키는가

11장

습관 단절
삶의 거대한 변화에 대하여
•

늘 물이 새는 배에 타고 있다면 구멍을 막으려고 애쓰기보다
배를 갈아타는 편이 더 생산적인 에너지 사용법일 것이다.
- 워런 버핏

삶에 홍수가 덮치면 정말 중요한 것만 남게 된다

2014년 음울한 늦겨울, 런던 지하철이 이틀간 폐쇄되었다. 런던지하
철노동조합이 파업 돌입을 선언했고, 총 270개 역 중 171개 역이 문
을 닫았다. 무기한 지하철 파업은 체계적이지도 않았고, 사전에 공지
되지도 않았다. 소식을 듣지 못한 일부 직원들은 파업에도 불구하고
각자의 일터로 출근했다. 파업이 전 지역에 확산되지 않았음에도 그
파괴력은 엄청났다. 현대의 운송 시스템은 단 한 곳의 지점만 기능이
마비되어도 노선 전체가 혼란에 빠질 수 있다.

이 파업의 성공 여부에 관한 판단은 각자의 정치 성향에 따라 갈릴

수 있겠지만, 습관의 과학을 연구하는 내게 그런 문제는 관심사가 아니었다. 런던 지하철 파업 사태는 대단히 흥미로운 '습관 단절의 실험장'이었다.[1] 파업 때문에 자신의 통근 습관을 수정해야만 했던 런던의 직장인들은 그 자체로 현실 세계의 실험 대상이었다. 그들은 모두 '가장 빠른 출퇴근 경로'라는 동일한 욕구를 가지고 있었다. 다른 교통 수단에 비해 더 시끄럽고 붐비는 지하철을 이용하는 통근자들에게는 이 욕구가 더욱 두드러진다. 런던 지하철도 예외가 아니었다. 게다가 런던 지하철의 사용자 친화도는 형편없기로 악명이 높다. 지하철 노선도만 보고는 목적지까지 얼마나 걸릴지 정확히 파악할 수 없다. 열차마다 속도가 달라서 언제 올지 예측하기도 어렵다. 런던은 엄청나게 낡은 도시인 데다 중구난방으로 확장되어서 다른 대도시처럼 합리적으로 구획돼 있지도 않다.

심지어 비까지 자주 온다. 파업 첫날 아침에도 예외 없이 비가 왔다. 파업에 대비해 자전거를 타거나 걸어서 통근하려고 계획했던 수많은 사람도 어쩔 수 없이 지하철을 이용했다. 그들은 폐쇄된 역을 우회하는 새로운 출근 경로를 찾아내야 했다. 출근 경로는 우리의 일상에서 가장 강력하게 자리 잡은 습관 중 하나다. 이 일상이 어긋나면 뒤이어 닥칠 하루 일과도 다 함께 와르르 무너진다. '아무런 고민 없이' 언제나 다니던 출퇴근길이 공사나 사고로 폐쇄된다고 생각해보라. 습관이 손쉽게 처리하던 문제가 이제는 의식적 자아, 즉 의지와 판단력과 고민 등을 동원해 해결해야 하는 영역으로 들어선다.

거의 모든 런던의 직장인은 지하철 이용이 잦을수록 교통비가 할인되는 '오이스터 카드Oyster Card'라는 충전식 교통카드를 사용한다. 연구진은 이 카드의 사용 데이터를 분석해 파업 당시 1만 8000명이 넘는 통근자의 출근 경로를 추적했다. 데이터가 의미하는 바는 명확했다. 엄청난 혼란이었다. 파업 첫날에는 파악된 전체 통근자 중 단 60퍼센트만이 평소 이용하던 역에서 지하철을 탈 수 있었고, 약 50퍼센트만이 평소 이용하던 역에서 내렸다. 그리고 그 사이의 경로는 저마다 즉흥적으로 변경해야 했다. 그런데 이런 '변화'에도 통근 시간이 아주 급격히 증가하지는 않았다. 통근 시간의 평균 증가량은 6퍼센트에 그쳤다. 오히려 출근 시간이 전보다 더 **빨라진** 사람도 있었다 (직장인들은 이처럼 치열한 세상에서 살고 있다). 특히 평소에 속도가 느린 열차나 경로가 비뚤어진 노선을 이용했던 통근자들의 출근 시간이 상대적으로 조금 더 단축됐다.

물론 통근자들은 평상시에도 파업 같은 비상사태를 대비해 다른 출퇴근 경로를 머릿속으로 실험해봤을 것이다. 그러나 긴박한 일상 속에서 그 실험을 실행해볼 여유는 없었을 것이다. 사람이란 적당한 수준의 해결책을 찾으면 그 방법을 고수하기 마련이다. 그 편안함에 서서히 안주하는 것이다. 그리고 지하철 폐쇄는 이 '적당함'을 아예 불가능하게 만들어버렸다. 연구자 바스 버플랑켄Bas Verplanken은 상황 변화에 의해 습관이 방해를 받는 이런 현상을 가리켜 **습관 단절**Habit Discontinuity이라는 용어를 붙였다.[2] 익숙한 신호가 사라지면 우리는 더 이상 자동으로 반응할 수 없게 되고, 의식적 결정을 내려야만 한다. 그러나 이런 갑작스러운 변화를 맞이하는 과정에서 때로는 우연히 더 나은 개선점을 발견하기도 한다. 바로 이것이 내가 이번 장에서 여러분에게 해주고 싶은 말이다. 일상적 상황의 단절은 역설적으로 습관의 지속성을 크게 증진시킨다. 우리가 평소 늘 고수해오던 '그저 괜찮은 정도'의 습관을 방해하면 더 새롭고, 더 빠르고, 더 효과적인 습관을 찾아낼 수 있다는 뜻이다. 물론 그 반대의 상황이 벌어질 수도 있다.

파업 외에도 일상의 '단절'과 '재개'를 경험할 수 있는 상황은 어디에나 있다. 이직, 이사, 결혼, 출산 등 인생의 주요한 사건이 모두 우리의 삶을 송두리째 변화시킨다. 이때 우리를 둘러싼 상황, 신호, 마찰력, 보상 시스템 역시 사라지거나 변경되고, 그 결과 그동안 공들여 축적한 습관도 뿌리째 흔들린다. 앞서 2부에서 우리는 새로운 뭔가를 시도하고 싶다면 상황을 변화시키는 것이 가장 좋은 출발이라는 사실을 배웠다. 하지만 우리를 좋은 습관으로 인도하는 익숙한 상황 신호가 사라지면 의식적 자아가 개입해 평소와는 다른 결정을 내리게끔 유도한다.

인생의 중요한 변화는 늘 불확실성으로 가득한 스트레스 요인이다. 하지만 우리 자신을 새롭게 상상하고 삶을 재건설할 수 있는 기회가 되기도 한다. 이러한 습관 단절로 인해 모든 것이 혼란에 빠지는 순간, 비로소 기존의 신호와 그에 대한 습관적 반응에 방해받지 않고 새로운 행동을 마음껏 실험해볼 수 있다. 습관 단절은 우리를 의식적으로 생각하게 만든다.

삶에는 이미 수많은 습관이 자리를 잡고 있다. 그런데 그 습관들이 모두 우리의 삶에 반드시 필요한 습관일까? 이미 그 쓸모를 다했으나 눈과 마음에 띄지 않는 채로 여전히 작동 중인 것들도 있다. 매주 금요일 밤이면 팀원들과 술을 마셔왔을 수도 있다. 처음에는 그날만 손꼽아 기다릴 정도로 즐거운 일탈이었지만, 이제는 늘 같은 얘깃거리만 반복되면서 빙빙 돌 뿐이다. 주체할 수 없는 자식 자랑, 사내 정치에 대한 그렇고 그런 불만, 벌써 백만 번은 곱씹었을 뒷담화… 이제 이 식상한 레퍼토리는 도저히 참기 힘들다. 심지어 술집에서 주문하는 음식도 반복되기 시작했다. 이미 모든 메뉴를 섭렵했기 때문이다. 행복한 주말의 시작이었던 습관적 행동이 이제는 무거운 짐처럼 느껴진다.

또는 집 근처 공원에서 석양이 지는 모습을 즐겨 보곤 했을지도 모른다. 하루를 마감하기에 더없이 멋진 방법인 것 같아 매일 퇴근길에 공원에 들러 석양을 감상했다. 하지만 시간이 점점 흐르면서 황홀한 풍경이 주는 감흥도 차갑게 식었다. 결국 당신은 이 습관을 속박처럼 느낀다. 배우자는 당신의 이 이기적인 습관 때문에 늘 저녁식사 준비에 차질이 생긴다며 수차례 파업을 예고한 지 오래다. 우리에게 깊은 영감을 줬던 좋은 습관도 시간이 지나고 상황이 바뀌면 거추장스럽고 불편한 일로 변할 수 있다.

19세기 프랑스 철학자 펠릭스 라베송몰리앵Félix Ravaisson-Mollien은 이러한 권태를 **습관의 이중 법칙**이라는 용어로 정리했다.[3] 반복은 어떤 행동에 나서려는 경향을 강화시키는 동시에 그 행동에 대한 감각을 약화시킨다. 달리 말하면 우리가 **습관에 길들여진다**는 것이다. 이는 믿을 수 없을 정도로 복잡한 과정을 통해 우리 삶의 추진력을 약화시킨다. 이 때문에 사람들은 종종 어떤 일이 자신에게 전혀 의미가 없어진 지 한참 뒤에도 그 일을 계속한다. 우리는 분명히 새로운 습관을 형성함으로써 그 역동성의 이점을 누렸다. 하지만 그 날카로움도 무수히 반복되면 무뎌지기 마련이다. 익숙한 습관은 양날의 검처럼 인생에 해가 될 수도 있는 것이다.

나는 매주 주말 동네 도서관에 가 새로운 책을 살피고 각종 저널을 훑어보는 습관을 아주 오랫동안 유지했다. 내가 대학에 다니던 시절부터 습관 연구 초기까지 이 습관은 지속됐다. 하지만 어느 순간 이 반복적인 일상이 내게 그리 큰 도움이 되지 못한다는 사실을, 아니 오히려 해를 끼치고 있다는 사실을 깨달았다. 좋은 자료는 학교 도서관에 훨씬 더 많았다. 심지어 동네 도서관은 자동차로 20분 넘는 거리에 있었다. 주말 오전을 도서관에 바침으로써 가족과의 관계도 소원해졌다. 결국 나는 내 습관의 타당성을 다시 고려했다.

이런 '습관화Habituation'는 신상품을 구입한 뒤 몇 달이 지나 그것을 애물단지로 바라보는 우리의 변덕과도 연결된다. 분명 새로 구입한 소파가 집에 도착한 날에는 앉아 있기만 해도 즐거웠다. 그리고 친구들이 방문할 때마다 자랑스럽게 보여줬다. 분명 그 소파는 평범했던 삶을 빛나게 해준 보물이었다. 하지만 그다음에는? 아마 이제는 별로 신경조차 쓰지 않을 것이다. 털썩 앉아서 TV를 보거나 스마트폰을 들여다보는 데 쓰는, 말 그대로 가구일 뿐이다.

믿고 싶지 않겠지만, 이런 습관화(권태)는 인간관계에서도 발생한다. 아침마다 직원들과 형식적으로 인사를 나누고, 아이들을 학교에서 데려올 때는 눈도 마주치지 않은 채 오늘 하루가 어땠는지 묻고, 명절이나 생일 때 친지들에게 안부 전화 돌리는 일을 대단히 기계적으로 반복한다. 이때 '타인'은 습관적 행동을 촉발하는 신호가 될 뿐이다. 그리고 반대로 그들의 입장에서 당신 역시 하나의 신호일 뿐이다. "주말은 잘 보냈어?" "아주 좋았지! 너는?" 시간이 지나면서 인간관계는 점차 따분해지고 그들의 소중함에 대해 덜 생각하게 된다. 그저 늘 하던 대로 말하고 행동하게 되는 것이다.

이런 습관의 권태는 오래된 결혼 생활에서 절정을 이룬다. 결혼 기간이 길어질수록 부부는 서로에 대해 생각하는 일을 줄여나간다. 일부러 그러는 건 아니다. 무의식 밑에 깔린 습관에 조종당하는 것뿐이다. 아침에 늘 함께 일어나고, 항상 같이 밥을 먹고, 매주 주말을 함께 보내고… 이런 일에는 아무런 생각이 필요없다. 우리 삶은 워낙 복잡하고 번잡하니까. 이번 주말에 남편이 무슨 일을 할지 궁금해할 필요도 없다. 경험을 통해 충분히 알 수 있다. 시간이 지나면서 권태가 세를 넓히고 부부의 감정은 차게 식어간다.[4] 인정하긴 싫지만 불타올랐던 열정은 완전히 사라졌다. 새 소파가 더는 가슴을 두근거리게 만들지 못한다는 사실은 안타깝지만 받아들일 수 있다. 하지만 결혼 생활이 점차 침몰하고 있다는 사실은 결코 용납할 수 없다.

바로 이때 런던 지하철 통근자들이 겪은 습관 단절의 효과를 결혼 생활에도 적용할 수 있다. 짧은 별거는 일시적인 단절 효과를 낸다. 출장이나 여행이 좋은 기회다. 짧은 의견 충돌이나 논쟁도 이와 유사한 단절 효과를 낼 수 있다.[5] 이러한 변화는 부부가 새로운 방식으로 감정을 공유하고 소통하도록 촉진한다. 권태에 물든 부부 관계를 새롭게 정립하고 고민할 기회를 얻는 것이다. 아마 그들은 결혼 생활이 습관으로 정착되기 전에 서로 교감했던 애틋한 '동기'를 다시 떠올리게 될 것이다. 물론 그 동기는 사랑과 애정이다. 짧은 갈등 이후 재결합한 부부의 애정 표현 빈도가 상대적으로 더 잦다는 연구 결과가 있다. 서로를 위해 좀 더 건강한 관계를 유지하고 싶은 부부라면 이러한 습관 단절의 힘을 현명하게 활용할 수 있다. 서핑, 요리 수업, 독서 모임 같은 새로운 경험을 통해 사소한 단절 효과를 발생시킴으로써 배우자와 도전에 나서고 감정을 공유하고 차이를 확인하는 것이다. 물론 논쟁으로 같은 효과를 내는 것도 가능하긴 하다. 하지만 굳이 그런 불편한 과정을 거치지 않고, 가벼운 마음으로 함께 요리 교실에 가는 편이 더 낫지 않겠는가?

그러나 의도적인 습관 단절로 관계를 회복시키지 못하면 더 큰 파국을 초래한다. 불행한 부부는 끊임없이 스스로를 파괴하는 순환의 고리에 빠져든다. 그것도 습관적으로. 본심은 다를지라도 자동으로 가시 박힌 말이 튀어나오는 것이다. 불만족스러운 관계에 갇힌 부부는 이러한 패턴이 서로에게 상처를 준다는 걸 알고 있으면서도, 변화에 나서지 못하고 무력감을 느낀다. 심지어 어떤 커플은 이런 결혼 생활이 주는 권태로운 감정에 길들여진 나머지 서로의 가슴에 대못을 박으면서도 그 고통조차 느끼지 못한다. 평소엔 앙심과 분노를 감추지 않다가도 하루가 지나면 갑작스레 감정이 결여된 것처럼 배우자를 무덤덤하게 대하는 부부들을 본 적이 있는가? 시간이 지날수록 그런 폭력적인 무례함은 습관으로 굳어진다. 안타깝게도 이런 부부들은 별거를 포함한 극단적인 처방으로도 관계를 회복할 수 없다. 오히려 상황을 더 악화시킬 뿐이다. 사랑하는 사람과의 관계에서 소모적이고 고통스러운 패턴이 반복된다면, 그 문제에 대해 터놓고 소통해야 한다. 필요하다면 잘못된 습관을 바로잡기 위해 잠깐의 이별도 감수할 수 있어야 한다. 작은 상처를 눈감고 넘어가면 팔이나 다리를 절단해야 할지도 모른다. 많은 커플이 이런 잘못된 패턴으로 불행을 반복하다 영원히 갈라선다.

잊지 마라. 우리는 습관의 힘을 이용해 불필요한 충동에 맞서 좀 더 쉽게 목표를 달성할 수도 있지만, 반대로 습관의 힘을 잠시 꺼둔 채 판에 박힌 일상에서 스스로를 끄집어낼 수도 있다. 물론 습관이라는 자동조종 모드와 작별하는 순간 인생은 급격한 혼란과 방황을 겪을 것이다. 하지만 그로 인해 인생 앞에 놓인 다양한 선택지를 고민하고 자신이 처한 상황을 객관적으로 바라볼 수 있는 기회도 함께 얻을 것이다. 단절은 삶의 오래된 패턴을 제거하고 생각하게 만듦으로써 현재의 목표와 계획에 적합한 더 나은 습관을 재설계한다.

창조적 파괴라는 경제학 개념이 있다. 시장 경제에서 어쩔 수 없이 발생하는 균열과 재창조의 순간을 일컫는 단어다. 어느 한쪽이 막대한 이익을 얻으면, 어느 한쪽은 고통을 받는다. 주가가 폭락하고, 일자리가 사라지고, 한 업종이 아예 증발하기도 한다. 하지만 관찰자의 시선으로만 본다면 이 파괴는 새로운 성장의 씨앗을 품고 있다. 혁신의 첫 모습은 마치 실패처럼 보인다. 하지만 시간이 좀 흐르면 사람들은 아무 일도 없었던 것처럼 혁신을 사용한다. 습관이란 이런 창조적 파괴가 시도 때도 없이 벌어지는 내면의 공간이다. 그리고 습관 단절이 대표적인 파괴의 사례다.

일단 차를 운전해 회사에 출근하는 습관을 들이고 난 뒤에는 출근길이 거의 자동화된다. 그저 차에 올라타고 늘 다니던 길을 따라가기만 하면 된다. 그런데 자가용이 아닌 다른 수단으로 출근하려면 노력이 필요하다. 정거장 위치, 배차 간격, 요금, 출발 시각 등을 다시 파악하고 확인해야 한다. 하지만 기존의 신호를 좇아 계속 차로 출근한다면 이런 결정을 내려야 할 필요가 없다.

우리 삶에서 겪는 가장 거대한 파괴는 이사다. 한 연구에서 어느 작은 영국 대학의 직원들 중 전년도에 이주해 온 직원 69명의 통근 습관을 이미 그 도시에서 오래 산 364명의 장기 거주자들과 비교해 봤다.[6] 그 전에 연구진은 모든 참가자의 '환경 보호'에 대한 가치관을 평가했는데, 특정한 패턴을 발견할 수 없을 정도로 저마다 다른 결과가 나왔다. 이들이 사는 도시에는 대학까지 출근할 수 있는 다양한 교통 수단이 존재했다. 버스 시스템도 잘 갖춰져 있었고 공용 자전거도 충분히 마련되어 있다. 인도도 잘 정비되어 있었다. 말하자면 군이 자동차를 이용해야 할 필요가 없었다. 그럼에도 불구하고 장기 거주자 중 60퍼센트는 캠퍼스까지 차를 몰고 다녔다. 강력한 환경주의자든 그렇지 않든 상관없이 대다수가 차를 운전했다.

반면, 최근에 이사 온 사람들은 달랐다. 환경에 대한 관심이 높다고 답했던 사람 중에서는 37퍼센트만이 자가용을 이용해 통근했다. 새로운 이주자들은 가급적 버스나 자전거나 자신의 두 다리를 활용해 출퇴근하려고 했다. 새로운 삶의 터전에서 새로운 결정을 내리게 되자, 환경보호에 대한 자신의 가치관이 영향력을 발휘하게 된 것이다. 환경에 별 관심이 없다고 답했던 최근 이주자들 중에서는 73퍼센트가 차를 몰고 다녔다. 역시 습관과는 무관한 선택이었다. 이처럼 새로운 상황에 놓이면 인간은 습관에 의지하는 대신 현재 자신의 목표에 부합하는 행동을 선택한다.

습관은 차별하지 않는다

시장에서 물건을 사는 행위는 모든 것이 습관으로 이루어져 있다. 마트에 방문한 275명의 몸에 전자 장비를 부착해 그들의 장보기 패턴을 추적했다. 그들이 평균적으로 이동한 면적은 전체 매장 중 단 37퍼센트에 그쳤다.[7] 대다수는 자신이 구입하려는 물건이 있는 곳만 찾아다녔고 나머지 공간은 그냥 지나쳤다. 장보기는 삶에서 가장 일상적인 일이고 우리는 되도록 빠르고 간단하게 장보기를 마치고 가게 밖으로 나오려 한다. 그러나 매장에서 제품들의 위치가 달라진다면? 바로 이때 작은 습관 단절이 발생한다.

연구진은 과일과 채소, 쿠키와 시리얼, 고기와 샐러드의 위치를 서로 바꾸면 어떤 일이 벌어지는지 실험했다.[8] 이제 사람들은 자신이 원했던 물건이 무엇이었는지, 어디서 찾을 수 있는지 잠시 멈춘 상태로 생각해야 한다. 매장 내 진열이 변하자 사람들은 평소에 관심을 갖거나 구매하지 않았던 새로운 제품들을 눈여겨보았다. 과거의 장보기 패턴에서 이탈한 것이다. 연구진이 추정한 바에 따르면, 계획에 없던 소비가 한 사람당 7퍼센트가량 증가했다. 그러나 주의할 것은 매장 구조의 변화는 소비자, 특히 노인 소비자를 짜증나게 만들 수도 있다는 점이다. 원하는 물건을 찾지 못한 사람들은 신제품은커녕 아무것도 구입하지 않고 다른 마트로 갈지도 모른다.[9] 당신의 지갑에서 돈을 꺼내려는 기업으로서는 참으로 난처한 게임이 아닐 수 없다.

제품 디자인 변화도 장보는 패턴을 뒤흔든다. 포장이 완전히 새로 바뀌면 늘 구매하던 물건도 알아보기 어렵다. 예를 들면 2009년 트로피카나는 '퓨어 프리미엄' 오렌지 주스의 포장지에 주스 잔을 새로 그렸다. "순수하고 자연스러운 100퍼센트 오렌지"라는 문구를 더 선명하게 보이게 디자인했다. 기대와 달리 소비자들은 이 변화에 대놓고 반감을 드러냈다. "대체 '순수하고 자연스러운' 게 무슨 말이야?" "맛이 변한 것 같은데?" "다른 브랜드 주스를 먹어야 할까 봐." 이로 인해 트로피카나는 약 3000만 달러(약 353억 원)에 달하는 손해를 봤다.[10]

그렇다고 해서 모든 신제품이 시장에서 소비자에게 습관 단절을 야기하는 것은 아니다. 소비자가 그 제품을 사용하기 위해 자신의 행동을 변화시켜야 할 때만 이 혼란이 야기된다. 2001년 세그웨이 스쿠터는 아마존의 제프 베조스 등 유력한 투자자들로부터 **'완전히 새로운 제품'**이라는 명성을 얻었다.[11] 스티브 잡스는 미래의 도시가 세그웨이의 사용에 걸맞도록 다시 디자인될 것이라고 전망하기까지 했다. 그러나 2004년까지 판매된 제품은 고작 1만 대에 불과했다(2019년 기준 '모닝'의 월 평균 국내 판매량은 약 4000대다-옮긴이). 이와 달리 같은 시기에 출시된 또 다른 어느 스쿠터는 아이들이 쓰는 레이저 스쿠터에 모터를 달아 성인용으로 만든 **'점진적으로 새로운 제품'**이었다. 이 제품의 제조업체인 버드의 기업 가치는 2018년 3월에 3억 달러였다가, 같은 해 5월에는 10억 달러로 뛰었고, 6월 말이 되자 20억 달러까지 치솟았다.[12] 연구 결과에 의하면 소비자들은 완전히 새로운 제품보다는 자신에게 익숙한 '좀 덜 새로운 제품'에 더 열렬하게 반응한다.[13] 파격적이고 새로운 제품이 어떤 효과를 낼지 잘 모르는 상태에서 선불리 돈을 지불하지 않는 것이다.

습관 단절에 관한 이런 실험 결과는 기업의 마케팅을 담당하는 직원이라면 심각하게 받아들일지 모르겠지만, 절대 다수의 일반 시민이라면 딱히 흥미롭게 들리진 않을 것이다. 그래서 좀 더 우리의 일상과 밀접한 연관성이 있는 이야기를 준비했다. 한 연구에 따르면, 습관 단절은 건강한 시민의식을 구성하는 가장 기본적인 습관을 저해할 수 있다고 한다. 우루과이 수도 몬테비데오 시민들은 재산세, 자동차세, 주민세, 하수도세 등 연간 여러 건의 세금고지서를 받는다. 보통은 지역의 세금 납부처에 직접 방문해 납부해야 한다. 효율적인 시스템은 아니다.

2014년에 기한을 넘겨 납부된 세금은 인당 평균 6.4건이었고, 기한 내 제때 납부된 비율은 약 70퍼센트에 그쳤다. 이는 전체 과세 건의 30퍼센트가 허공에 증발됐다는 뜻이다. 이에 2004년 몬테비데오 지방 정부는 파격적인 대책을 발표했다. 세금 납부에 복권 시스템을 도입한 것이다. 전년도에 제때 세금을 납부했던 사람들 중에서 일부 인원을 추첨해 당해의 세금을 면제하겠다고 발표했다. 연구자들은 이 놀라운 자연 실험을 통해 2004년부터 2014년까지 세금 면제 복권에 당첨된 3174건의 세금 계정과 그 사이 계속 세금을 납부해야 했던 3189건의 세금 계정을 서로 비교해볼 수 있었다.[14]

지방 정부는 시민들이 1년간 면세를 받으면 감사함을 느끼고 결과적으로 시민의식이 고양될 것이라고 기대했다. 따라서 앞으로 더욱 세금을 철저하게 납부할 것이며, 당첨되지 않은 시민 역시 1년 면세라는 혜택을 얻기 위해 덩달아 열심히 세금 납부에 동참할 것이라고 예상했다. 하지만 실제로는 그렇지 않았다. 1년간 합법적으로 세금을 납부하지 않은 당첨자들은 1년 뒤 오히려 세금을 더 안 내려는 경향을 보였다.

1년간 세금을 내지 않다가 다시 세금을 내는 일은 생각보다 어려웠다. 세금을 내려면 어디로 가야 하는지, 얼마나 내야 하는지, 언제까지 내야 하는지 다시 확인해야 한다. 괜히 생돈이 나가는 것 같아 기분도 언짢은데 심지어 돈을 낼 방법까지 '스스로' 찾아야 하는 것이다. 그들은 결국 의식이 시키는 길을 택했다. 파격적인 제도의 결말은 초라했다. 당첨자들의 세금 납부율이 오르기는커녕 오히려 4퍼센트포인트 줄었다. 연구진은 이렇게 경고했다. "정책 결정자들이 습관에 주목하지 않는다면 이처럼 퇴행적이고 왜곡된 결과를 낳을 수 있다."[15]

이 연구 결과를 접한 이후 몬테비데오 지방 정부는 당첨자에 한해 세금 면제 기간을 두는 대신, 제때에 세금을 납부한 모든 시민에게 일부 세금을 환불해주는 쪽으로 정책을 바꿨다. 세금 납부의 단절 효과는 시간이 지나면서 사라졌다. 당첨된 해로부터 2년쯤 지나자 성실한 납세자들은 원래대로 세금을 내게 되었다.

이와 비슷한 사례가 미국의 또 다른 자연 실험에서 발견됐다. 궂은 날씨는 투표율을 감소시킨다. 사람들은 창밖을 내다본 후 한 5초쯤 고민하다 그냥 집 안에 머무르기로 한다. 특히 시골이나 소득수준이 낮은 지역이 날씨에 더 많은 영향을 받는다. 도시 외곽에 거주하는 유권자들은 투표 장소까지의 이동 거리가 멀기 때문이고, 가난한 유권자들은 비에 젖지 않고 이동할 수 있는 교통 수단을 갖추지 못했기 때문이다.

이는 대통령 선거 기간 중 비가 왔던 지역과 맑았던 지역의 투표율을 비교해보면 쉽게 확인할 수 있다. 1952년부터 2012년까지의 선거를 분석한 결과, 강수량 1밀리미터당 투표율은 0.05퍼센트 떨어졌다.[16] 그리고 한번 이런 혼란이 발생하면 이후의 투표율에도 영향을 끼친다. 대통령 선거일에 비가 내려 한 번이라도 집에 머물렀던 사람은 그다음 대통령 선거에도 투표하지 않을 가능성이 높다.

인생의 큰 변화는 대개 우리가 알지도 못하는 사이에 살금살금 다가온다. 손만 뻗으면 뒤통수를 때릴 수 있는 위치까지 변화의 먹구름이 몰려와도 사람들은 대개 앞만 쳐다보며 무언가에 몰두한다. 무방비 상태로 최악의 상황에 내던져지는 것이다. 하지만 이러한 변화에 습관이 반응하는 방식을 이해하고 있다면 삶의 통제력을 발휘할 수 있다. 변화를 기회로 삼아서 도움이 되는 가치 있는 습관은 보호하고, 바람직하지 않은 습관은 바꿀 수 있다.

텍사스A&M대학교로 편입한 학생들을 대상으로 습관의 지속과 단절에 관한 연구를 진행했다.[17] 나는 레오나 탬Leona Tam, 멜리사 위트Melissa Witt와 함께 편입 시점 한 달 전과 한 달 후에 각각 편입생들을 만나 일상의 습관이 어떻게 변했는지 파악했다. 우리가 관찰한 습관은 '운동'과 'TV 시청' 두 가지였다. 일반적으로 전자는 좋은 습관으로, 후자는 나쁜 습관으로 받아들여진다. 우리는 '편입'이라는 삶의 큰 변화가 서로 상반되는 두 습관에 어떤 영향을 미치는지 확인하고자 했다.

연구 결과는 이랬다. 편입 전에 운동 습관과 TV 시청 습관이 강했던 학생들은 편입 후 습관의 지속도가 현저히 감소됐다. 원래부터 그런 습관이 없었던 학생들은 큰 차이가 없었다. 중요한 것은 그 어떤 학생도 운동 습관과 TV 시청 습관의 변화 양태가 서로 다르게 나타나지 않았다는 점이다. 운동 습관이 약화된 학생은 TV 시청 습관도 함께 약화됐다. 하나는 건강한 습관이고 다른 하나는 시간을 낭비하는 습관이었지만 단절의 상황은 이 둘을 차별하지 않았다. 1부와 2부에서 지겹도록 살펴본 바와 마찬가지로, 습관의 메커니즘은 우리에게 도움이 되는 행동과 우리에게 해가 되는 행동에 모두 똑같이 반응한다.

잘못된 습관이 삶을 갉아먹고 있다면

매년 미국인 중 약 11퍼센트가 이사를 한다.[18] 한군데에 거주하는 평균 기간은 대략 11년이다.[19] 직장은 더 자주 옮겨 다니는데 평균적으로 4년에 한 번씩 이직한다.[20] 이런 주기적인 변화는 나쁜 습관을 끊어내고 정체된 습관에 신선한 빛과 공기를 쐬게 해준다. 당신은 담배를 끊거나 직장을 그만두거나 새로운 경력을 시작하거나 폭력적인 관계에서 벗어나야 하는 순간에 부닥쳤을 수도 있다. 이때가 바로 혼란을 활용할 수 있는 시점이다. 이처럼 갑작스럽고 극적인 변화를 인생에서 성공적으로 이뤄낸 때가 언제였는지 기억할 수 있는가? 그때 당신은 어떻게 그 변화에 성공했는가? 단호함과 과감함으로 위기를 돌파했는가? 아니면 상황 변화의 도움을 받았는가? 혹시 습관 단절 효과의 도움을 받지는 않았는가?

이런 질문을 하버드 평생교육원에 다니는 119명의 성인에게 던졌다.[21] 참가자들은 이 질문에 대해 직업, 교육, 인간관계, 건강 문제 등 각기 다른 수많은 변화를 거론했다. 3분의 1 이상의 사람이 삶의 가장 큰 성취를 얻게 된 계기로 '상황의 변화'를 언급했다. 그중에서 36퍼센트는 집을 고르고 이사한 이야기와 관련이 있었다. 완전히 금연에 성공하게 된 계기에 대해 한 참가자는 이렇게 말했다. "흡연을 자극하는 그 무엇도 없었죠. 담배를 떠올리게 하던 익숙한 신호가 사라지니 금연이 더 쉽게 느껴졌습니다." 어떤 사람은 이사의 이유를 이렇게 설명했다. "나는 로스쿨이 너무 싫었어요. 첫 학기 내내 몸이 아팠죠. 스트레스 때문이었던 것 같아요. 경쟁도 너무 심했고 진정한 친구를 찾기도 어려웠죠." 나머지 13퍼센트의 사람은 다른 상황 변화들, 예를 들어 새로운 친구를 사귀거나 새로운 직업을 얻게 된 이야기를 언급했다.

성공하지 못한 변화에 대한 이야기는 사뭇 달랐다. 단 13퍼센트만이 새로운 지역으로 이사한 이야기를 꺼냈고, 나머지는 환경의 변화를 전혀 언급하지 않았다. 그 대신 사람들은 자신이 처한 당장의 상황을 바꾸지 못한 이유에 대해 늘어놓았다. 한 사람은 이렇게 말했다. "국가 경제를 감안하면 현재의 직업을 그만두는 건 너무 위험한 일입니다. 아직 내야 할 임대료와 청구서가 많거든요." 또 다른 사람은 "새로운 직업을 찾다가 거절당하거나 어떤 한 분야를 골라야 하는 혼란스러움에 괴로워하기보다는 기존 직장에 머무르는 편이 쉬웠죠"라고 답했다. 변화에 실패한 이야기들은 대개 현재의 환경에 갇혀 있는 느낌과 연관돼 있었다. 이런 이야기들 중 64퍼센트에서 변화를 불가능하게 만든 외부 상황이 언급되었다.

이 연구의 결과는 명백했다. 행동 변화에 성공한 사람들은 습관 단절의 기회를 적절히 활용했다. 그들은 멀리 떠나거나 직장을 옮기거나 엉뚱한 곳으로 이사를 하는 방식으로 자신이 놓인 상황을 변화시켰다. 기존의 잘못된 습관 신호를 제거함으로써 스스로에게 새로운 결정을 내릴 수 있는 자유를 부여했다. 반대로 우울한 삶을 살고 있는 사람들은 적절한 변화의 기회를 스스로 포기하고 잘못된 습관을 끌어안은 채 아주 천천히 수면 아래로 침잠했다.

야구에서는 통계를 중시한다. 타율, 출루율, 방어율, 피안타율 등 수많은 수치가 선수의 가치를 증명하고 팀의 정체성을 정의한다. 통계 수치는 '트레이드'의 잔인한 척도가 되기도 하는데, 타율이 낮은 타자는 시즌 중에라도 언제든 방출될 수 있고 반대로 타율이 월등한 타자는 큰돈을 받고 영입되기도 한다. 이처럼 한 선수를 둘러싼 상황의 변화 빈도가 상당히 잦고 그 상황 변화(이적)로 인해 선수의 시즌 성적이 실시간으로 기록된다는 점은, 메이저리그가 습관 단절의 효과를 검증하는 유용한 실험 무대임을 뜻한다. 선수가 한 번 팀을 옮기면 그를 둘러싼 주변 환경이 송두리째 바뀐다. 팀 동료, 경기장, 코치, 구단주, 팬, 의료진, 유니폼, 후원사, 거주지 등 기존의 습관이 도저히 지속될 수 없을 정도로 극심한 단절을 겪게 되는 것이다.

연구진은 트레이드가 선수의 성적에 어떤 영향을 미치는지 평가하기 위해 2004년부터 2015년 사이에 한 번이라도 팀을 바꾼 메이저리그 선수들을 모두 추렸다. 이들 중에서 새로운 팀으로 이적되기 직전까지 꾸준히 성적이 하락했던 422명의 기록을 분석했다.[22] 기록 속에 잠들어 있는 이들은 한때 최고의 선수로 이름을 날렸을 테지만, 점점 낮아지는 통계 수치들은 이들에게 변화가 절실하다는 것을 증명하고 있었다.

연구진은 이 선수들이 팀을 옮기기 전과 후의 전반적인 공격 지표들을 다른 선수들의 성적과 비교했다. 422명의 선수 중 대다수가 팀을 옮긴 뒤 여러 공격 지표가 상승했다. 예를 들어 어느 선수는 2년간 타율을 2할 4푼 2리에서 2할 5푼 7리로 올렸다. 이와는 반대로 똑같이 성적의 하락세를 겪고 있던 선수 중 이적을 하지 않고 그대로 팀에 잔류한 선수 922명의 데이터를 분석했다. 이들의 성적 상승폭은 훨씬 적었다.

모두 합쳐 1344명의 선수들은 모두 자유계약선수(소속 구단과의 계약이 해지되어 다른 어느 구단과도 자유로이 계약할 수 있는 선수-옮긴이)였다. 팀을 떠나는 것과 떠나지 않는 것 모두 당사자가 결정할 수 있었다. 누군가는 과감하게 변화를 택해 몸값을 낮추면서까지 새로운 팀으로 이적했고, 누군가는 원 팀에 그대로 남아 하락세에 빠진 자신의 초라한 성적을 지켜만 봤다. 2부에서 나는 자신에게 유리한 상황을 재배열한 뒤, 그 조건을 그대로 유지한 채 좋은 습관이 자라나도록 묵묵히 기다리라고 조언했다. 어쩌면 이 위기의 선수들은 자신을 둘러싼 동일한 상황을 조성하는 습관 설계의 제1법칙을 추구한다고 스스로 믿고 있었을지도 모른다. 안타깝게도 그들은 스스로를 고립시킨 채 좋은 습관을 갉아먹는 나쁜 습관을 꾸준히 반복했을 뿐이다. 전략적 상황 조성과 무기력한 방치는 전혀 다르다.

이 연구의 목적은 잔류와 이적 중 무엇이 선수의 성적 향상에 도움을 줬는지 밝히는 것이 아니었다. 실제로 그 어떤 일관성 있는 결과도 내지 못했다. 1344명에 대한 데이터 분석을 마친 뒤, 연구진은 직전 시즌에 성적이 향상됐던 메이저리그 선수 중 팀을 옮긴 290명의 성적을 추적했다. 이들 중 대다수가 이적의 혜택을 받지 못했다. 실제로 타율과 다른 공격 지표들이 하락했다.[23] 한 선수는 2년간 타율이 2할 7푼 6리에서 2할 6푼 3리로 떨어졌다. 이 하락폭은 팀에 남았던 1103명의 대조군 선수들보다 훨씬 컸다. 이들에게는 상황의 변화, 즉 습관 단절이 페이스에 악영향을 미쳤던 것이다.

이처럼 습관 단절은 당사자가 처한 상황에 따라 독이 될 수도, 약이 될 수도 있다. 지금 당신은 일도, 가족 관계도, 그리고 사랑도 문제없이 착착 진행하고 있는가? 그렇다면 당신의 습관은 제 임무를 똑바로 수행하고 있는 것이다. 다행이다. 그 좋은 습관을 계속해서 유지하라. 만약 기나긴 슬럼프에 빠져 있다면, 혹은 충동을 억제하지 못하고 늘 잘못된 습관에 중독적으로 매달린 채 삶을 조금씩 갉아먹고 있다면 습관 단절 효과를 활용할 때다. 당신이 지금까지 무의식적으로 유지해온 나쁜 습관이 무엇인지 파악한 뒤 그것들이 뿌리째 흔들리도록 상황을 뒤엎어야 한다.

＊　＊　＊

상황이 변하면 습관과 의사결정 간의 균형이 깨진다. 이 혼란은 우리를 생각하게 만든다. 인생을 더 재미있게 만들고 가치관과 관심사에 대해 진지하게 성찰하도록 이끈다. 반면 좋은 습관을 위기에 빠뜨릴 수도 있다. 물론 습관을 혼란에 빠뜨리는 것은 변화를 완성하는 첫 번째 단계에 불과하다. 오래된 습관, 방치된 습관, 잘못된 습관이 우리의 삶을 지나가도록 앞길을 닦아라. 변화의 혼란을 이해함으로써 당신은 좋은 습관을 보호할 수 있고 나쁜 습관은 축출할 수 있다.

마지막으로, 삶에 닥친 혼란을 좀 더 긍정적으로 바라볼 수 있는 조언 하나를 덧붙이겠다. 집에서 며칠 혹은 몇 시간이라도 인터넷을 사용할 수 없었던 적이 있는가? 혹은 친구의 초대로 오래된 별장에 방문했는데 와이파이가 터지지 않아 스마트폰이 무용지물이 된 적이 있는가? 인터넷과 스마트폰 사용이라는 강력한 습관이 단절된 이때, 당신은 아주 우연한 계기로 새로운 행동을 발견했을지도 모른다. 어떤 투숙자가 오래전에 남겨둔 책을 집어 들고 읽기 시작하는 것이다. 처음엔 조금 따분했지만 몇 페이지 지나지 않아 짜증은 사라진다. 최근 몇 년 사이에 처음으로 고전을 읽고 있다는 사실을, 약간의 죄책감과 함께 깨닫는다. 아마 당신은 눈치채지 못했겠지만 어쩌면 그때 무의식 속에서 새로운 독서 습관이 형성되고 있었을지도 모른다. 이미 한참 전에 시작해야 마땅했지만 변화와 혼란과 습관 단절의 도움을 받고서야 비로소 자신이 소설 읽기를 얼마나 좋아하는지 새삼스레 느끼게 된 것이다.

12장

습관 촉진
감당하기 힘든 고통에 대하여
•

소나무와 사이프러스 나무에 닥친 폭풍은
자신의 강인함을 증명할 좋은 기회다.
- 호찌민

계획대로 흘러가는 삶은 없다

인생은 스트레스로 가득하다. 절대 계획대로 흘러가는 법이 없다. 원하는 일을 할 때보다 하고 싶지 않은 일을 할 때가 더 많고, 삶은 제멋대로 자신의 수를 척척 두며 거침없이 앞으로 나아간다. 어쩌다 일이 잘 풀리는 것은 그저 우연에 불과하다. 우리를 둘러싼 상황은 언제나 예측 불가능한 경로로 흐른다. 최근 조사에서 미국인 중 약 25퍼센트가 극도의 스트레스 증세를 호소했다.[1] 대다수의 사람이 자신이 건강하지 않다고, 언제나 스트레스를 짊어지고 산다고 이야기한다. 그 원인을 우리는 충분히 예측할 수 있다. 2017년에는 미국

인 중 60퍼센트 이상이 국가의 불확실한 미래, 심각한 부채, 희망 따위 보이지 않는 취업 고민 등으로 스트레스를 겪는다고 답했다. 일본에는 심지어 과도한 직장 스트레스로 인한 죽음을 가리키는 '과로사(karoshi, かろうし, 過労死)'라는 단어까지 있을 정도다. 사람들은 전에 비해 더 많은 스트레스 증상, 예를 들어 분노와 불안과 피로와 강박 등에 매몰되어 있다.

인간의 신체는 스트레스를 받으면 아드레날린과 코르티솔을 포함한 호르몬을 분비하는데 이는 인간의 사고, 감정, 행동에 큰 영향을 끼친다. 사리를 분별하고 목표를 수립하고 실행 계획을 탐구하는 등 뇌가 융통성 있게 판단하는 데 사용하는 고차원적 인지 프로세스 기능을 저하시킨다.[2] 극심한 스트레스를 겪는 상태에서 수행되는 의사 결정은 늘 고통스러울 수밖에 없다.

지난 수십 년간 나는 스트레스가 인체의 정신과 신체 건강에 미치는 영향에 대해 연구해왔다. 조금씩 우리 삶을 도려내는 이 까다로운 불청객의 해로움에 대해선 많은 사람이 공감하고 있지만, 이를 근본적으로 몰아낼 방법은 좀처럼 찾지 못하고 있다. 어떤 사람은 여행이나 명상 같은 정적이고 고요한 상황으로 도피하곤 하지만, 모든 사람이 언제든 자신이 처한 상황을 바꿀 수는 없는 법이다. 이 책을 읽을 사람 중 절대 다수는 뉴잉글랜드의 녹음이 우거진 영성 센터로 명상 수행을 떠날 여유 따위 없을 것이다(그러니 이 책을 읽고 있는 것 아니겠는가?).

자, 그렇다면 일상의 무차별적 혼돈으로부터 우리를 보호해주는, 그리고 스트레스의 바다를 건너게 도와줄 방주는 무엇일까? 이런 틈

튼한 방주를 하나쯤 갖고 있다면 좀 더 평화롭게 인생을 살아갈 수 있지 않을까? 사실, 우리는 이미 그것을 가지고 있다. 바로 습관이다. 좋은 습관은 예측 불가능한 스트레스의 시대에 우리를 안전하게 지켜줄 유일한 피난처다. 습관은 심리적 긴장 속에서도 사라지지 않는다. 오히려 번성한다. 우리의 의지력과 인내심과 끈기와 결단력이 삶의 풍파에 휘둘리고 휘청거릴 때도 습관의 실행력은 오히려 **촉진**된다.[3] 심리학에서는 이를 **습관 촉진**Habit Boost이라고 명명한다. 인류는 습관의 이러한 특성을 활용해 연명해왔다. 곰이라는 두렵고 가공할 존재를 마주하면(스트레스 상황) 재빨리 창을 던졌다(습관 촉진). 불이라는 예측할 수 없고 고통스러운 존재를 마주하면(스트레스 상황) 재빨리 물을 뿌리거나 도망쳤다(습관 촉진). 습관 촉진은 인류의 진화 과정을 연구하는 데 매우 중요한 개념이다. 이를 통해 우리가 척박한 환경에 어떻게 적응해왔을지 쉽게 상상해볼 수 있다.

11장에서 다룬 '습관 단절'이 익숙한 상황을 파괴하고 수많은 신호를 혼란시키는 것과 마찬가지로, 스트레스 역시 인간의 실행제어 기능을 혼돈에 빠뜨린다. 그리고 이때 비의식적 자아(습관 시스템)와 의식적 자아(실행제어 시스템)의 균형이 무너진다. 실행제어 시스템은 큰 혼란을 겪지만 오히려 습관 시스템은 그대로 유지된다. 이런 패턴은 습관을 연구하는 학자들이 가장 흥미롭게 여기는 현상이다. 스트레스를 겪을 때 인간은 완전히 무너지는 것이 아니다. 적어도 습관 시스템은 정상적으로 유지가 되고, 이는 분명 우리 삶에 실질적인 도움을 준다. 정신을 괴롭히는 수많은 스트레스가 아무리 우리의 마음을 뒤흔들고 의식적 자아를 방해해도, 습관의 힘 덕분에 삶은 본궤도를 이탈하지 않고 앞으로 나아갈 수 있는 것이다. 습관이 있는 한 우리는 혼자가 아니다.

스트레스와 습관의 관계를 좀 더 세밀하게 분석하고자 미국의 연구진이 대학생들에게 얼음물에 3분간 손목까지 담그고 최대한 참아보라고 했다.[4] 충분히 상상할 수 있겠지만 상당한 스트레스를 받는 일이었다. 연구진조차도 이 차디찬 불편을 견디고 있는 학생들의 모습을 녹화하고 바라보며 극심한 스트레스를 겪었다. 대조군의 학생들에게는 어떤 스트레스도 가하지 않았다. 그저 손을 적당히 따스한 물에 담그고 있도록 했다.

3분이 흐른 뒤, 스트레스 상황을 겪은 학생들과 그렇지 않은 학생들을 모두 모아 간단한 컴퓨터 과제를 시켰다. 이 과제에는 보상이 뒤따랐다. 올바른 정답을 맞힌 학생은 빨대를 이용해 오렌지 주스나 초콜릿 우유를 한 모금 마실 수 있었다. 약간 이상하지만 쉽게 습관을 형성할 수 있는 빠른 보상이었다. 만약 문제를 틀리면 당도가 없는 녹차나 생수를 마시거나 아예 아무 음료도 마실 수 없었다. 학생들은 더 나은 보상을 얻기 위해 과제를 반복했다. 손을 얼음물에 담갔던 학생과 따뜻한 물에 담갔던 학생 모두 차이가 없었다. 이전에 받은 스트레스가 습관 학습을 방해하지 않았다.

총 50번의 과제를 마친 후 연구진은 보상을 중단했다. 그러자 스트레스를 받지 않았던 학생들은 약 다섯 번의 시도 후에 이 사실을 깨달았다. 그들은 보상 시스템이 잘 작동될 때는 습관에 따라 행동했지만, 더는 보상을 얻을 수 없는 상황이 되자 정답 고르기를 중단했다. 만약 오답을 선택하면 혹시라도 보상이 다시 시작되지 않을지 생각하기 시작한 것이다. '정답을 향해 자동으로 반응하기'(습관)를 멈추고 게임의 규칙을 다시 탐색했다. 엉뚱한 선택이 보상을 가져다주지 않을까 하는 희망으로 문제의 보기를 신중하게 골랐다. 이들은 새로운 조건에 적응하면서 어떻게 하면 다시 보상의 경험을 누릴 수 있을지 검토했다. 그들의 예측은 맞았다. 열 번 연속 오답을 제출한 뒤 다음 문제를 맞히면 다시 달콤한 음료가 나왔다. 새로운 전략을 시도한 학생들은 금세 다시 보상을 얻을 수 있었다.

그러나 이전에 손이 시린 고통을 겪었던 학생들은 보상이 멈춰도 이전과 똑같은 행동을 반복했다. 그들은 전략을 수정하지도, 새로운 시도도 하지 않았다. 연구진이 보기에 그 모습은 마치 고집을 부리는 것 같았다. 그들의 의식적 자아는 여전히 고통스러운 경험과 그 시스템을 향한 도전에 매달려 있었다. 그들에게는 유연하게 다른 대안을 고려할 여유가 없었다. 수만 년 전 인류가 맹수를 상대하며 축적한 습관 촉진의 기질이 실험실에서 재현된 것이다.

현실에서의 스트레스도 비슷한 영향을 끼친다. 인원 감축, 구조조정, 신제품 출시, 사업 확장 등 174명의 기업 임원이 내린 다양한 의사결정 내용을 연구했다. 임원들의 배우자를 인터뷰한 자료와 해당 기업의 보고서를 기반으로 연구를 진행했다. 불안하고 스트레스를 많이 받았던 임원일수록 전략적인 위험을 덜 무릅쓰려는 경향을 보였다.[5] 삶의 고통을 통과 중이던 기업 임원들은 기존에 회사를 성공시켰던 전략을 **고수**했고, 새로운 혁신과 성장에 대한 **탐색**을 회피했다.[6] 변화보다 유지를 선호하는 이런 태도는 새로운 시장에 어울리는 신제품 개발을 주저하고 다양한 사업 제휴를 포기하게 만든다.

스트레스는 인간의 사고를 마비시키고 진취적인 판단을 유보시킨다. 뇌가 스트레스를 받으면 안와전두 피질, 내측 전전두엽 피질, 해마의 신경 활동이 줄어든다.[7] 모두 의사결정과 목표 추구를 담당하는 영역이다. 그 대신 습관 반응과 보상 반응에 관련이 있는 선조체 신경 시스템의 활동이 증가한다. 그 결과 스트레스가 커질수록 우리의 뇌는 습관에 의존하는 자동조종 모드 쪽으로 기울어진다. 과거에 성과를 냈던 방법에만 몰두하느라 과감하고 참신한 의사결정을 내릴 확률은 점점 줄어든다. 경색된 뇌는 의식적 자아에 비상을 선포하고, 당장의 스트레스 요인을 제거하고, 그로부터 멀리 도망칠 궁리를 시작한다. 몸을 움츠리고 신발 끈을 동여맨다. 불편한 상황에서 스스로를 지켜내는 데 뇌의 온 신경이 집중되고 시야는 좁아진다. 주변에서 무슨 일이 벌어지든 눈을 감고 의식적 자아의 활동을 통제한다.

가장 큰 문제는 이것이다. 대개 극심한 스트레스 상황에서는 올바른 판단을 내릴 만한 충분한 시간적 여유가 없다. 빠르고 정확한 대처가 필요하지만 이럴수록 경색된 뇌는 제대로 된 판단력을 발휘하지 못한다. 예를 들어 가족 중 누군가가 병원에 입원했다면, 당신은 신속하게 결정해야 한다. 다니던 회사에서 해고당했다면 당장 새로운 일자리를 구해야 한다. 학자금 대출에 월세에… 청구서는 계속 밀려들고 삶은 궁핍해진다. 배우자의 불행이나 가정의 파탄 때문에 스트레스를 받게 될지도 모른다. 이런 상황은 의식적 의사결정 능력에 엄청난 부담을 안겨준다. 생각하기조차 불편한 상황은 신경을 곤두서게 만들고, 그 경험을 복기하거나 견디는 데 집중하게 함으로써 다른 일에 대해 현명한 판단을 내리지 못하게끔 방해한다. 실험에 참가

스트레스 상황 발생

신경 활동 증가 영역	신경 활동 감소 영역
• 선조체 신경 시스템 (습관 반응, 보상 반응 기능 담당)	• 안와전두 피질 • 내측 전전두엽 피질 • 해마 (의사결정과 목표 추구 기능 담당)

• 스트레스 해소만 궁리
• 과감한 의사결정 불가
• 습관에 의존

[도표 12-1] 뇌가 스트레스에 반응할 때 벌어지는 일

했던 학생들처럼 우리는 모두 현실이라는 차가운 얼음물에 손을 담그고 있다.[8] 일상에서, 일터에서, 집에서. 이 가혹한 스트레스에 맞설 방법을 찾아내야만 한다. 이때 습관이 도움을 줄 수 있다.

앞선 실험에서 우리는 스트레스를 받지 않아 재빨리 과제 수행 전략을 수정한 학생들의 상상력과 결단력을 칭송해야 할지도 모른다.

모든 사람은 자신이 침착하게 주변 환경에 적응하고 새로운 전략을 찾아낼 수 있기를 바란다. 하지만 우리가 사는 세상은 스트레스로부터 자유롭지 않다. 얼음물 스트레스, 보상의 중단과 재개, 과제 수행 방식의 변화 속에서도 일부 학생들은 자신의 내면에 확립된 습관을 계속 유지했다. 분명 불편함과 당황감이 그들의 마음을 강타했을지라도 그 습관만큼은 흔들리지 않았다. 습관은 언제나 변함없이, 일관성 있게 유지된다. 이것이 습관의 유일한 작동 원리기 때문이다.

이제 일상에서 맞닥뜨릴 수 있는 얼음물 같은 상황을 한번 상상해 보자. 질병, 사고, 실직, 소송, 분쟁 같은 극단적인 스트레스 상황 말이다. 실험실에 앉아 차분히 문제를 푸는 것과는 다르다. 우리 앞에 놓인 스트레스는 생존이 달린 삶의 커다란 과제들이다. 바로 이때 두 번째 자아, 즉 습관이 이 과제를 조용히 처리할 수 있다. 최악의 상황에서 오히려 그 영향력이 더 커지는 습관 촉진 효과로 인해 우리는 실행제어 기능이 장애를 겪는 순간에도 올바른 선택지를 고를 수 있다. 이것이 험난한 역경에 처해서도 싱긋 미소 짓고 문제를 해결해나 갈 수 있는 힘의 원천이다. 습관은 혼란스러운 상황에서도 언제나 우리를 올바른 곳으로 인도한다.

관성에 저항하는 일은 늘 고통스럽다

내 이웃은 프로 경륜 선수다. 그는 정말 빠르다. 쉬는 기간이면 종종 함께 자전거를 탔는데, 그는 나를 배려해 경주용 자전거가 아닌 여행용 자전거를 들고 나왔다. 주행을 시작할 때는 쉬엄쉬엄 타면서 즐거운 시간을 보냈다. 주로 서로의 가족에 대해 이야기를 나눴다. 그렇게 1시간 정도 자전거를 타고 나서 집으로 돌아갈 때면 그는 항상 속도를 올렸다. 금세 나를 추월했고 저 멀리 달아났다. 우리는 더 이상 즐거운 대화를 나누지 못했다. 왜 그렇게 빨리 달리냐고 물었더니, 그는 의식적으로 속도를 낮추는 일이 자신에겐 꽤나 까다롭고 고통스러운 일이라고 대답했다.

거듭된 훈련으로 그의 자전거 타기 행동은 언제나 최대 속도로 질주하는 습관이 형성되었을 것이다. 그러나 느림보 파트너와 함께 자전거를 타며 그의 비의식적 습관은 지속적으로 방해를 받았다. 그는 계속해서 앞으로 나아가려는 내면의 충동과 관성을 의식적 자아의 힘을 빌려 간신히 참아냈다. 힘차게 페달을 밟고 싶어 하는 두 다리를 고통스럽게 통제하고 있었던 것이다. 페달을 밟는 속도는 점점 빨라졌고, 피폐해진 정신은 결국 파트너와 속도를 맞추라는 의식의 명령을 무시했다. 빠른 속도를 유지하는 것이 육체에는 더 큰 고통을 줬지만, 역설적이게도 그는 그 편이 훨씬 더 편했다. 습관을 거스르지 않는 자연스러운 반응이기 때문이다.

지치고 스트레스를 받을 때 우리는 나쁜 습관에 다시 빠져들게 된다. 누구에게나 이런 경험이 있을 것이다. 약속에 늦으면 (그런다고 승강기가 더 빨리 도착하는 것도 아닌데) 승강기 버튼을 반복해서 누른다. 목적지까지 서둘러 가려고 (그런다고 녹색 불이 빨리 켜지는 것도 아닌데) 신호등을 노려보며 발을 동동 구른다. 차가 막히면 (그런다고 차가 앞으로 가는 것도 아닌데) 가속 페달과 브레이크 페달을 찔끔찔끔 번갈아

누른다. 스트레스를 받으면 우리는 습관에 따라 행동한다. 그러나 그 습관이 우리에게 득이 될지 해가 될지는 통제할 수 없다. 습관은 종종 무자비하다. 스트레스를 겪는 상황에서는 이러한 습관의 무분별함이 더 강화된다.

스트레스가 유발하는 피로감이 어떻게 좋은 습관과 나쁜 습관에 영향을 끼치는지 파악하기 위해 UCLA 경영대학원 학생들이 아침마다 반복적으로 수행하는 습관적 행동을 검토했다.[9] 그들은 7주에 걸쳐 아침에 무엇을 먹었는지, 수업에 참석하기 전 신문의 어떤 섹션을 읽었는지 연구진에게 보고했다. 7주의 실험 기간 중 후반부 2주는 중간고사 일정이 잡혀 있었다. 그 기간 학생들은 극심한 스트레스를 겪었다.

학생들은 시험 기간에 습관에 더 많이 의존하는 경향을 보였다. 평소에 아침으로 시리얼과 칼로리바 등 건강에 좋은 음식을 먹는 습관이 강했던 학생들은, 시험 기간에 접어들어 그 습관을 더욱 고수했다. 빵이나 팬케이크, 프렌치토스트와 설탕을 넣은 커피 등 건강에 좋지 않은 음식을 먹는 습관이 있던 학생들도 마찬가지였다. 신문을 읽는 습관도 똑같은 방식으로 작동됐다. 신문에서 세계 뉴스 등 교육 관련 섹션을 읽는 습관을 가진 학생들은 시험 기간에도 습관에 따라 해당 지면을 읽는 경향을 강하게 보였으며, 연예 가십거리를 읽던 학생들은 시험 기간에도 연예 섹션을 읽었다. 이와는 달리 신문 읽기 습관이 없던 학생들은 7주간 일관된 경향성을 나타내지 않았다. 그들은 어쩌다 신문을 읽었고 이런 불규칙한 패턴은 시험 기간과 상관없이 드러났다.

연구진은 시험 기간이 되면 학생들이 신문을 덜 읽을 것이라고 예측했다. 공부할 시간도 부족하기 때문이다. 그럼에도 불구하고 학생들은 습관적으로 읽던 신문을 오히려 **더 많이** 읽었다. 스트레스가 습관에 끼치는 영향을 고려하면 이해가 되는 부분이다. 시험 기간이면 학생들은 무엇을 읽어야 할지 의식적 결정을 내리기가 더 어려워진다. 시험공부라는 스트레스가 그들의 사고력과 상상력을 제한한 것이 틀림없다. 아침에 일어나 늘 하던 대로 비즈니스 섹션을 읽으면서 곧 닥쳐올 시험과 공부에 대해 생각하는 것이다.

습관 촉진 효과의 좀 더 직접적인 증거를 파악할 수 있는 연구가 또 있다. 듀크대학교 학생들에게 중요한 목표를 달성하는 데 필요한 바람직한 행동 네 가지와 피하고 싶은 행동 네 가지를 각각 제출해달라고 요청했다.[10] 예를 들어 저녁식사 후 바로 숙제를 시작하는 것은 좋은 성적을 받는 데 바람직한 행동이다. 숙제 대신 TV를 보거나 컴퓨터 게임을 하는 것은 바람직하지 못한 행동이다. 연구진은 학생들에게 그러한 바람직한 행동과 바람직하지 않은 행동을 같은 장소에서 몇 번이나 수행했는지 기록해달라고 했다. 그 횟수를 토대로 각각의 행동에 이른바 '습관적 강도 점수'를 매겼다.

이 연구는 4일간 지속되었다. 일과가 끝나면 학생들은 그날 하루 자신이 무슨 일을 했는지 점검한 뒤 연구소에 보고했다. 연구진은 4일 중 이틀간 학생들에게 평소에 안 쓰는 손으로 전화번호를 누르게 하거나 눈을 감고 컴퓨터 마우스를 움직이게 하거나 손을 쓰지 않고 문을 열게 하는 등 인지력을 고갈시키는 과제를 주기적으로 부여했다. 스트레스가 발생하는 상황을 고의적으로 조성한 것이다. 나머지 이틀은 편하게 놔뒀다.

익숙한 손으로 글을 쓰고 싶은 충동을 억누른 채 불편한 손으로 과제를 수행했던 학생들은 심각한 정신적 피로감에 시달렸다. 그런 뒤 연구진은 4일간의 습관적 강도 점수를 분석했다. 인지력이 고갈된 첫이틀의 습관적 강도 점수가 나머지 이틀보다 훨씬 높게 나왔다. 잘 안 쓰는 손을 사용하느라 지친 학생들은 나쁜 습관으로 인한 피해도 입었지만 좋은 습관의 이점도 함께 얻었다. 바람직한 행동 네 가지와 바람직하지 않은 행동 네 가지 모두 동일하게 습관적 강도 점수가 올라간 것이다. 습관 촉진은 모든 습관에서 예외 없이 발생했다.

세상은 점점 험난해지고 우리의 의식은 약해진다

수많은 디지털 신호가 우리를 괴롭히고 있다. 인간의 주의력이 스마트폰에서 울려대는 각종 피드에 의해 이토록 허무하게 고갈되는 시대는 여태까지 한 번도 없었다. 이는 대단히 불행한 일이다. 그 누구도 이 산만한 방심에서 자유롭지 않다. 습관 또한 예외가 아니다. 우리는 현대사회가 펼쳐 놓은 방심의 심연 속에 살고 있다. 아주 자연스럽게 잘못된 결정을 내리고 중요한 순간에 자꾸 딴생각을 하며 집중력을 발휘하는 데 애를 먹는다. 이런 주의산만증의 정도를 측정하는 방심 상태 테스트가 따로 있을 지경이다.[11]

어쩌면 당신은 자꾸만 엉뚱한 것을 생각하는 만성적 방심 상태에 대해 그리 심각하게 생각하지 않을 수도 있다. 우리 일상에서 주의산만은 대개 그저 불편한 정도다. 우유를 사러 마트에 가려고 차에 탔는데 그만 라디오를 듣느라 정신이 팔려 엉뚱한 길로 간다거나, 혹은 어떤 물건을 찾으려고 안방에 들어갔는데 스마트폰으로 페이스북을 훑어보다가 아무 생각 없이 다른 물건을 집어 들곤 한다. 이런 일상의 사소한 실수를 얼마나 반복하는지 통계를 낸 연구가 있다. 연구 결과 사람들은 하루에 한 번 꼴로 이런 실수를 저지르는 것으로 나타났다.[12] 방심 상태 점수가 높은 사람일수록 그런 실수가 더 많았다.

갈수록 사람들의 주의산만증은 심각해지고 있다. 병원 진료실에서 의사는 대개 한 눈은 환자에게 두지만, 다른 한 눈은 모니터에 전시된 주식 차트를 바라보고 있다. 가벼운 감기나 배탈이라면 큰 상관이 없지만, 좀 더 심각한 병이라면 이러한 의사의 방심이 치명적인 실수를 초래할 수 있다. 유명한 대학병원의 교수와 인턴을 대상으로 진료 시 스마트폰 사용에 관해 진행된 설문조사가 있다.[13] 전공의 중 13퍼센트와 담당의 중 12퍼센트가 스마트폰에 정신을 파느라 환자의 중요한 정보를 놓친 적이 있다고 답했다. 이는 물론 실질적인 위험이 될 수 있다. 의료 기기 전문 기사를 대상으로 한 설문에서, 절반가량이 심장 수술 중 의료 기기를 모니터링해야 하는 순간에 스마트폰으로 통화한 적이 있다고 인정했다.[14] 문자를 주고받았다고 보고한 비율도 비슷했다. 놀라운 것은 이런 무책임한 방심이 엄청나게 위험하다는 사실을 78퍼센트가 인정했다는 사실이다.

반대로 만성적 방심 상태로 인해 큰 부상을 입어 병원에 오는 환자도 급증하고 있다. 도보 시 스마트폰을 사용하다 발생한 사고로 입원한 환자의 숫자는 2004년에 비해 2010년 세 배로 증가했다.[15] 접수 기록을 보면 슬픈 이야기가 많다. "스물여덟 살 남성이 통화하며 걷다가 간판을 들이받아 이마가 찢어짐." "열네 살 남자아이가 통화를 하며 길을 걷다가 2미터 높이 다리 아래 배수로로 추락하면서 가슴과 어깨가 지면에 충돌, 흉부 타박상을 입음." "스물세 살 남성이 통화하며 길을 건너다가 차에 추돌하여 두부 좌상을 입음." 전자 장비에 의해 산만해진 의식은 우리를 습관대로 행동하도록 만든다. 주로 '계속 앞으로 걸어라'와 같이 간단하고 기계적인 습관 말이다. 길이 평탄하고 장애물이 없을 때는 문제가 없다. 하지만 지형이 변하고 주의 깊은 결정이 필요할 때는 치명적이다(스마트폰 중독에서 벗어나기 위한 간단한 해결책을 332쪽 부록으로 실었다).

심지어 주의력 분산에 의한 극단적 방심 상태는 범죄 행위를 낳기도 한다. 1984년 어느 연구진은 마트에서 현행범으로 체포되어 기소된 67건의 범죄를 분석했다.[16] 피의자 중 다수가 물건을 훔치려고 한 게 아니라 무심코 주머니나 가방에 집어넣었다고 주장했다. 그들은 어딘가에 정신이 팔려 '나도 모르게 그만' 물건을 훔쳤다고 항변했다. 어떤 이들은 아이를 잃어버렸기 때문이라고도 했고 다른 여자와 함께 있는 전남편을 봤기 때문이라고도 주장했다. 물론 그들의 주장은 전혀 받아들여지지 않았다. 법원은 벌금과 약간의 형량을 부과했다.

그들의 정신 상태가 정상이 아니었다고 해서 죄의 무게가 가벼워지는 것은 결코 아니다. 하지만 내가 강조하고 싶은 부분은 무언가에 한눈이 팔려 주의력이 낮아지면 습관 촉진의 효과가 더 강해진다는 점이다. 그 습관이 심지어 도벽일지라도 말이다. 아마 67명의 범죄

피의자들은 평소에 무언가를 훔치는 대단히 위험한 습관을 갖고 있었을 것이다. 그런 못된 습관이 정신이 산만한 상황과 어우러져 자기도 모르는 사이에 촉진되어버린 것뿐이다.

그들은 점원이 한눈을 판 사이에 계산이 안 된 물건을 그냥 갖고 나오거나 진열대에 놓인 먹음직스러운 샌드위치를 가방에 슥 집어넣었을 것이다. 혹은 정신이 팔려 카드나 돈을 집에 두고 왔을지도 모른다. 배는 고프고 수중에는 한 푼도 없고 눈앞에는 맛있는 빵이 가득하다. 이 모든 상황 신호는 누군가를 범죄자로 만들기에 충분한 조건이다. 그리고 이 중심에는 산만한 정신이 자리하고 있다.[17]

물론 우리가 사는 세상은 이보다 훨씬 평범하다. 대다수의 사람이 절도를 저지르지 않고 무사히 마트에서 나올 수 있는 이유는 청과물 코너의 요란한 소음이나 정신없이 밀어닥치는 카트 사이에서도 꼭 사야 할 품목만 구입하는 검소한 습관과 장바구니에 담은 물건은 반드시 계산대에 올려두는 바람직한 습관이 정상적으로 작동했기 때문이다. 물론 종종 우리의 시선을 잡아끄는 신제품의 현란한 포장지나 할인 공세에 좋은 습관이 흔들릴 때도 있지만, 그렇더라도 절도나 강도질보다는 봐줄 만하지 않나?

21세기는 온라인 피싱 사기의 시대라고 해도 과언이 아니다. 아무 생각 없이 링크를 클릭하면 컴퓨터 시스템에 악성 소프트웨어가 설치된다.

제목: 당신의 계정을 검증하시오.

학생 여러분,

여러분의 대학 이메일 계정과 관련된 기술적 문제가 발생하여 주의가 요구됩니다. 이틀 내에 아래의 링크를 클릭하여 여러분의 계정을 리셋하고 문제를 해결하세요.

http://mxni.nm/90SJOjk

감사합니다.

한 연구에 참여한 버팔로대학교의 학생들은 이와 같은 피싱 메시지를 받았다.[18] 83퍼센트의 학생이 이 링크를 클릭했다. 생활의 전반이 스마트폰 등 디지털에 물들어 있는 학생일수록 이 가짜 피싱 사기에 쉽게 당했다. 이들은 의식적 자아의 주의력이 위험을 감지할 틈도 없이 재빨리 링크를 클릭했다. 이처럼 우리 주변에 널리 퍼져 있는 SNS의 그물망은 우리의 정신력을 끊임없이 소모시킨다. 이 책을 읽는 동안 당신이 스마트폰을 들여다본 횟수는 몇 번인가? 혹시 페이스북이나 인스타그램에 올라온 이웃의 새 게시물을 확인하지는 않았는가? 모르는 단어가 나와 인터넷에 검색해보겠다는 핑계를 대고 유튜브나 트위터를 켜지는 않았는가?

버팔로대학교 학생 중 일부는 페이스북 계정으로 피싱 메시지를 받았다.[19] 처음에는 가짜 '친구 신청'이 들어왔다. 2주 후에는 같은 계정으로부터 인턴 제의를 가장한 개인 정보 요청을 받았다. "만약 우리의 인턴십 프로그램에 관심이 있다면 당신의 학생증 ID 번호와 이메일 주소, 출생일을 기재해 3일 내에 답신하시오." 하루에 수십 번씩 페이스북에 접속하는 사용자들은 대부분 이 두 가지 요청에 모두 무심코 응답했고, 결국 알지 못하는 사람에게 개인 정보를 발송했다. 심지어 이 학생들은 실험 전 설문조사에서 페이스북의 개인 정보 보호 시스템이 형편없다고 답했다. 하지만 이런 불신과 경계심조차도 개인 정보 유출을 막지 못했다.

* * *

노화는 인간을 병들게 한다. 육체뿐만 아니라 정신의 예리함도 무뎌진다. 가상현실 환경에서 젊은이(평균 22세)와 노인(평균 69세)의 길 찾기 능력을 비교했다.[20] 연구진은 모든 참가자에게 가장 짧은 경로를 택하라고 지시했다. 참가자들은 자신이 찾아낸 경로를 쉽게 따라갈 수 있을 때까지 반복해서 연습했다. 몇 분 뒤 지도가 바뀌었다. 젊은 참가자 중 약 90퍼센트가 새로운 지름길을 찾았다. 그러나 노인 참가자 중에서는 약 20퍼센트만이 새로운 지름길을 찾는 데 성공했다.

지력의 쇠퇴는 노화의 자연스러운 일부다. 습관은 이렇게 늙어가는 이들에게 가장 매력적인 선택지다. 뇌의 실행제어 능력은 나이와 함께 감소하지만, 습관적 패턴은 반대로 점차 숙성된다. 우리가 습관에 의지하는 까닭은 습관이 마음이라는 수면 위에 가장 빠르게 떠오르기 때문이다. 특히 의식적 자아가 다른 일에 사로잡혀 있거나 작동 불능인 상태일수록 더욱 그렇다.

인간의 내면에는 두 마리 늑대가 살고 있다. 하루도 빠짐없이 다투는 두 마리 늑대 중 주인이 더 자주 먹이를 준 늑대가 나머지 늑대를 잡아먹고 내면의 주인이 된다는 격언을 우리는 모두 알고 있다. 인간의 충동적 본성은 인내심이나 자제력만으론 다스릴 수 없다. 오직 정교하게 설계된 습관의 힘으로만 통제할 수 있다. 나는 모든 사람이 출처가 정확하지 않은 이메일을 함부로 클릭하지 않고, 가게에서 도둑질을 하지 않고, 배우자에게 거짓말을 하지 않고, 동료에게 함부로 폭언하지 않는 습관을 갖추길 바란다. 한번 먹이를 맛보기 시작한 내면의 나쁜 습관은 인생의 다양한 충동에 반응해 점점 몸집을 키워나갈 것이다. 그러다 어떤 상황에 이르면, 가령 극심한 스트레스를 받거나 정신력이 급격하게 떨어져 산만해지면 이 나쁜 습관이라는 늑대가 마음을 비집고 불쑥 튀어나온다. 그땐 아무도 이 늑대를 막을 수 없다.

다시 한번 강조하지만 습관은 선악을 구분하지 않는다. 인생을 구원하는 습관도, 파멸시키는 습관도 모두 우리의 선택에서 비롯한다. 평소 좋은 태도를 유지하고 몸에 각인시킨 사람이라면 급박한 상황에서도 언제나 올바른 행동을 반복할 수 있다. 습관은 마음대로 재단할 수 있거나 창의적이지는 않지만, 결국에는 우리를 목적지까지 인도한다. 좋은 습관은 늘 그래왔듯이 앞으로도 가장 적절한 방법을 찾아낼 것이다. 복잡다단한 일상에서도 계속 앞으로 나아갈 것이다.

13장

중독과 습관
스스로를 착취하는 삶에 대하여
·

담배 끊기는 쉽다.
나는 이미 수백 번 해봤다.
- 마크 트웨인

약물 중독과 습관의 공통점

나쁜 습관이란 무엇일까? 가장 단순하게 정의하자면, '우리가 하지 않기를 바라는 것들'이다. 그러나 나쁜 습관이라고 다 똑같지는 않다. 손톱 물어뜯기는 조금 보기 흉하고 귀찮은 나쁜 습관이다. 그러나 흡연은 수명을 단축하고 주변에 해악을 끼치는 습관이다. 이러한 '물질 남용 장애'는 나쁜 습관이 극에 달한 사례라고 할 수 있다. 모르핀 같은 진통제나 헤로인 같은 마약이 대표적이다. 이런 심각한 중독은 개인뿐 아니라 친구와 가족의 건강까지 위협한다. 궁극적으로는 사회 전체를 파탄에 빠뜨린다. 중독에 관한 대부분의 조사에서 이러한 부

적응 행동의 심각한 형태가 다수 드러나는 데는 명백한 이유가 있다.

미국 국립약물남용연구소는 중독을 '강박적 약물 취득 및 사용과 관련된 뇌 이상 상태'라고 정의한다.[1] 뇌과학은 최근 수십 년간의 연구를 통해 중독 약물 사용은 우리의 뇌가 작동하는 방식과 뇌신경의 구조를 변화시킨다는 사실을 발견해냈다. 중독 약물의 파괴력은 어마어마하다. 몸에 해로운 정도가 아니라, 아예 정신 기능의 근원을 지배해버린다. '정신자극제'라고도 불리는 이 약물들은 다른 일반적인 약물이 개별적인 신경 시스템에 영향을 미치는 것과 달리, 인간 행동의 원천을 담당하는 도파민의 활동을 통째로 장악한다.[2]

일단 뇌가 약물을 만나 한번 쾌락을 맛보면 모든 주의력을 약물에 쏟도록 지시한다. 이때 평소의 수천 배에 달하는 신경 변화의 파장이 일어나는데, 이러한 비정상적인 교란이 끊임없이 약물에 몰두하도록 뇌를 왜곡한다.[3] 뇌신경이 약물에 더 많이, 더 오래 노출될수록 최초의 쾌락을 창출하는 데 점점 더 많은 양의 물질을 필요로 하게 된다. 이 과정에서 인간의 판단 능력과 의사결정 능력은 심각한 손상을 입는다. 마약에 중독된 환자들이 가족을 못 알아보고 간단한 질문에도 답을 하지 못하는 이유가 이 때문이다. 그들의 의식적 자아는 더 이상 존재하지 않는다. 껍데기만 남은 그들의 육신 안에 남아 있는 것은 오로지 쾌락만을 추구하는 중독적 습관뿐이다. 이 지경에 이르면 당사자 혼자 약물에 저항하는 것은 불가능하다.[4]

단단하게 자리를 잡은 중독은 삶을 지배한다. 일상의 점점 더 많은 부분이 중독의 노예가 된다. 실행과 제어를 담당하는 뇌의 거의 모든 영역이 이제는 거꾸로 중독의 번성에 기여하기 시작한다. 뇌의 다양한 학습 시스템을 교란해 자신에게 유리하게 반응하도록 조작한다. 멈추려 하지만, 멈추지 못하고 계속하는 자신을 발견하게 되는 것이다. 이러한 중독 증상은 충동과 같은 개인의 특성과도 관련이 있지만 부분적으로는 유전적인 측면도 있다. 그러나 내가 가장 심각하게 여기는 것은 이러한 파멸적 중독 증상이 사회의 환경과 긴밀하게 연결되어 있다는 점이다.

중독자들의 비정상적인 행동은 종종 아주 독창적인 모습으로 나타난다. 인터넷에는 흡연자들이 해외여행을 할 때 참고할 수 있는 정보를 모아둔 웹사이트가 있다. 어느 게이트에 흡연 구역이 있는지, 보안 검색대를 통과하기 전과 후에 흡연 구역이 따로 마련된 공항은 어디인지 등의 정보 말이다. 그야말로 중독만을 위해 건설된 어둠의 커뮤니티다.

우리 주변만 봐도 물질 남용으로 인한 중독 장애가 얼마나 심각한 상태에 이르렀는지 알 수 있다. 2016년 조사 결과 미국 성인 중 약 12퍼센트가 폭음하고 있으며, 약 11퍼센트가 최근 한 달간 불법 약물을 한 번이라도 복용했다. 또 1퍼센트 이상이, 주로 아편과 비슷한 작용을 하는 합성진통제 오피오이드를 포함한 진통제 남용 장애를 겪고 있었다. 알코올 남용은 유럽에서 더 심각한데 성인 중 5분의 1 이상이 적어도 일주일에 한 번은 폭음을 한다.[5]

중독은 유행병학적으로 독감과는 다르다. 대개는 급성이거나 단기적인 문제가 아니라는 것이다. 미국 국립약물남용연구소는 중독을 천식, 당뇨, 고혈압 등 만성 질병에 비유한다. 이 질병들은 치료를 받으면 한동안은 호전될 수 있지만 쉽게 재발한다. 그러나 중독은 이것

278

> ① 반복할수록 더 강해진다.
>
> ② 의식적 결정의 영향을 받지 않는다.
>
> ③ 뇌의 실행제어 능력이 감소할 때 더욱 번성한다.
>
> ④ 멈추고 싶어도 멈출 수 없다.

[도표 13-1] 약물 중독과 습관의 공통점

들보다 더 파괴적이다. 물질 남용자 중 다수가 치료를 원치 않는다. 물질 남용 장애 판정을 받은 사람 중 단 11퍼센트만이 당해에 치료를 받았다.[6] 판정 통보를 받은 사람 중 단지 5퍼센트만이 자신에게 치료가 필요하다고 여긴다. 그들이 도움을 청하지 않는 이유는 이것이다. "저는 아직 물질 사용을 중단할 준비가 되지 않았습니다." 물질 남용을 포기함으로써 겪게 될 금욕의 고통을 감당할 수 없는 것이다. 재활 치료도 큰 효과가 없었다. 중독자들에게 재발은 흔한 일이다. 약물 투여와 심리 치료를 병행하는 미국의 '표준 치료 요법'을 받은 물질 남용자 중 40~60퍼센트가 다시 중독에 빠진다.[7]

그리고 안타깝게도 지금까지 설명한 중독의 이 모든 심각성은 우리 삶에 깊이 뿌리를 내린 습관의 특성과 일치한다.[8] 멈추고 싶지만 멈출 수 없는 영원한 추락. 나쁜 습관에 중독된 사람은 파멸적 쾌락에 탐닉하는 자신을 마주할 뿐이다. 그런데도 이 둘의 연관성에 대해 아직까지 충분히 검토되지 않았다. 약물 남용 치료에 대한 현재의 접근 방식이 기대만큼 성공적이지 못했다는 사실은 명백하다.[9] 중독 치료의 다른 접근법은 없을까? 습관과 중독의 연관성을 설명할 수 있다면 우리는 새로운 치료법을 찾아낼 수 있지 않을까?

베트남에서 돌아온 군인들은
어떻게 1년 만에 마약 중독에서 벗어났나

1960년 12월에 발발해 1975년 남베트남의 항복과 함께 종료된 베트남전쟁은 인류 역사상 유례를 찾기 힘든 약물 중독의 거대하고 끔찍한 자연 실험장이었다. 당시 미군은 만 18세 이상이면 징집 대상이 될 수 있었는데, 이는 합법적으로 음주가 가능한 나이보다도 어린 나이였다. 이들에게 베트남은 완전히 새로운 습관(중독)이 자리를 잡을 중대한 '단절'의 상황이었다. 이 어린 용사들은 수많은 마약류를 손쉽게 접할 수 있는 환경에 갑작스레 노출되었다. 특히 헤로인은 값이 쌌고 담배처럼 간편하게 말아 피울 수 있었다. 실제로 많은 군인이 그렇게 했다.

전쟁이 시작된 지 몇 년이 흐른 1971년, 사절단으로 베트남을 둘러보고 온 두 명의 미국 하원의원은 병사들 중 약 15퍼센트가 약물에 중독되어 있다고 국회에 보고했다. 1971년 5월에 발행된 《뉴욕타임스》 1면에는 "헤로인에 중독된 베트남 병사들"이라는 제목의 기사가 크게 보도됐다. "수만 명의 병사가 걸어 다니는 시한폭탄이 되어 미국으로 돌아오고 있다"라는 대단히 자극적인 카피가 함께 실렸다.[10] 이때 미군이 선택한 대책은 불명예제대, 체포, 강등 같은 가혹한 처벌이었다.

　미국은 큰 혼란에 빠졌다. 전쟁에 반대하는 사람들이 모이기 시작했고, 군대와 그 폭력적인 조직 체계에 대한 대중의 시선이 점차 사나워졌다. 적극적으로 항의하는 시민이 증가했고, 이는 거대한 반전 운동의 조류로 확산됐다. 전쟁 후반기에 들어서 이 지루하고 소모적인 재정 낭비의 목적에 대한 근본적인 회의가 미국 사회와 정치계를 뒤덮으면서 군대에 대한 반감은 절정에 이르렀다. 약물 남용에 관한 뉴스 보도는 본국으로 귀환하는 군인들에게 오명을 더했다. 대중은 마약에 중독된 군인들로 식당과 은행과 공원이 북적거릴 것이라고 우려했으며, 곧 병원 앞에는 약물 치료 프로그램에 참여하려는 환자들이 줄지을 것이라고 두려움에 떨었다. 국가 재정을 책임지는 정치인들에게도 중독에 빠진 군인들은 골칫거리였다. 이들은 직장을 얻지 못할 것이고 따라서 과세의 대상이 되지도 않을 것이며 결과적으로 나라의 복지 부담이 폭증할 터였다. 치솟을 범죄율과 그로 인한 사회적 비용 증가도 부담스러웠다. 미국은 이 사상 초유의 중독 사태에 생경한 공포심을 느꼈다.

　지지율 급락으로 고심하던 닉슨 대통령은 1971년 '약물 남용 방지를 위한 특별대책기구'를 발족했다. 회의론자들은 이런 시도가 실패한 전쟁의 책임을 중독된 병사들에게 전가하려는 가혹한 짓이라고 비판했다. 소수파는 정부의 선의를 긍정적으로 바라봤다. 또 누군가는 베트남전의 출구 전략을 찾지 못한 닉슨 정부가 대중의 관심을 엉뚱한 곳으로 돌리려는 시도라고 지적했다.[11] 어쨌거나 닉슨은 빠르고 단호하게 새 법을 제정했다. 백악관은 이를 '골든 플로 작전'이라고 명명했다.

백악관 마약국장 제롬 자페Jerome Jaffe가 이 작전의 첫 지휘권을 맡았다. 정부는 그를 '마약 퇴치 지도자'로 공식 임명했다. 자페는 우선 문제의 규모를 측정하기 위해 베트남전쟁에서 귀환하는 모든 군인의 소변을 검사했다. 귀환 병사는 이제 고향으로 향하는 배에 오르기 전에 자신의 소변을 군의관에게 제출해야 했다. 양성 판정이 나오면 1~2주간 해독 치료를 받았고, 재검사에서 정상 판정이 나와야 고향으로 돌아갈 수 있었다. 병사들이 고향으로 돌아간 뒤 그들에게 어떤 일이 벌어지는지 계속 추적하기 위해 자페는 리 로빈스Lee N. Robins 박사에게 대규모 조사 프로젝트를 의뢰했다. 그는 세인트루이스주에 위치한 워싱턴대학교의 유능한 심리학자였으며, 여성으로는 최초로 의학전문대학원 정신과 교수로 임명된 전국구 스타였다.

로빈스 박사는 1971년 9월에 미국으로 돌아온 470명의 군인을 한 명도 빠짐없이 추적 관리했다.[12] 이 중에서 85퍼센트 이상이 베트남에서 헤로인을 경험한 적이 있다고 보고했다. 45퍼센트는 마약류를 복용한 경험이 있다고 답했다. 그중에서도 20퍼센트는 자신이 마약에 중독되었음을 인정했다. 약 11퍼센트가 베트남을 떠날 때 받은 소변 검사에서 양성 판정을 받았다. 이들은 마약을 계속 복용하면 해독을 거치고 재검사를 받느라 귀향이 1~2주 더 늦어진다는 사실을 충분히 인지했음에도 출발 직전까지 계속 마약에 손을 댔다. 이들이 약물에 완전히 중독되었다는 것은 분명했다.

어느 베트남 참전 군인은 내게 이렇게 말했다.[13] "저는 대마초를 거의 날마다 피웠습니다. 소대원 대다수가 마약을 복용했죠. 그러기가 쉬웠으니까요. 그건 일상이었죠." 그는 베트남에서 자신이 마약에 중독되어 있었다는 사실을 부끄럽게 여기지도, 그렇다고 자랑스러워하지도 않았다. "일단 베트남에 가면 전쟁을 치러야 합니다. 적을 죽여야 하고 때론 팔다리가 잘린 전우의 시체를 옮기기도 해야 하죠. 우리에겐 수행해야 할 임무가 있고 그 임무를 완수하려면 무슨 짓이든 해야 했습니다. 정신을 바짝 차리려면 뭔가가 필요합니다. 임무가 끝난 다음에는, 폭발할 것 같은 기분을 진정시키기 위해 대마초가 필요하고요."

로빈스 박사는 합성진통제 오피오이드에 양성 반응을 보였던 또 다른 469명의 군인을 연구했다. 박사는 이들이 미국에 돌아온 직후부터 8개월간 주기적으로 개인 면담과 소변 검사를 실시했다.[14] 약물 중독으로 고통을 받던 미군 중 단 5퍼센트만 계속해서 마약 중독 상태를 이어갔다.[15] 나머지 95퍼센트는 약물 중독에서 완전히 벗어났다. 이 연구 결과는 중독 치료 역사에서 가장 위대한 순간으로 손꼽힌다. 어떻게 이런 일이 벌어진 걸까? 이들이 마약을 얻을 수 있는 공급책을 찾지 못해서가 아니었다. 상대적으로 마약을 구하기가 쉽지 않은 미국에서도 중독자들은 여전히 헤로인과 아편에 취해 살았다.[16] 하지만 모두의 불길한 예측과는 달리 집으로 돌아온 군인들은 차츰 약물 중독에서 벗어났다. 이렇게 두드러진 회복세를 치료 프로그램의 효과라고 볼 수도 없었다. 귀향 시 양성 판정을 받은 이들 중 실제 치료를 받은 비율은 약 6퍼센트에 불과했다.[17]

이 결과는 이전의 예측을 완전히 뒤집는 것이라서 대단한 논쟁을 일으켰다. 로빈스 박사는 학계와 정치계 양쪽으로부터 비판을 받았다. 미국 사회는 여전히 불안에 떨었고 재활 전문가들은 전문가의 개입 없이는 중독이 그렇게 빨리 소멸할 수 없다며 회의적인 반응을 보였다. 여야 정치인 모두 이 연구 결과가 정치적 목적으로 조작됐다고 주장했다. 유일하게 미국 국방성만 자신들이 미국 젊은이들을 헤로인에 취하도록 내버려두지 않았다는 이 증거를 기쁘게 받아들였다. 의심 많은 《뉴욕타임스》 기자 한 명은 두 달에 걸쳐 이 연구를 검증했으나 결국 별다른 특종거리를 찾지 못해 해당 기사를 폐기했다.

제롬 자페는 로빈스 박사의 연구 결과를 변호하느라 애를 먹었다.[18] 심지어 로빈스 박사 본인조차도 놀란 듯이 이렇게 말했다. "우리 연구는 여러 면에서 예측과 달랐습니다. 그동안 수많은 중독자를 치료했던 임상 경험과는 완전히 다른 결과였죠. 사람들이 믿지 않는 것도 당연합니다."[19] 어느 회고 기사에서 그는 이렇게 말했다. "귀향 이후 중독은 거의 사라졌고 단기간 동안만 유지됐습니다. 그리고 저는 이 연구에서 어떤 심각한 결함을 아직 찾아내지 못했습니다.[20] 따라서 저는 전혀 부끄럽지 않습니다.[21] 그때로 돌아가 다시 연구해도 결과는 똑같을 것입니다." 그로부터 거의 50년이 지났다. 이제 이 연구 결과는 더 이상 논쟁거리가 아니다.

하지만 여전히 중독은 만성적 뇌질환의 하나로 간주되고 있다. 이미 반세기 전에 놀라운 연구 결과가 발표됐고 그것이 정설로 인정됐음에도, 사람들은 여전히 중독의 본질을 깨닫지 못하고 있다. 나는 확신한다. 여기에는 습관과 상황의 보이지 않는 영향이 존재한다고. 한 참전 군인은 내게 이렇게 말했다. "나쁜 장소에서 좋은 장소로 온 셈이었죠. 과거는 과거일 뿐이니 더는 그게 필요하지 않았어요." 집으로 돌아온 후에는 주변에 헤로인이나 아편을 복용하는 동료 병사가 아무도 없었다. 미국에서 구할 수 있는 마약은 순도도 떨어졌고 대개는 주사가 필요했다. 한마디로 마약류를 복용하는 상황에 수많은 마찰력이 개입하기 시작한 것이다. 그들은 물론 몇 번 마약에 손을 댔지만 중독 상태에 빠지진 않았다. 다시 자신의 삶을 되찾았고 직장에 나가거나 대학에 입학했다(그럼에도 이 점을 잊어서는 안 된다. 약물에 대한 갈망은 '진짜'다. 1972년의 연구 결과 이후 중독은 여전히 헤로인을 사용하는 5퍼센트의 전역자들에게 재앙을 안겼다. 그들의 삶은 처참하게 무너졌다).

상황과 긴밀하게 작용하는 습관의 힘은 중독을 퇴치할 수 있다. 하지만 당신은 이렇게 말할지도 모르겠다. 이 군인들의 경험이 재활에 대해 특별히 뭔가를 알려주지는 않는다고. 그저 전쟁을 겪은 사람들의 특별한 이야기일 뿐 우리의 일상과는 관련이 없다고. 하지만 그것이 핵심이다. 베트남전쟁이라는 상황은 많은 병사가 마약에 손대도록 만들었다. 일단 마약을 정기적으로 복용하기 시작한 그들은 중독의 힘에 속절없이 굴복했다. 그러나 집으로 돌아와 완전히 다른 상황을 맞이하자 마약 복용 습관을 둘러싼 다양한 신호가 사라졌다. 거주하는 환경이 바뀜으로써 마약 복용에 커다란 마찰력이 더해졌고, 결국 대다수의 병사가 마약 복용이라는 습관을 끊을 수 있었다.

습관의 관점에서 보자면 이 병사들의 귀향은 중대한 상황 변화였다. 즉, 안 좋은 습관을 제거하고 새로운 습관을 삶에 도입할 수 있는 습관 단절의 계기였다. 억제력을 갖춘 새로운 주변 상황이 헤로인 사용에 브레이크를 걸었다. 게다가 이 새로운 행동은 중요한 보상을 안

겨췄고(월급) 청년들은 결국 마약을 멀리하는 새로운 습관을 얻었다. 그들에게 마약 남용은 과거의 일이 되었다. 단절이 나쁜 습관을 깨뜨린 것이다.

무리에 속한 개인은 쉽게 오염되지 않는다

로빈스 박사의 연구와 거의 비슷한 시기에 흥미로운 동물 실험이 진행됐다. 약물 중독을 다루는 실험의 가장 난처한 지점은 인간을 실험 대상으로 삼을 수 없다는 점이다. 이런 이유로 엄청나게 많은 동물(특히 쥐)이 매년 목숨을 잃는다. 1980년 캐나다 사이먼대학교의 심리학자 브루스 알렉산더Bruce Alexander 교수가 이른바 '쥐 공원 실험'을 진행했다. 그의 연구진은 특정한 상황이 약물 중독과 재활에 어떤 영향을 미치는지 쥐를 통해 밝혀내고자 했다.

우선 한 무리의 쥐를 개별 구획된 우리 안에 따로따로 살게 했고, 또 한 그룹은 여러 개의 이어진 상자로 만들어진 거대한 우리 안에 집단으로 살게 했다.[22] 각 거주지에는 '설탕물이 나오는 용기'와 '모르핀에 설탕을 섞은 음료가 나오는 용기'를 함께 설치했다. 두 그룹의 쥐들은 어떤 음료를 더 많이 섭취했을까? 고립 생활을 하는 쥐들이 모르핀 음료를 더 많이 마셨다. 쥐는 인간과 더불어 대표적인 사회적 종이다. 이런 쥐에게 고립은 엄청난 스트레스를 초래한다. 게다가 혼자 사는 쥐는 별로 할 일이 없기 때문에 약물 복용을 저해할 다른 대안이 거의 없었다.

집단 거주지에 사는 쥐들은 모르핀 음료의 섭취량이 더 적었다. 마약에 취하면 보금자리를 만들고 짝짓기를 하고 다른 수컷과 싸우는 등 생존에 필요한 행동에 방해를 받았기 때문이다. 이른바 '쥐 공원'에서는 이러한 생존 행위들이 약물 복용 행동과 경쟁을 벌였다. 최초한 번은 모르핀 음료를 마셨지만(어쨌든 쥐는 호기심이 매우 많은 생명체다), 중독과 유사한 지속적인 반복 복용까지는 이르지 않았다. 이미 눈치를 챘겠지만, 이 실험의 결과는 베트남에서 귀환한 군인들을 대상으로 진행한 대규모의 치료 연구 결과와 매우 유사하다. 사실 정말 궁금한 질문은 이것이다. 모르핀에 중독된 쥐는 다시 정상으로 돌아왔을까? 일단 한번 중독의 늪에 빠져버린 뒤에도 상황이 힘을 발휘할까?

이 질문에 답할 수 있는 실험이 또 있다. 고립된 상태에서 자란 쥐들에게 레버를 누르면 코카인을 얻을 수 있는 훈련을 15일간 매일 몇 시간씩 시켰다.[23] 이 훈련 과정을 다 마치자 쥐들은 자발적으로 레버를 눌러 다량의 마약을 섭취했다. 그리고 이후 3주간 코카인을 제공하지 않았다. 해독 과정을 거친 것이다. 연구진은 약에 중독된 쥐들을 두 그룹으로 나눴다. 한 그룹은 자랐던 환경과 똑같이 고립된 우리 속에서 그 시간을 보내게 했고, 다른 쥐들은 '쥐 공원'과 같은 집단 거주지에 살면서 서로 충분히 교류할 수 있게 했다. 그런 다음 모든 쥐를 다시 레버가 놓인 개별 우리로 돌려보냈다. 하지만 이번에는 레버를 눌러도 코카인이 나오지 않게 했다. 과연 쥐들은 레버를 몇 번이나 눌렀을까? 집단 거주지에서 시간을 보낸 쥐들이 레버를 누른 횟수는 고립 상태에 놓였던 쥐들의 절반에 불과했다.

이 실험 결과는 물질 남용의 치유가 '주변 환경에 대한 적응'에 달려 있다는 점을 보여준다. 말하자면 중독은 우리 뇌에 깃든 과거의 약물 사용으로부터 직접적으로 야기되는 게 아니라는 뜻이다. 브루스 알렉산더 교수는 중독을 이렇게 정의했다. "중독이란 현재 상황, 즉 약물 사용을 스스로 억제할 수 없고 다른 보상 활동이 주어지지 않는 환경에 대처하려는 시도에서 출발한다."[24] 이 주장이 의미하는 바는 무엇일까? 약물 중독의 원인을 '사람'이 아니라 '그들이 살고 있는 환경'으로 지목한 것이다. 주로 거리에서 생활하는 마약 중독자들이 베트남에서 귀환한 군인들처럼(또는 쥐 공원에 잠시 살았던 쥐들처럼) 중독적인 습관을 버리는 데 성공하지 못하는 이유는 무엇일까? 그 파멸적 습관이 처음 형성됐던 환경과 이후 여생을 살아갈 환경 사이의 시공간적 단절이 존재하지 않기 때문이다. 그들은 약에 취해 거리에서 살다가 (아마도) 거리에서 죽어갈 것이다. 그들에게는 돌아갈 고향이 없으며 따라서 '귀향'이라는 사건을 겪을 수 없다.

알코올 의존증과 오피오이드 중독 때문에 치료를 받았던 32명의 호주 환자를 심층 인터뷰한 연구가 있다.[25] 연구진은 치료를 마친 환자를 총 3년간 1년에 한 차례씩 인터뷰했다. 인터뷰이 중 대다수는 자신이 평균 이상의 의지력을 지니고 있다고 믿었다. 실제로 자신의 중독 습관을 억누르는 데 성공했는지와는 상관없이 말이다. 3년이 지난 후에는 32명 중 5명만 완전히 마약을 끊었고 이후로도 그 상태를 유지했다. 성공한 이들은 모두 자신의 생활환경을 완전히 뒤바꿨다는 공통점이 있었다. 정부가 지원한 주택을 포기하고 새 도시로 이주하거나, 자신이 중독자였음을 아는 사람이 한 명도 없는 새 직장에 취업했다. 5명 중 이사를 하지 않은 1명은 주변 친구와 이웃과의 관계를 단절했다. 그리고 마약에 손댈 틈을 주지 않기 위해 전일제 일자리를 구했다.

나머지 27명의 응답자들, 즉 3년을 버티지 못했던 사람들은 이러한 환경 변화를 겪지 않았다. 그중 다수가 재발의 원인을 마약과 알코올 복용이 쉬운 생활환경 탓으로 돌렸다. 그들은 전에 만나던 친구들을 계속 만났고, 마약을 취급하는 불법 상인들과 계속 거래했다. 연구진은 이렇게 결론지었다. "의미 있는 회복을 이뤄낸 사람과 그렇지 못한 사람의 가장 큰 차이는 능력이나 지식이 아니다. 유발 요인이 없는 환경으로 이주하는 데 필요한 경제력과 행동력의 유무다."[26]

물론 마약 중독은 '중독자'와 '그가 처한 환경' 중 하나의 요인으로만 설명할 수 없는 대단히 복잡한 현상이며, 원인을 외부 요인으로만 돌리다가는 지나친 일반화의 오류를 범할 수 있다. 현실에서 이 둘은 동전의 양면과도 같다. 인간의 뇌는 삶에서 자연스럽게 주어지는 보상에 반응하며 마약이 주는 쾌락(보상)에 특히 더 강렬하게 반응한다. 이는 신경 시스템의 구조를 근본부터 뒤흔들고, 이 과정에 환경이 개입해 사태를 더 악화시킨다. 이 중독의 연금술을 낱낱이 해체해 진실을 찾아내는 일은 불가능에 가깝다. 문제는 이처럼 제대로 파악되지 않은 약물 의존 현상에 그간 우리가 폭력적이고 일방적인 방식으로 대처해왔다는 점이다.

이른바 '질병 접근법'이라고 불리는 이 방식은 약물 남용이 인간 내면의 거대한 충동과 갈망에서 시작된다고 주장한다. 따라서 약물 남용을 온전히 '치료의 대상'으로 보며, 약물이라는 중독 그 자체를 정면으로 공격한다. 거의 모든 국가가 시행하는 약물 금지 정책이 바로 이러한 관점 위에서 만들어졌고, 마약 자체가 중독의 유일한 원인이라는 전제를 깔고 법 집행을 통해 중독 물질의 흐름을 방해하고 차단하는 데 집중한다. 중독자를 치료하는 방법 또한 오피오이드 의존 증상을 억제하는 로펙시딘 등과 같은 해독 약품을 개발하고 보급하는 데 모든 역량을 쏟는다.[27]

하지만 미국 국립약물남용연구소의 자체 추정 결과 2015년 미국인의 마약 중독 재발률은 40~60퍼센트에 이른다. 마약 중독을 전문으로 다루는 한 신문은 특집 기사를 통해 현재의 치료법이 별로 성공적이지 못하다고 지적했다.[28] 또 사람들이 치료를 받게 하려면 장기적으로 사용을 자제하려고 노력할 만한 충분한 환경적 인센티브 제도가 필요하다고 주장했다.[29] 그러면서 이 기사는 소득과 교육 수준이 낮은 지역에 살수록 코카인과 오피오이드 남용에 더 자주 노출된다는 통계 수치를 인용했다.

이런 주장은 수십 년 전부터 제기됐다. 하지만 의료 정책을 주무하는 여러 기관은 이를 받아들이지 않았다. 약 40년 전, 습관의 힘을 활용해 약물 남용 증상을 치료하는 '커뮤니티 강화 치료법'이 등장했다. 약물을 절제할 때마다 더 큰 보상을 안겨주도록 고안된 치료법이었다.[30] 다만 이 치료법은 사람들을 기존 환경에서 다른 환경으로 강제 이주시키는 않았고, 그들이 살고 있는 곳에서 다양한 습관 신호를 바꾸는 가벼운 조치만 취했다. 이와 함께 상담 치료, 고용 상담, 네트워크 형성 등 다양한 상황 변화를 조성했다. 그러나 이 치료법의 장기적 효과를 평가한 자료는 남아 있지 않다. 약물 유혹을 이겨낼 때마다 어떤 보상을 줬는지에 대해서도 알 수 없다. 일정한 규칙에 의거해 돈을 지급해준 것으로 예측되지만, 경제적 보상이 올바른 습관 형성에 결정적인 도움을 미치지 못한다는 사실은 여러 연구를 통해 증명됐다.[31] 다만 중독에 맞서는 무기로 '커뮤니티'를 발견해내고 그것을 비교적 이른 시기에 치료법으로 구현해냈다는 점은 박수를 받을 만하다.

또 다른 연구에서는 알코올 의존증으로 일상생활을 영위하지 못하는 사람들을 대상으로 금주 습관이 형성된 친구와 음주 이외의 활동을 함께하도록 시켰다. 반복해서 술을 마시게 되는 '음주 네트워크'에 변화를 가한 것이다.[32] 연구진은 이들을 알코올 중독자 모임에 참석시켜 음주를 절제하고 있는 새로운 사람들을 만나도록 권장했다. 환자들은 2년간 새로운 환경에서 새로운 관계를 형성했고, 그 결과 술을 덜 마시게 되었다. 참가자 중 40퍼센트 이상이 2년이 지난 후에 술을 완전히 끊었다고 보고했다. 동일 규모의 대조군에 대해선 일반적인 알코올 의존증 치료를 받게 했는데, 그들의 금주 비율은 30퍼센트에 그쳤다.

약물에 의존하는 실직자를 기업이 채용해 직업 훈련을 받게 하며 중독을 치료한 획기적인 사례도 있었다. 이 프로젝트는 2014년 오바마 대통령이 백악관 산하 국가약물제어정책위원회를 통해 대대적으로 추진했다. 새로운 일자리를 얻은 중독자들이 회사에 계속 남아 급여를 수령하기 위해서는 정기적으로 소변 검사를 받아야 했다. 이 프로젝트에 참여한 기업은 약물 중독에서 벗어난 사람을 특별한 이유 없이 해고할 수 없었고, 국가는 이들 기업에 면세 등의 혜택을 부여했다. 실제로 재직 기간 동안 중독자들의 오피오이드, 알코올, 코카인 의존도가 크게 감소했다.[33] 코카인에 중독된 생활 보호 대상자들을 조사한 또 다른 연구에서는 조사 대상자 중 약 80퍼센트가 재직 기간 중 마약을 끊은 상태를 유지했다.[34] 물론 어두운 면도 존재한다. 프로 그램이 종료되고 보상이 멈추자, 일부 중독자들은 과거의 패턴을 반복했다. 약물을 절제할 새로운 환경을 제공함으로써 중독이 자라날 여지를 원천 봉쇄하는 이 치료 모델이 모든 현장에 도입되려면 막대한 예산이 필요할 것이다. 그러나 꼭 돈으로만 보상할 필요는 없다.

존 몬테로소와 나는 '12단계 금주 프로그램'에 참여하고 있는 18명을 인터뷰했다. 이들 모두가 2년 이상 금주를 실천하고 있었다.[35] 그들은 금주 상태를 유지하는 데 중요하다고 믿는 행동을 따로 정리해두고 있었다.

금주 모임에 참석하기

매일 감사 실천하기

자신에게 정직하기

늘 바쁘게 지내기

기도하기

어려운 이웃을 돕고 후원하기

참가자들은 이런 행동이 중독에 오염된 삶을 정화시키는 해독제가 된다고 믿었다. 우리는 그들에게 이런 행동의 '습관 강도'를 점수로 측정하게 했다. 즉, 별다른 생각 없이 자동으로 그 행동을 수행하는

지, 아니면 의식적 자아의 힘을 빌려 고민과 검토 끝에 그 행동을 수행하는지 평가하게 한 것이다. 결과는 간단했다. 중독 치유에 더 **중요한** 행동일수록 생활 속에 더 긴밀히 **뿌리박혀** 있었다. 그리고 이들은 그렇게 습관으로 정착한 올바른 행동이 알코올 의존증을 극복하는데 도움이 된다는 것을 알고 있었다. 시도 때도 없이 술을 찾는 나쁜 습관은 어느새 좋은 습관으로 대체됐다.

* * *

분명 지금의 약물 중독 치료 정책도 제한적으로는 성공을 거두고 있지만, 나는 이러한 접근법만으로는 근본적인 문제를 해결할 수 없다고 생각한다. 중독을 우리 삶에서 영원히 퇴치하기 위해선 중독자 당사자가 아닌 그를 둘러싼 환경을 변화시켜야 한다. 나는 우리 인간의 내면에 어떤 결함이 있다고 생각하지 않는다. 그것이 심지어 자멸을 반복하는 마약 중독자의 내면일지라도 말이다. 그들의 사람됨과 우리의 사람됨은 똑같다. 다만 각자 처한 환경과 조건이 다를 뿐이다. 중독 혹은 나쁜 습관으로부터 벗어나는 일은 바로 이 점을 인식하는 데서 출발해야 한다. 우리는 수많은 위험을 마주하며 살고 있다. 그리고 세상이 만들어낸 이 다양한 위험 중에서 무엇에 노출되고 무엇을 차단할지 우리는 스스로 선택할 수 없다. 중독의 원죄를 당사자의 책임으로만 돌리는 것은 너무 가혹하다. 그렇게 해서는 중독을 몰아낼 수 없다. 우리는 우리가 처한 상황을 바꿔야 한다.

14장

의식과 습관

익숙함이 주는 위대함에 대하여

·

집을 짓는 사람은 건축가가 되고 리라를 연주하는 사람은 리라 연주자가 된다.
어떤 행동을 하면 그 행동을 하는 사람이 되듯이
절제를 행하면 절제하는 사람이, 용감한 행동을 하면 용감한 사람이 된다.
- 아리스토텔레스

반복은 인간의 욕망도 바꾼다

아이에게 채소를 먹이려면 어떻게 해야 할까? 사람들은 흔히 아이들이 달콤하거나 짠 음식, 혹은 쿠키나 피자나 햄버거 같은 음식을 선천적으로 선호한다고 생각한다. 그래서 아이들에게 채소를 먹이려면 그 채소에 단맛이나 짠맛을 첨가해야 한다고 확신한다. 이를테면 당근을 간장과 설탕에 조리거나, 브로콜리에 새콤달콤한 소스를 듬뿍 뿌리는 식이다. 으깬 감자에 버터를 한 스푼 집어넣을 수도 있다. 현실은 어떤가? 아이들은 거들떠보지도 않는다. 그 음식들은 고스란히 버려지거나 우리 뱃속에 들어간다.

건강한 식단을 연구하는 영국의 한 기관이 유치원생들의 식사 습관을 추적했다. 2~3일마다 한 번씩 유치원생들에게 삶은 당근 또는 아티초크 퓌레(각종 야채와 과일을 삶아 곱게 걸러서 만든 걸쭉한 음식-옮긴이) 같은 대단히 맛이 없는 음식들을 간식으로 제공했다.[1] 당연히 대다수의 어린아이가 손도 대지 않았다. 태어나서 한 번도 경험하지 못한 음식이었으니까. 연구진은 보육 교사들에게 이 음식들에 대한 어떠한 맛 표현이나 평가도 아이들 앞에서 하지 말아달라고 당부했다. 하지만 아이들은 어른들의 그런 미숙한 술수 정도는 꿰뚫어 볼 수 있다. 첫 시도는 그다지 성공적이지 못했다. 아이들은 겨우 30그램이 조금 넘는 양을 먹었을 뿐이었다. 사실상 거의 맛조차 보지 않았다.

하지만 연구진은 포기하지 않고 이후 2개월에 걸쳐 아이들에게 점심으로 아티초크 퓌레를 줬다(15회). 놀랍게도 음식을 받을 때마다 퓌레를 먹는 양이 조금씩 증가했다. 다섯 번째 시도 때 늘어나는 양이 가장 많았고, 이후에는 증가량이 점점 낮아졌다. 연구 막바지에 이르자 아이들의 평균 섭취량이 140그램을 넘어섰다. 이 정도면 몸무게가 20킬로그램에 불과한 아이에게는 거의 한 끼 식사량이었다.

그렇다면 채소를 아이들 입맛에 맞게 조리하면 더 많이 먹을까? 연구자들은 몇몇 아이에겐 약간 더 달게 만든 아티초크 퓌레를 줬고, 또 다른 아이들에겐 지방을 추가한 퓌레를 줬다. 그러나 이러한 레시피 변경은 아이들의 섭취량에 영향을 미치지 않았다. 아이들은 그저 아티초크 퓌레를 더 많이 접할수록 더 많이 먹었다. 물론 모든 아이가 그런 것은 아니었다. 72명 중 16명은 채소를 완강히 거부했다. 먹기는커녕 아예 보지도 않고 냄새도 맡지 않으려 했다. 하지만 나머지 56명은 퓌레를 계속 접할수록 점점 더 많은 양을 먹었다. 연구가 끝난 뒤 아이들이 이 음식을 좋아하게 됐는지는 알지 못한다. 여전히 퓌레를 싫어할지도 모른다. 하지만 연구진이 확인하려는 것은 그게 아니었다. 시간이 지나자 '아이들이 채소를 점점 더 많이 먹었다'라는 사실이 중요했다.

세계로 눈을 돌리면 이 퓌레 실험 결과가 그리 놀라운 것은 아니다. 아이들은 자주 접한 음식이라면 종류를 가리지 않고 더 잘 먹는다. 일본에서는 아침에 주로 쌀밥과 콩을 발효시킨 낫토를 먹는다. 햄버거나 피자에 비해 결코 맛있다고 할 수 있는 음식은 아니다. 중국 아이들은 쌀로 만든 포리지죽에 마른 고기, 계란, 절인 두부 등을 올려 먹는다. 남미에서는 아주 어릴 때부터 우유를 탄 커피를 마신다. 멕시코에서는 매운 살사소스나 엔칠라다소스에 토르티야를 찍어 먹는다. 신 음식, 시큼한 음식, 매운 음식, 발효된 음식… 아이들은 가리지 않고 자신에게 주어진 음식을 커서도 자연스럽게 먹게 된다. 결코 특별한 일이 아니다.

어른들도 반복해서 접하는 외부의 영향에 민감하게 반응하기는 마찬가지다. 우리는 좋아하는 일은 반복해서 한다. 하지만 반대로 반복해서 하는 일이 점점 좋아지기도 한다. 마치 양쪽에 놓인 거울에 우리 모습이 무한정 반사되는 것처럼 반응이 계속해서 다음 반응을 낳는다. 이는 우리의 습관 형성 원리와 관련돼 있다.

1910년 에드워드 티치너Edward Titchener라는 심리학자가 독특한 현상을 발견했다. 그는 우리가 잘 아는 물체가 단지 이전에 자주 접했다는 이유만으로 우리에게 따스함, 친근함, 편안함, 안락함, 안정감 등을 느끼게 한다는 점에 주목했다.[2] 그러면서 모든 사람은 자신이 자라면서 자주 사용했던 물건을 자연스럽게 좋아하게 되고, 심지어 애착과 집착 상태에 빠지기도 한다고 주장했다. 사회심리학자 로버트 자욘스Robert Zajonc는 1968년에 발표한 논문에서 이 현상을 '**단순 노출** Mere Exposure'이라고 명명했다.[3] 더 많이 보일수록 호감도가 상승한다는 것이다. 이러한 단순 노출의 효과는 현실에서 다양하게 드러난다.

친숙성

셀카로 찍은 얼굴 사진을 자주 보는가? 그런데 종종 내 얼굴이 아닌 것 같다는 기분을 느끼지는 않는가? 어떻게 내 얼굴이 낯설 수 있지? 그 이유는 인간의 얼굴이 완전한 좌우 대칭을 이루고 있지 않기 때문이다. 당신의 얼굴은 좌측과 우측이 완전히 동일하지 않다. 따라서 '다른 사람이 바라보는 당신의 얼굴'과 '사진에 찍힌 당신의 얼굴'은 다르다.

연구진은 대학생들에게 자신의 얼굴 사진 두 장을 보여줬다. 하나는 정상적인 사진(A)이고, 다른 하나는 그 사진을 반전시킨 이미지 (B)였다. 즉, 후자는 거울에 비친 얼굴이었다.[4] 학생들은 두 사진 중 어느 쪽을 더 선호했을까? 이 학생들은 거울 이미지, 즉 평생 자신이 봐왔던 사진(B)을 마음에 들어 했다. 연구진은 이 두 장의 사진을 그 학생들의 친구들에게도 보여줬다. 친구들은 평소에 익숙하게 봐왔던 얼굴, 즉 사진으로 찍은 얼굴(A)을 좋아했다. 실험 대상자의 친구들이 특별히 미학적으로 뛰어난 안목을 지녔던 것은 아니다. 그저 자신들이 더 자주 접한 이미지를 선호했을 뿐이다. 이것이 바로 단순 노출의 첫 번째 효과 **친숙성**Familiarity이다.

예측가능성

지방 출장이 잦은 사람이라면 자주 가는 터미널이나 공항 근처에 단골 식당이 몇 군데 있을 것이다. 고민 없이 갈 수 있는 식당이나 병원을 평소에 정해두면 일상이 편리하다. 비록 TV에 나오는 인기 절정의 식당보다야 맛이 뛰어나진 않겠지만, 단골 식당에 가면 적어도 실망을 하거나 후회할 일은 없다. 그래서 마음이 편하다. 굳이 메뉴판을 보지 않고도 어떤 음식을 주문할지 머릿속에 그려진다. 예측할 수가 있다. 실제로 나온 음식의 질도 기대와 어긋나지 않는다. 좋은 이유를 여러 개 댈 수 있겠지만 우리가 그 식당을 늘 아무 생각 없이 가게 되는 이유는 모든 것을 예측할 수 있기 때문이다. 이것이 바로 단순 노출의 두 번째 효과 **예측가능성**Predictability이다.

지각적 능숙성

소비자들에게 77개 자동차 모델의 사진을 보여주고 무엇이 가장 마음에 드는지 평가하게 했다. 연구진의 예상과 달리 그들은 가장 평범하게 생긴 자동차를 골랐다.[5] 실제로도 가장 전형적인 외관을 갖춘 차량이 판매 성적도 더 좋다. 심지어 미래를 표방하는 첨단 자동차 제조사 테슬라조차도 혁신적인 내부 구조와는 달리 외관은 평범하고 무난한 디자인을 채택한다. 인간의 눈은 늘 봐왔던 것에 자연스럽게 적응하기 때문이다.

광고는 우리의 일상을 지배하고 있다. 어디에나 광고가 있다. 도망치는 것은 불가능하다. 특정 브랜드에 대한 소비자의 선호도는 광고 노출 빈도가 높아질수록 증가한다. 실험에 따르면 약 10회 정도 노출 됐을 때 선호도는 최고조에 달하는데, 이때쯤 특정 브랜드를 선호하는 습관이 형성되는 것으로 보인다.[6] 그리고 바로 이때 브랜드 로고가 결정적인 방아쇠를 당긴다. 네 살짜리 아이들에게 맥도날드 로고가 박힌 포장지에 싼 치킨너겟과 아무것도 표시되지 않은 흰 종이에 싼 치킨너겟을 제공했다.[7] 그리고 아이들에게 둘 중 무엇이 더 맛있었는지 표시하게 했다. 햄버거, 감자튀김, 우유, 아기 당근 역시 같은 방식으로 제공하고 평가를 요청했다. 아이들은 이 다섯 가지 음식 중 네 가지에서 맥도날드 포장지에 싼 음식이 더 맛있었다고 평가했다. 심지어 당근조차도 로고가 박힌 포장지에 싼 쪽이 더 맛이 좋았다고 했다. 평소에 맥도날드 음식을 더 자주 먹었던 아이일수록 이런 경향이 짙었다. 특정 브랜드에 대한 아이들의 반복적인 경험이 그 로고에 긍정적 의미를 불어넣었던 것이다. 이것이 바로 단순 노출의 세 번째 효과 **지각적 능숙성**Perceptual Fluency이다.

효율성

학생들은 수업 첫날에 앉았던 자리에 늘 앉곤 한다. 그래서 나는 그들이 앉아 있는 상태를 그대로 카메라로 찍어서 그 순서대로 학생들의 이름을 외운다. 나는 학생들에게 늘 똑같은 자리에 앉는 이유를 물어봤다. "처음 선택은 즉흥적이었지만 이후에는 그냥 나도 모르게 앉게 됐어요. 그게 편하던데요. 설명하기 어려운데… 그다음부터는 관성으로 굳어졌어요."[8] 그들의 선택은 처음에는 우연이었을 것이다.

하지만 그게 반복되면서 고정석이 정해졌다. 그 편이 가장 편했기 때문이다. 내가 재차 타당한 이유를 대보라고 요구하자, 학생들은 평소 앉는 자리가 더 편안해서, 그 자리에 앉으면 더 자신감이 생겨서, 공부하는 데 더 집중이 더 잘돼서 같은 자리에 계속 앉았다고 답했다.[9] 이것이 바로 단순 노출의 네 번째 효과 **효율성**Efficiency이다.

안전감

스코틀랜드 수도 에든버러 주민들에게 자주 다니는 지역과 자주 다니지 않는 지역 중 어느 지역에 머물 때 더 안전하게 느끼는지 설문을 실시했다. 이렇게 얻은 응답 결과를 실제 해당 지역의 범죄율과 연결했더니 에든버러 주민들이 익숙하지 않은 지역에 대해 과도하게 공포심을 느끼는 것으로 드러났다. 반대로 익숙한 지역에 대해서는 과도하게 안전하다고 여기고 있었다.[10] 주민들은 자신에게 더 친근하고 친숙한 장소일수록 그 안전성에 대해 부정확한 판단을 내리고 있었다. 무언가를 익숙하게 여기는 감정이 현실감각을 왜곡시킨 것이다. 이런 사례는 또 있다. 미국 몬태나주에 사는 내 언니는 운전을 잘 못한다. 베스트 드라이버는 결코 아니다. 그럼에도 불구하고 몬태나주에서만큼은 한 손은 창문에 걸친 채 너무나 편안하게 차를 운전한다. 하지만 LA나 뉴욕 같은 대도시에서는 말 그대로 벌벌 떨며 운전대를 꼭 쥔다. 몬태나주와 LA 중 어디가 더 운전하기 위험한 도시일까? 언니의 집이 있는 몬태나주는 최근 미국 교통사고 사망률 차트에서 가장 높은 곳을 차지하고 있는 지역이다.[11] 반대로 LA가 있는 캘리포니아주의 교통사고 사망률은 상대적으로 낮은 편에 속한다.

이처럼 우리는 자신이 자주 접한 대상에 과도하게 방심하는 경향이 있다. 이것이 바로 단순 노출의 다섯 번째 효과 **안전감**Safety이다.

이처럼 단순 노출은 우리가 깨닫지 못하는 사이에 우리를 엉뚱한 곳으로 데려간다. 어떤 행동에 계속 노출되면 우리의 욕망까지 바뀔 수 있다. 이 효과는 눈에 띄지 않을 정도로 미미하기 때문에 의식적 자아가 눈치채지 못한다. 한 연구에 따르면 이런 착각은 자동차를 타는 습관, 패스트푸드를 먹는 습관, TV를 보는 습관에서 특히 더 강하게 드러난다고 한다. 사람들은 이러한 습관이 자신이 의도한 결과라고 확신했다. 자신의 의지력으로 모든 과제를 해낼 수 있다고 믿는 내성 착각과 놀랍도록 닮았다. 사실 밤 10시에 치킨을 주문하고, 새벽 3시까지 TV를 보고, 고작 5분 거리에 있는 마트에 차를 타고 가는 행동은 우발적이고 비인과적이며 우연적이다. 단언컨대 그들은 습관에 따라 계속해서 행동했을 뿐이다.[12] 그리고 점차 반복이 더해질수록 그들은 단순 노출 효과에 의해 자신의 행동에 몰두하게 됐다. 그 결과 욕망마저 조금씩 변했다. 영국의 유치원생들이 채소에 점점 더 노출될수록 섭취량이 증가한 것처럼 말이다. 계속 경험하면 그것은 곧 우리가 바라는 바가 된다. 결국 습관이란 양방향 통로다. 어떤 행동이 작은 목표를 달성하면 그것이 작은 욕구로 변해 다시 행동을 촉발한다. 그럼 그 행동은 다시 목표를 달성하고 좀 더 큰 욕구가 생성된다.

리추얼, 믿음은 그 자체로 힘이 된다

내 친구 중에는 독실한 가톨릭 신자가 있다. 그는 미사에 참석해 리추얼(Ritual, 종교 의식)을 행할 때마다 용기와 위안을 얻는다고 고백했다. 조심스러운 몸짓, 차분한 음악, 신성한 성찬식, 그윽한 향 등은 종교 행위의 경건함을 일깨운다. 언제나 같은 시간에 같은 장소에서 동일한 물건을 동일한 방식으로 접하는 경험은 인간에게 차분하고 고요한 안정감을 주고, 그 안에서 인간은 자신만의 세계를 건설할 여유를 얻는다. 모든 리추얼은 엄격한 절차에 의거한 반복에 바탕을 둔다.[13] 우리가 이해하는 습관의 특성과 매우 유사하다.

그러나 한 가지 중요한 차이점이 있다. 리추얼에는 직접적이고 즉각적인 보상이 없다. 그 대신 우리가 의미를 만들어 '보상화'해야 한다. 잔을 부딪쳐 건배를 하고, 생일 케이크의 촛불을 불어 끄고, 졸업식 때 괴상한 모자를 쓰고 시커먼 가운을 입는다. 성가대가 송가를 부를 때는 조용히 서 있어야 하고, 헌금을 봉헌할 때는 눈을 감고 감사의 기도를 올려야 한다. 이러한 비일상적인 행위는 뭔가 의미 있는 일이 진행되고 있다는 우리의 믿음을 더 강화시킨다. 그리고 그 의미에 동참한다는 감각을 일으킨다. 이것이 바로 리추얼의 보상이다.

리추얼은 보편적인 인간의 충동이다. 아메리카 대륙의 원주민들, 특히 남서부에 거주했던 사람들은 비가 안 올 때마다 기우제를 지냈다. 일본인은 독특한 다도茶道 의식을 발전시켰다. 아즈텍 부족은 피라미드 꼭대기에서 인신공양을 치렀다. 객관적인 시각으로 보면, 어떤 리추얼은 그다지 합리적이지 않다(그리고 윤리적이지도 않다). 도대체 그들은 왜 이토록 비과학적이고 일견 미신적으로 보이기까지 한 주술적 행위에 몰두했던 걸까?

이제 전쟁은 사라졌다. 적어도 겉으로 보이는 세상에서는 그렇다. 무자비한 폭력은 용인되지 않으며, 주먹이나 발길질보다 말과 글이 더 우대를 받는 시대가 됐다. 하지만 이 세상에서 유일하게 치열한 육체 투쟁이 허락된 분야가 있다. 바로 스포츠다. 모든 스포츠 분야의 정상에 선 선수들은 상상할 수 없을 정도로 뛰어나고 아름다운 기술을 지녔다. 매번 그들은 엄청난 돈과 명예를 앞에 두고 정면으로 충돌한다. 이때 그들이 의지할 것은 온전히 재능뿐이다. 이런 잔인한 경쟁에서 승리하려면 자신감과 약간의 운이 필요하다. 그러니 스포츠에 미신적인 리추얼이 만연해 있다는 건 놀라운 일이 아니다. 예측할 수 없는 환경에서 자제력을 얻기 위해 선수들은 이 종교적 의식을 활용한다.

약 30년 전까지만 해도 길고 헐렁한 농구 반바지 패션은 그리 주목을 받지 못했다. 하지만 '역사상 가장 강력한 공격 무기' 마이클 조던이 노스캐롤라이나대학교의 청색 반바지를 유니폼 안에 입고 다니면서 이 패션은 하나의 아이콘이 되어 신드롬을 일으켰다. 그에겐 모교의 반바지를 입고 경기를 뛰면 슈팅 성공률이 더 높아진다는 자신만의 리추얼이 있었다. 다소 민망한 이 미신을 감추기 위해 그는 언제나 자신의 치수보다 훨씬 큰 헐렁한 반바지를 입고 코트에 나왔다. 이제 그런 반바지는 어디서나 볼 수 있다. 미신에서 시작된 이 우스꽝스러운 복장을 전 세계 젊은이들이 따라 하고 있는 꼴이다. 조던에게는 특별한 의미가 있는 행위였을지 몰라도, 적어도 그 모습을 그대로 따라 한 젊은이들에겐 모방 외에는 아무런 의미가 없는 패션이었다. 하지만 수많은 사람이 조던처럼 반바지 입기를 반복하자 새로운 의미가 생겨났다. 반복은 이렇게 힘을 얻는다.

미식축구나 하키 선수들 중에는 행운의 의미로 수염을 기르는 사람이 많다. 이 지저분한 미신의 시작은 분명 스웨덴 테니스 스타 비외른 보리Björn Borg일 것이다. 그는 큰 시합을 앞두고 언제나 턱에 덥수룩한 수염을 기른 채 늘 똑같은 셔츠를 입고 경기장에 도착했다. 이 특이한 리추얼로 그는 다섯 차례 연속 윔블던을 제패했다. 평소 프로 선수들이 겪는 압박감을 고려하면 이런 기이한 행동이 그리 놀랍지는 않다. 한 연구에 따르면 프로 선수 중 80퍼센트 이상이 중요한 경기에 나서기 전에 늘 팬케이크 네 개를 먹는다든지 혹은 적어도 한 번 이상 숫자 13을 쳐다본다든지 하는 미신적 행동을 반복한다고 답했다.[14]

정말 이처럼 단지 믿음만으로도 경기에서 승리하고 더 나은 미래를 쟁취하는 게 가능할까? 혹자는 여전히 이런 행위가 흥미진진한 우스갯소리에 불과하다고 여길 것이다. 하지만 우리는 앞에서 무언가에 반복적으로 노출되는 것만으로도 욕망이 변할 수 있다는 단순 노출 효과를 확인했다. 하기 싫은 일을 계속하면 그 일이 점점 좋아지듯이, 단지 믿음 그 자체만으로도 충분히 강력한 힘을 발휘할 수 있는 것이다. 가짜 약을 먹고도 그게 진짜 약이라고 믿으면 약효를 누릴 수 있다는 플라시보 효과처럼 말이다. 행운의 양말을 신었다는 믿음만 가져도 실제 경기 성적이 좋아질 수 있다. 리추얼의 반복은 분명 사람을 진정시키는 효과가 있다.

대학생들에게 주먹을 쥔 뒤 다시 주먹을 펴고 그다음 세 번 심호흡을 한 뒤 눈을 감고 5초간 서 있는 동작을 집에서 나흘간 연습하라고 시켰다.[15] 그 동작을 따라 할 수 있도록 제작한 비디오 영상과 설명서까지 제공했다. 정교하게 설계된 이 가짜 리추얼을 처음부터 끝까지 행하는 데는 30초 정도 걸렸다. 이 연구의 목적은 이것이다. '과연 리추얼은 실패에 의연하게 대처하는 데 도움이 될까?' 나흘간의 연습 후 다시 7일이 지나고 학생들을 실험실에 불렀다. 일부 학생에게는 연습한 동작을 수행하라고 시켰고 나머지 학생에게는 아무것도 시키지 않았다. 그런 다음 모든 학생에게 아주 어려운 컴퓨터 과제를 풀게 했다. 최선을 다하라고 10달러를 상금으로 걸었다. 정답을 맞히지 못한 학생은 약 20퍼센트였다.

답을 맞추지 못한 학생들의 의연함을 측정하기 위해 뇌파를 전자 신경 신호로 기록하는 특수 장비를 동원했다. 수많은 전선이 연결된 이 모자는 학생들이 문제를 틀릴 때마다 뇌의 뉴런에서 벌어지는 전자 활동을 측정했다. 실수를 했을 때 인간의 뇌는 **'오류 관련 부정성'**이라고 불리는 파동을 발산한다. 학자들은 간단하게 'ERN'이라고 줄여 부른다. 과제에 앞서 연구진이 시킨 대로 가짜 리추얼을 수행한 학생들은 ERN 수치가 상대적으로 매우 낮았다. 이는 자신의 실수에 그다지 심각하게 반응하지 않았다는 뜻이다. 마치 리추얼이 학생들에게 실패의 고통에 대항하는 완충제 기능을 해준 것처럼 보였다. 하지만 리추얼을 생략한 학생들은 작은 실수에도 예민하게 반응했다.

모든 과제를 마친 뒤 학생들이 제출한 보고서에는 이렇게 적혀 있었다. "리추얼을 반복한 게 컴퓨터 과제를 수행하는 데 어쨌든 도움이 된 것 같아요. 모니터에 오답 표시가 떠도 당황하지 않고 차분하게 대처할 수 있었어요.", "정확한 이유를 댈 수는 없지만 그 동작들이 저를 편안하게 해줬고 안정감을 느끼게 해줬어요." (다소 기괴한 동작일지라도) 반복적 행동은 분명 우리의 삶에 질서를 부여하고 앞일에 좀 더 의연하게 대처하도록 마음을 진정시키는 효과가 있다. 또한 그 순간만큼은 쓸데없는 생각을 못 하게 막아주고 스스로를 특별한 사람이라고 인식하게 해준다. 이는 비의식적 자아가 주도하는 습관의 형성 과정과 매우 비슷하다.

브라질 사람들은 '**심파티아**Simpatias'라고 불리는 간단한 리추얼을 통해 일상의 문제를 이겨낸다.[16] 이 독특한 전통은 미국 대학생들에게까지 확산됐다. 이를 조사한 어느 연구에 따르면 학생들은 심파티아를 이용해 담배를 끊고, 친구를 새로 사귀고, 연인의 배신을 극복하고, 우울증을 이겨내고, 부모와의 갈등을 원만히 해결했다고 답했다. 그들이 택한 심파티아는 이런 것들이었다.

5일 연속으로 하얀 티셔츠를 입는다. 그다음 티셔츠를 소금물에 세척한다. 그 티셔츠를 응달에서 말린다. 티셔츠가 다 마르면 곱게 접어서 교회에 가지고 간다.

금속 용기에 흰 장미 꽃잎을 넣는다. 꽃잎을 불로 태운 뒤 남은 재를 작은 플라스틱 통에 넣는다. 이 플라스틱 통을 차가 다니는 도로 위에 놓아둔다. 7일간 이 과정을 반복한다.

이런 기묘한 행동에 인생을 바꿀 만한 마법의 힘이 깃들어 있다고는 생각하지 않는다. 하지만 이런 수많은 리추얼이 아주 오랜 기간 세계 각지에서 행해졌으리라는, 그리고 엄청나게 많은 사람의 입을 통해 퍼져나갔으리라는 사실을 생각해보자. 과연 효과가 있었을까? 그렇지 않다. 단 한 번도 없었을 것이다. 그럼에도 이런 리추얼이 광범위하게 확산된 이유는 그것이 실제로 효과가 있기 때문이 아니라, 효과가 있을 것이라고 우리가 믿었기 때문이다. 이 믿음은 또 다른 반복을 낳았고, 그 반복이 사람들의 믿음을 다시 키웠다.

소중한 사람을 떠나보낸 사람들도 리추얼에 의지한다. 가까운 사람의 죽음이나 이별 후에 어떠한 행동을 반복적으로 수행하는지 묻는 온라인 조사에서 미국인들은 다음과 같이 답했다.[17]

"15년째 저는 매달 첫 번째 토요일에 미용실에서 머리를 손질합니다. 그와 늘 그랬던 것처럼요."

"매년 이별 기념일이 되면 공원에 가서 상실감을 달래고 곰곰이 생각하는 시간을 가져요."

"매주 금요일 저녁, 그녀와 함께 찍었던 사진을 가지런히 쌓아올린 뒤 그 위에 돌멩이를 올려두고 가만히 쳐다봐요."

"그가 예전에 그랬던 것처럼 남편의 차를 매주 세차합니다."

리추얼이 상실의 스트레스를 극복하는 데 도움을 주는 것처럼 보인다. 지금은 곁에 없는 누군가를 떠올리는 친근한 행동들이 이들에게 평화와 안정을 가져다주었다. 물론 이런 상실감만이 리추얼의 형성을 촉진하는 것은 아니다. 설문에 참여한 사람 중 절반가량이 어려

운 과제를 맞이하거나 불안감을 느낄 때 활용하는 자신만의 리추얼
이 있다고 답했다.[18] 그들의 리추얼은 대개 특정 행위의 반복이었으
며, 일부러 고안하거나 개발한 것이 아닌 삶의 맥락 속에서 자연스럽
게 습득한 것이었다.

대학생들을 대상으로 돈을 잃었을 때 어떻게 대처하는지 실험했
다.[19] 학생들을 12명씩 그룹화한 뒤 그중 한 사람만 200달러짜리 복
권에 당첨되도록 실험을 설계했다. 당첨에 대한 욕구와 낙첨에 대한
불안을 극대화하기 위해, 본격적인 실험 전 모든 학생에게 당첨금으
로 무엇을 할지 종이에 작성하게 했다. 그룹마다 한 명의 당첨자가
나왔고 11명의 낙첨자가 나왔다. 비록 실험이었지만 돈을 따지 못한
학생들은 예상보다 훨씬 더 예민한 반응을 보였다. 이때 연구진이 그
들에게 리추얼을 지시했다.

(1) 지금의 기분을 그림으로 그리기
(2) 그림 위에 소금 뿌리기
(3) 그림 찢기
(4) 1부터 10까지 마음속으로 다섯 번 세기

이를 반복한 학생들은 낙첨의 아픔 속에서도 침착하게 마음을 추
스르는 모습을 보였다.

또 다른 연구에 참여한 대학생들은 청중 앞에서 노래를 부르는 과
제를 받았다.[20] 일부 참가자에게는 무대에 오르기에 앞서 스스로를
진정시킬 시간을 주었고, 나머지 참가자에게는 연구진이 임시로 만

든 리추얼을 행하도록 지시했다. 리추얼로 무장한 참가자들은 상대적으로 덜 긴장한 채 노래를 불렀고 목소리 크기와 음정 및 박자 등을 평가한 가창 점수도 더 높게 받았다. 흥미로운 점은 학생들이 자신의 행동이 리추얼, 즉 일종의 미신적 행위라는 것을 인지했을 때 훨씬 더 큰 효과를 누렸다는 점이다. 똑같은 행동일지라도 연구진이 "이것은 리추얼입니다"라고 설명해주지 않는 이상 참가자들의 불안감은 해소되지 않았다.

열렬히 응원하는 팀이 있는 팬들 또한 패배와 슬픔에 대처하는 법을 몸에 각인해야 한다. 수많은 훌리건이 다소 난폭한 리추얼을 가졌다는 점은 이제 놀랍지 않다. 한 연구에서는 미국에서만 약 40퍼센트의 대학생이 자신이 응원하는 구단을 위해 야구 관람 전 반드시 거룩한 리추얼에 참여한다고 보고했다.[21] 가장 흔한 미신은 '올바른 복장 착용'이었다. "뉴욕 메츠를 11점 차로 이겼을 때 구입했던 행운의 셔츠를 반드시 입습니다." 음식 역시 중요했다. "경기장에 가면 팀의 승리를 위해 반드시 먹어야만 하는 특정한 음식이 있습니다." 이것 말고도 특이한 리추얼이 많았는데 한 여성은 축구 국가 대항전 때 다리를 면도하지 않는다고 답했다. 하키의 열광적인 팬은 이렇게 말했다. "양말을 냉장고에 2시간 넣었다가 게임이 시작하면 다시 신어요. 하키 퍽(하키 경기에서 사용하는 넓적한 공-옮긴이)처럼 단단해지게 말이죠. 그럼 우리 팀이 좀 더 유리해지는 느낌이 듭니다."

이러는 이유는 뭘까? "제 역할을 다하는 겁니다." "내가 팀을 도와줄 수 있으니까요." "결과에 영향을 준 적이 꽤 많았다고요." "내가 좋은 업보를 쌓아서 팀의 승리를 견인하는 거죠." 그들은 물리적으로 결코 닿을 수 없는 그라운드 위의 선수들과 미신적 리추얼을 통해 연결 고리를 만들어냈다. 차가운 양말을 신으면서 빙판 위의 선수들과 함께 숨 쉬고 있다는 기분을 느꼈을지도 모른다. 비록 경기를 뛸 수는 없지만 이 행위를 통해 팀의 승리에 기여하고 있다는 통제감을 느끼는 것이다. 만약 경기에서 이기면 신성한 의식을 수행했기 때문이고, 지면 그 의식을 수행하지 않았기 때문이다.

리추얼을 별것 아닌 것으로 치부해버리고 어리석은 미신일 뿐이라고 믿기 쉽다. 그러나 불확실성과 상실감으로 스트레스가 가득한 시기에 정교하게 설계된 반복된 행동을 하는 것만으로도 우리는 감정을 다스리고 자제력을 회복할 수 있다. 눈앞에서 200달러를 놓친 학생들처럼 말이다.

때로는 습관을 대하는 태도가 삶을 지탱한다

당신이 선택한 리추얼, 즉 반복적인 행동이 무엇이든 간에 거기에는 충분히 납득할 만한 이유가 있을 것이다. 무작위적 패턴이 습관이 되는 이유는 단지 우리가 늘 그렇게 해왔기 때문이다. 바보같이 들릴 수도 있지만 그것이 진실이다. 사람들은 자신의 습관적 행동이 지극히 정상적이며 합리적이라고 추론한다. 그리고 때론 문제 해결이나 사태 수습에 아무런 도움이 안 되는 행동을 마치 세상에서 가장 중요한 일인 것처럼 진지하고 신성하게 대한다. 이런 비이성적 행동이 불러일으키는 긍정적 감정은 인생의 행복감과 살아가는 의미를 자극한다. 우리는 먹고살기 힘들다고 푸념하지만 내면의 본성은 늘 사랑, 성취, 존경, 영성과 같은 위대한 무언가를 추구한다. 그리고 이 고귀한 의미에 탄탄한 기반을 제공하는 것이 습관이다. 올바른 습관은 종종 우리가 알지 못하는 사이에 삶의 패턴을 규칙적이고 안정적으로 조율하고 어딘가에 깊이 몰두할 수 있게 도와준다.[22]

내 남편은 우리 집 뒷마당에 놓인 훌라후프로 플라이 낚시질을 끈덕지게 연습한다. 그는 물가에 나가 낚시를 하다가 햇볕을 쬐면 시간의 흐름을 잊고 작은 희열감을 느낀다고 말했다. 근 몇 년간 남편이 물고기를 잡아 집에 돌아온 적은 한 번도 없었다. 어느새 물고기라는 목표는 사라지고 혼자만의 시공간에서 태양을 온전히 느끼는 검소한 리추얼만 남은 것이다. 그는 삶을 다시 느끼고 있는 것처럼 보였다. 아마 당신에게도 음악에 대한, 창작에 대한, 부엌 가꾸기에 대한, 일에 대한 새로운 열정을 지속적으로 불러일으키는 리추얼이 있을 것이다.

단지 습관적으로 행동하기만 해도 불안감이 줄어든다. 그리고 경험하는 대상과의 일체감이나 이해도도 높아진다. 매일 거의 같은 일을 반복한다고 답했던 사람들은 매 순간 인생의 의미를 더 풍부하게 느꼈다.[23] 심리학자 사만다 하인츨먼Samantha Heintzelman은 이런 행동을 할 때 "인생의 선물이 갑자기 튀어나온다"라고 표현했다.[24] 인생의 의미는 사무실을 정리하고, 하루의 일과를 짜고, 친구들과 주말에 식사를 하고, 매일 직장이나 학교에 걸어가는 아주 소박한 일상에서 비롯될 수 있다. 이것이 질서 있는 삶이 주는, 그리고 우리 누구나 가질 수 있는 충만한 만족감이다.

리추얼의 효과는 증명되지 않았다. 아마 앞으로도 그럴 것 같다. 그럼에도 내가 이것을 중요하게 바라보는 까닭은, 무수히 반복될수록 목표는 사라지고 그 과정만 남게 되는 리추얼의 본질이 습관과 매우 닮았기 때문이다. 우리의 습관이 정말 삶에 실질적인 도움이 될까? 치약을 짜는 방법이 당신의 삶을 더 나은 방향으로 이끌까? 세수를 먼저 하고 머리는 나중에 감는 습관이 하루를 더 성공적으로 만들까? 처음에는 그런 습관적 행동이 성공이나 목표 달성에 유리할 것이라고 생각했을지도 모른다. 하지만 그 행동을 무수히 반복하면 반복할수록 결국 남게 되는 것은 자동으로 그것을 반복하는 무의식뿐이다. 일관되고 규칙적으로 작동하는 무의식은 우리에게 삶의 일상성을 받아들이게 한다. 그리고 설사 보상이 사라지더라도 매사를 충실하게 대하도록 배후에서 조종한다. 우리가 꾸준히 저축하고, 일주일에 서너 번 헬스장에 가고, 그 누구보다 열심히 일하는 이유는 돈이나 건강 때문이 아니라 그저 그렇게 하는 편이 더 친숙하고 익숙하기 때문일지도 모른다. 어쩌면 우리의 삶이 거대한 리추얼은 아닐까? 목표와 행동이 늘 일치하는 것은 아니다.

인간 행동의 비합리성을 추적하기 위해 한 연구진이 뉴욕에 거주하는 노인 320명에게 애용하는 제품이 무엇인지 물어봤다. 다양한 종류의 로션과 세제, 케첩과 의류 브랜드가 열거됐다.[25] 고령에도 불구하고 노인들은 자신이 즐겨 사용하는 제품의 이름을 쉽게 댔지만, 그 제품을 애용하는 이유를 제대로 설명한 사람은 아무도 없었다. 연구진이 제출한 보고서에는 이렇게 적혀 있다.

제품의 첫 구입 동기는 구체적이고 합리적이었을 것이다. 하지만 이제 그

동기는 사라지고 제품에 대한 친근하고 편안한 감정만 남게 되었다. 어쩌면 우리가 정말 '최고'라고 생각하는 것은 이 세상에 존재하지 않는 것은 아닐까?

그러나 이 연구 결과에는 주의사항도 존재한다. 우리에게 해악을 끼치는 행동이나 대상도 반복을 거치면 삶의 일부가 될 수 있다는 것이다. 계속 꾸물거리고, 말끝을 흐리고, 과식하고, 새벽까지 TV를 보고, 주말마다 과소비를 하는 안 좋은 습관 역시 딱히 목적이 있어서가 아니라 우리가 늘 그렇게 해왔기 때문에 반복되는 것이다. 삶은 공평하다. 우리의 무의식도 공평하다. 아무리 도움이 안 되는 행동일지라도 반복하면 결국에는 좋아지게 된다. 당신이 아니라 당신의 무의식이.

15장

사회와 습관

당신은 혼자가 아니다

•

물결이 찰랑이는 강변에서 물에 빠진 사람의 외침이 들린다.
나는 강에 뛰어들어 익수자를 물가로 끌어내고 인공호흡을 한다.
그러나 미처 수습하기도 전에 또 다른 비명이 들린다.
다시 물속으로 뛰어들고, 끝없이 구조가 계속된다.
결국 대체 누가 상류에서 이들을 물속에 계속 처넣는지는 아무도 알지 못한다.

- 존 매킨리

실패는 당신 탓이 아니다

미국인의 40퍼센트가 비만이고, 결혼한 부부의 절반이 이혼하고, 수십 년간 성실하게 일하다 은퇴한 퇴직자의 평균 저축액은 1만 7000달러를 넘지 못한다. 이 비정한 통계 뒤에는 중요한 비밀이 숨어 있다. 우리가 자꾸만 인생에서 실패하는 이유는 온전히 한 개인만의 책임이 아니라는 사실 말이다. 인생의 거의 대부분의 문제는 개인적이지 않다. 사회 전체가 함께 부담해야 하는 짐이며, 동시대의 모든 사람이 공유하는 공공의 시련이 반영되어 있다. 그리고 우리는 이 시련을 습관의 힘으로 극복할 수 있다. 개인의 습관이 아니라 모두의 습관으로. 이번 마지막 장의 주제는 한 사람의 습관이 아닌 여러 사람의 습관, 즉 습관의 사회화다.

2017년 노벨경제학상을 받은 리처드 세일러Richard Thaler 교수는 캐스 선스타인Cass Sunstein 교수와 **넛지**Nudge라는 용어를 처음 제시했다. 그들은 주로 행동경제학 분야에서 활동했지만, 나는 습관 문제에도 같은 접근법을 활용할 수 있다고 생각한다. 그들은 우리가 처한 집단적 환경에서 '선택지'를 바꾸는 일이 현명한 사회 정책의 몫이라는 점을 보여줬다. 조세 제도는 행동을 변화시키는 가장 기초적인 정책이다. 세일러와 선스타인은 국민이 '울며 겨자 먹기'로 돈을 내게 만드는 강압적인 세금 정책을 비판하면서, "어떤 선택을 금지하거나 그들의 경제적 이익을 크게 해치지 않고도 예측 가능한 방향으로 사람들의 행동을 바꾸는" 넛지를 활용한 정책 수정을 제안했다.[1] 그들의 주장은 2부에서 다룬 추진력과 억제력과 마찰력의 상호작용과 서로 연결되는 개념이다.

아무도 자신의 죽음을 예상하지 못한다. 예전에는 장기를 기증하려면 복잡한 행정 절차를 거쳐야 했다. 대다수의 사람은 기증의 의사가 있어도 절차를 모른다. 하지만 지금은 많은 국가에서 사망자가 생전에 기증 거부 의사를 표시하지 않았다면 사후에 장기를 기증하겠다는 뜻으로 간주한다. 스페인, 오스트리아, 싱가포르 등 이런 제도를 운영하는 국가의 장기 기증 비율은 그렇지 않은 국가보다 훨씬 높다.[2] 하지만 미국은 여전히 생전에 장기 기증 동의 의사를 표시해야 한다. 공개적으로 장기 기증 의사를 밝히지 않는 한 거부한 것으로 간주된다. 보통은 운전면허증에 장기 기증 여부를 표시한다. 미국의 장기 기증 비율은 앞서 예로 든 국가들과 비교했을 때 심각한 수준으로 낮다. 10만 명 넘는 환자가 장기 이식 대기자 명단에 이름을 올려두고 있지만, 죽기 전에 자신의 순번이 돌아올지는 미지수다. 이 상황은 한국도 마찬가지다. 장기 기증 의사를 반드시 밝혀야만 하는 현행법은 국민(잠재적 기증자)으로서는 매우 강력한 마찰력인 셈이다. 하지만 다른 나라에선 장기를 기증하고 싶은 사람은 이제 그냥 가만히 죽기만을 기다리면 된다. 넛지식 접근법의 장점은 어떤 일을 결정하기가 훨씬 간편해진다는 점이다. 습관의 형성 원리와 똑같다.

넛지식 접근법과 습관의 공통점은 무언가를 강제하는 대신 환경을 재조정함으로써 목표에 좀 더 쉽게 도달한다는 점에 있다. 바람직한 행동에 드는 노력과 비용을 줄여주는 것이다. 리처드 세일러가 미국 직장인의 저축률을 끌어올리기 위해 UCLA 앤더슨경영대학원 슐로모 베나치Shlomo Benartzi와 함께 추진한 '더 많은 내일 저축하기' 프로젝트는 가장 대표적인 넛지식 접근법의 사례다.[3] 과거에는 퇴직연금 제도 가입 여부를 스스로 결정해야 했다. 하지만 지금은 모든 기업이 신규 입사자를 자동으로 퇴직연금 제도에 가입시킨다. 장기 기증과 마찬가지로 미국에서는 이 제도에 가입하지 않으려면 따로 거부 의사를 밝혀야 한다. 즉 "나는 노년을 위해 돈을 저축하느니 지금 당장 돈을 다 쓰겠어요"라고 말해야 하는 것이다. 세일러와 베나치의 프로젝트는 큰 성공을 거뒀다. 세일러가 노벨상을 수상한 2017년, '더 많은 내일 저축하기' 프로젝트에 모인 퇴직연금 저축액은 300억 달러(약 35조 원)에 달했다.

과학을 기반으로 사회 정책을 설계하는 것은 훌륭한 아이디어다.

인간은 물론 위대한 사회적 종이지만, 한 개인의 의식적 자아의 힘으로 할 수 있는 것은 고작 불 피우기나 팬케이크를 굽는 일 정도다. 우리는 매일 닥치는 충동과 유혹과 무기력과 권태를 감당할 수 없다. 게다가 끝없이 변화하고 예측할 수 없는 상황이라는 외부적 힘을 통제하는 것도 역부족이다. 하지만 과학의 힘을 정책에 활용하면 취약점을 보완할 수 있다. 영국은 아예 이런 접근법을 연구하고 제도에 적용하는 정부 조직 '행동인사이트팀Behavioural Insights Team'을 만들었다. 이 팀에서는 사람들이 더 쉽게 좋은 선택을 내릴 수 있도록 일상적 환경을 변화시키는 정부 정책을 고안한다.

하지만 미국은 정책 발전에 관해서는 언제나 문외한에 가깝다. 미국에도 연방에서 운영하는 '사회행동과학팀Social and Behavioral Sciences Team'이 존재하지만 그 영향력은 영국의 행동인사이트팀과 비교하면 거의 존재감이 없는 수준이다. 남에게 의존하지 않는 '자립'은 제아무리 가시밭길이라 해도 미국에서는 여전히 사랑받는 개념이다. 나는 지난 수십 년간 사람들이 이 거대한 내성 착각에 빠져 얼마나 큰 실수를 저지르고 인생을 망치는지 실험과 연구를 통해 증명했다. 하지만 수많은 정부와 국가 기관이 아직도 국민의 의지와 근면 따위에 너무나 많은 기대를 걸고 있다. 여기서 '기대'라는 단어는 곧 '책임'이라는 단어로 고쳐 쓸 수 있다. 나는 정부의 이러한 기조가 실패와 파산의 원인을 개인의 능력 부족으로 돌리겠다는 암묵적인 의사 표현이라고 생각한다. 세상이 각박하고 잔인해 보여도 생각보다 많은 사람이 타인을 돕는 데 주저하지 않는다. 인간의 내면은 그렇게 무정하지 않다. 하지만 국가는 여전히 의지력만이 목표를 이루는 제대로 된 방법이라고 믿고 있다. 그 편이 비용이 덜 들기 때문이다(앞에서 살펴본 약물 중독에 대처하는 보건 당국의 정책을 보라). 그러나 현실에서 대다수의 사람은 사회가 만들어놓은 가혹한 덫과 진창에 허덕이고 있으며, 그들은 그 악조건을 스스로 돌파해낼 힘을 갖추지 못했다. 마치 이 세상은 누구나 한 번쯤 실패를 경험할 수밖에 없게끔 설계된 혹독한 경기장 같다.

그럼에도 희망은 있다. 상황을 살짝 조정하거나 아주 간단한 조치를 취함으로써 사람들이 더 나은 삶을 살도록 만들어주는 정책과 제도가 계속해서 입안되고 있다. 특히 미국은 이러한 '유사 실험'의 가장 훌륭한 실험 무대다. 전국적으로 벌어지고 있는 멋진 유사 실험들이 있다. 미국이 가진 위대한 다양성이 여기서 빛을 발한다. 왜냐하면 미국은 느슨하게 연결된 거대한 연방 국가이기 때문이다. 각 주와 도시는 저마다의 법과 사회 정책으로 운영되고 있고, 그 기반 위에서 독자적인 경제 시스템이 형성되어 있다. 이 방대한 다양성 덕에 우리는 어느 지역의 사람들이 삶의 목표를 상대적으로 더 효과적으로 달성하는지, 반대로 어느 지역의 사람들이 그렇게 하지 못하는지를 비교해볼 수 있다.

결과를 미리 말하자면, 특정 지역의 사람들은 다른 지역의 사람들보다 훨씬 더 건강하고 부유하게 살고 있다. 행복한 삶의 방식을 실천하는 주민이 대다수인 지역이 있고, 언제나 불행만을 반복하며 근근이 살아가는 주민이 대다수인 지역이 있다. 물론 이러한 격차 뒤에 숨은 비밀은 그 지역에 오래 살아보지 않고서는 정확하게 파악할 수 없다(그래서 내가 이것을 '유사 실험'이라고 지칭했던 것이다). 그러나 앞으로 보게 될 테지만, 어떤 사회 정책은 분명히 주민의 생활을 개선했고, 반대로 어떤 사회 정책은 회복할 수 없는 해악을 안겼다. 이를 통해 우리는 어떤 방향의 관점과 태도가 더 많은 사람의 목표를 달성하게 만들었는지 추측해볼 수 있을 것이다.

왜 어떤 도시의 사람은 다른 도시의 사람보다 건강할까

2014년 미국 정부는 일주일에 최소 150분 이상 유산소 운동, 2회 이상 근력 강화 운동을 할 것을 권고했다. 콜로라도주, 알래스카주, 워싱턴 D.C.에 거주하는 미국인 중 25퍼센트 이상이 이 권고안을 이행했다.[4] 이는 그다지 놀라운 사실이 아니다. 콜로라도주와 알래스카주 주민들의 2형 당뇨병 발병률은 전국 최하위권이다. 특히 콜로라도주 주민들의 고혈압 발병률은 미국에서 가장 낮다.[5] 워싱턴 D.C.도 비슷한 수준이다. 같은 시기 테네시주와 웨스트버지니아주에 거주하는 미국인의 운동 인구 비율은 13퍼센트 미만이었다. 앨라배마주, 루이지애나주, 미시시피주의 주민 중 3분의 1은 일주일에 단 1분도 운동하지 않았다. 이곳은 거의 모든 질병 발병률이 미국에서 가장 높았다. 이 주들은 2형 당뇨병과 고혈압 발병률이 전국 10위권에 들었다.

건강한 주와 그렇지 않은 주를 가르는 차이는 무엇일까? 콜로라도와 알래스카 하면 스키, 암벽 등반, 카약 등 대단히 활동적인 스포츠가 떠오른다. 워싱턴 D.C.는 도시 걷기, 자전거, 조깅 등 활기찬 도심의 이미지를 갖고 있다. 반대로 루이지애나주와 웨스트버지니아주는 상대적으로 매우 정적이다. 이러한 이미지의 차이가 도시의 건강 수치에 결정적인 영향을 미쳤다고 볼 수 있다. 하지만 이것만으로는 모든 걸 설명할 수 없다. 지역별 스포츠 프로그램 현황, 주민 자치의 정도 등이 사람들의 행동에 영향을 끼쳤을 수도 있다. 또는 함께 사는 동네 이웃의 행동도 건강한 생활 습관 형성에 알게 모르게 영향을 끼칠 수 있다. 상대적으로 더 활동적인 주에 거주한다면 이웃은 아마 아침마다 함께 조깅을 하자고 제안할 것이고, 자녀들은 축구 경기장까지 자전거를 타고 갈 테고, 지역 주민들은 가까운 거리는 차 대신 두 다리를 사용해 걸어 다닐 것이다. 그러다 어느 정도 시간이 지나면 주변 집단의 압력이 치고 들어온다. 가만히 누워서 쉬고 싶어도 이젠 그럴 수가 없게 되는 것이다.

아마 당신은 이런 생각을 하고 있을 것이다. '나는 아무것도 안 했는데 그저 이웃이 운동을 좋아한다는 이유만으로도 내 살이 빠지고 더 건강해질 수 있다고? 그런 일이 정말 마법처럼 일어난다고?' 물론 함부로 속단할 수는 없다. 우리가 알고 있는 것은 단지 모든 사람의 평균 데이터를 분석한 통계 수치일 뿐이다. 그래서 나는 좀 더 특수한 상황에 처했던 사람들의 사례를 분석해봤다.

2005년 8월, 사상 최악의 허리케인 카트리나가 미국의 항구 도시 뉴올리언스를 강타했다. 이 태풍은 주의 80퍼센트를 물바다로 만들었고 10만 명 가까운 이재민을 낳았다. 연구진은 이 끔찍한 재난 속에서 살아남은 생존자 중 280명이 피해 수습 후 어디로 이동했는지 추적했다.[6] 대다수가 자녀를 둔 젊은 여성들이었다. 그 누구도 자신이 어디로 가야 할지 제대로 알지 못했다. 그들은 그저 발길 따라 도시를

320

골라 정착했다. 차분하게 생각할 여유가 없었다. 피난 행렬의 앞길이 가로막혀 정체됐을 때 그냥 그 도시에 눌러앉은 사람도 있었고, 누울 자리가 없어 재빨리 옆 도시로 이주한 사람도 있었다. 이들은 살 곳을 스스로 정하지 못했다. 많은 것을 고민할 수도 없었다. 그저 주어진 상황에 맞춰 살 곳을 정해야 했다. 대다수의 피난민은 뉴올리언스에 비하면 인구 밀도가 더 낮고 도로 접근성이 떨어지는 지역으로 이주했다. 7~19개월 뒤에 이들을 다시 접촉했는데 몸무게가 평균 5퍼센트 이상 증가해 있었다. 대략 4킬로그램이 찐 것이다. 그러나 뉴올리언스와 비슷한 수준으로 인구가 밀집되어 있고 걷기 쉬운 지역에 이주한 소수의 피난민은 몸무게가 거의 증가하지 않았다.

이 연구가 중요한 이유는 건강과 체력에 미치는 하나의 영향력 요소만을 따로 고립시킬 수 있기 때문이다. 그 요소는 바로 '동네에 걸을 만한 여건이 갖춰져 있느냐' 여부였다. 이는 상당히 입법적인 차원의 문제다. 지금 당신이 사는 동네에 도보로 어디든 갈 수 있도록 인도가 충분히 잘 설치되어 있는가? 이처럼 동네에 인도가 제대로 깔려 있다면 굳이 헬스장에 가지 않아도 늘 건강한 선택을 할 수 있다.

약 4000명의 영국 통근자들을 2년간 추적해 그들이 교통 수단을 바꿨을 때 겪게 된 효과를 평가한 연구가 있다.[7] 원래 자가용을 탔지만 기차, 버스, 자전거, 걷기 등 좀 더 활동적인 수단으로 바꾼 사람들은 신체질량지수BMI가 평균 0.32포인트(약 0.9킬로그램) 줄었다. 통근 거리 또한 중요했다. 출근에 걸리는 시간이 30분 이상인 통근자들은 BMI가 평균 2.25포인트(약 6.3킬로그램) 줄었다. 연구를 시작할 때는 버스를 타거나 걸어서 출근했지만, 이후에는 자가용으로 통근한 사람들은 BMI가 평균 0.34포인트(약 0.9킬로그램) 증가했다. 우리는 이들이 통근 습관을 바꾸게 된 이유를 알지 못한다. 지하철역까지의 거리가 더 멀거나 가까워졌을 수도 있고, 아예 집 앞에 있는 새로운 일터로 이직했을 수도 있다. 하지만 그건 중요하지 않다. 사람들의 몸무게가 자가용을 이용했을 때 평균적으로 늘어나고, 대중교통을 이용했을 때 평균적으로 줄었다는 점이 중요하다.

이제 우리가 물어야 할 질문은 이것이다. "버스나 자전거 같은 좀더 활동적인 교통 수단을 선택하기 쉬워지면, 사람들이 실제로 그런 교통 수단을 더 자주 이용하게 될까?" 자동차 운전은 모든 사람에게 쉽고 알맞고 친근한 선택이다. 차는 어디에나 있고 다른 수단을 이용한다는 건 상상조차 할 수 없다. 내가 사는 캘리포니아주 산타모니카의 주민 중 절반 이상이 하루에 4.8킬로미터 정도를 걷는다. 산타모니카는 2017년 전기 스쿠터 업체 버드와 라임과 협력해 전기 스쿠터 공유 서비스를 시작했다. 도시의 교통 책임자 프랜시 스테판Francie Stefan은 도시의 전체 교통 생태계가 이전보다 훨씬 더 다양해졌다고 자평했다. 미국의 모든 교통 수단에서 개인 차량이 압도적 우세를 점하는 현상은 마치 한 가지 식물 종을 과도하게 심어 전체 생태계가 파괴되고 있는 모습과도 같다. 버드와 라임 서비스가 들어온 뒤 자동차의 도로 점유율이 줄었고 주차 문제도 점차 해결되고 있다고 밝혔다. 다른 무엇보다 더 많은 시민이 여러 대중교통을 선택할 수 있게 되었다.[8] 그러나 여전히 안전을 위협하는 요소들이 많이 남아 있다. 라임의 애플리케이션으로 스쿠터를 예약한 사람들은 알아서 헬멧을 구해야 할까? 인도 위에서 스쿠터와 보행자가 충돌하면 어떻게 처리해야 할까?

제도적 정비와 사회적 합의가 필요한 부분이 여전히 많지만, 다른 도시들도 좀 더 건강한 교통 수단을 주민의 일상에 도입하고자 노력하고 있다. 포틀랜드, 워싱턴 D.C., 미니애폴리스, 시카고, 샌프란시스코, 필라델피아는 모두 자전거 전용도로를 추가로 설치하고 있다. 이에 따라 자전거를 이용하는 직장인의 비율도 급증하고 있다.[9] 뉴욕에는 현재 1600킬로미터가 넘는 자전거 전용도로가 설치되어 있으며, 자전거 통근자의 숫자는 2011년부터 2016년 사이에 80퍼센트 증가했다.[10] 미니애폴리스에는 약 82킬로미터 길이의 자전거 전용 고속도로인 그랜드 라운즈 시닉 바이웨이Grand Rounds Scenic Byway가 있다. 미네소타주의 악명 높은 날씨에도 불구하고 미니애폴리스 주민 중 5퍼센트가 이 도로를 이용해 출퇴근한다.

이러한 사회적 변화는 보통 처음에는 천천히 시작되지만 한번 가속하면 순식간에 주변으로 확산된다. 차량 안전벨트 착용이 좋은 예다. 안전벨트가 차량에 장착된 것은 1960년대부터다. 안전벨트를 사용하는 운전자는 매우 적었으며, 옵션 기능 중 하나였기 때문에 아예 장착하지 않는 차량도 많았다. 사람의 생명을 살리는 중요한 장치가 필수 설치 대상이 된 이후에도 사람들은 벨트를 착용하지 않았다. 여러 혁신적 제도가 느리게 흡수되는 이유는 우리가 다른 대안을 고려할 기회를 갖기도 전에 오래된 습관이 마음속에 먼저 떠오르기 때문이다. 사람들은 혁신이 일상에 자리를 잡기 전까지는 이런 변화가 일어난 사실조차 눈치채지 못한다. 안전벨트 착용은 정부에서 착용 의무를 입법화한 1980년대에 와서야 운전자들 사이에 자연스러운 습관으로 정착했다. 현재 미국의 모든 차량에는 안전벨트 착용 감지 장치가 설치되어 있고, 약 90퍼센트의 운전자가 주행 중에 안전벨트를 착용한다. 14장에서 살펴봤듯이 무언가를 반복하는 행동은 또 다른 행동을 낳는다. 안전벨트를 착용하던 사람은 안전벨트 착용이 법으로 정해지지 않은 뉴햄프셔주에서 운전할 때도 자연스럽게 안전벨트를 착용한다. 무의식이 그렇게 시켰기 때문이다.

구글이나 니체 등 수많은 데이터 기반 기업이 지역의 통계를 일목요연하게 정리해 웹상에서 대중에게 공개한다. 이 방대한 수치를 통해 당신은 새로운 동네에서의 삶이 어떨지 짐작할 수 있다. 이사를 갈 때 내 삶이 어떻게 바뀔지 기대하거나 두려워하는 사람은 있어도, 내 습관이 어떻게 변할지를 염두에 두는 사람은 거의 없다. 하지만 우리 몸에 가장 선명하게 각인된 습관 중에는 이른바 **지도**Map **효과**의 영향을 지속적으로 받는 것이 많이 있다. 8년에 걸쳐 미국인 6000명 이상의 음주 습관을 추적한 연구 자료가 있다. 거주하는 지역내 주류 상점의 개수에 따라 주민들의 음주 습관이 어떤 영향을 받는지 살펴봤다.[11] 주류 상점의 밀도가 증가하자 음주 횟수도 증가했다. 약 1.6제곱킬로미터당 상점 네 곳이 늘어날 때마다 남자들의 주당 맥주 소비량은 32퍼센트씩 증가했다. 여성들의 와인 섭취량은 16퍼센트씩 증가했다.

미국의 주류규제법은 지역마다 천차만별이다. 일단 지방자치단체가 자체적으로 주류 판매를 금지할 수 있다.[12] 주 안에서도 금지 조건이 전부 달라서, 술을 파는 가게가 단 한 곳도 없는 동네와 수십 개 점포가 몰려 있는 동네가 공존한다. 가령 뉴욕은 주류 판매를 자유롭게 허용하되 동네마다 구체적인 조건을 다르게 적용하고 있는데, 어떤 동네에서는 약 1.6제곱킬로미터당 주류 상점이 다섯 군데에 불과하지만, 동일한 면적 안에 주류 상점이 132곳이 있는 동네도 있다. 한 연구진은 특정 지역의 주민들에게 무작위로 전화를 걸어 사람들의 폭음 습관을 조사했다.[13] 여자는 2시간에 4병 이상, 남자는 5병 이상을 마시면 폭음으로 간주했다. 130곳의 주류 상점이 있는 동네에서는 조사 대상자 중 13퍼센트가 한 달에 한 번 이상 폭음한다고 답했다. 같은 면적 안에 20곳의 주류 상점을 둔 동네에선 단 8퍼센트만이 한 달에 한 번 폭음한다고 답했다.

물론 이사할 때마다 동네 주민들의 평균 음주량과 흡연율을 따질수는 없다. 설사 알아본다고 해도 그 조사 결과가 이사 지역을 선택하는 데 큰 변수로 작용하지는 않을 것이다. 대다수의 사람이 집의 입지와 면적, 매매가와 준공일 등을 따지는 것만으로도 허덕이니까. 이처럼 우리는 사는 곳을 선택할 때 대개 삶에 영향을 끼치는 외부 환경과는 아무런 관계가 없는 조건만을 고려한다. 인생의 목표를 좀 더 수월하게 이룰 수 있도록 자신의 습관을 변화시킬 기회를 허무하게 날려버리는 것이다.

식사량조차 스스로 결정하지 못하는 사람들

환경의 힘은 시간이 지나면서 점점 명확해진다. 철학자 조지 산타야나George Santayana는 이런 말을 남겼다. "과거를 기억하지 못하는 사람은 그 과거를 되풀이하는 벌을 받는다." 나는 우리가 날마다 식탁 앞에 앉아서 '벌'을 받고 있다고 생각한다. 서구의 농업 정책은 유행성 비만이 시작된 1970년대에 큰 변화를 겪었다. 느닷없는 대기근이 닥쳐 밀과 쌀 등 기본 식자재의 가격이 유례를 찾기 힘들 정도로 폭등했고 수많은 사람이 굶주림과 영양 부족으로 목숨을 잃었다. 미국을 포함한 거의 모든 정부가 '적정 생산'에서 '과잉 생산'으로 농업 정책의 방향타를 돌렸고, 이러한 변화는 적어도 정치적으로는 성공했다. 이후로 식품 가격이 정치 이슈가 된 적은 없었으니까 말이다. 그러나 이 변화로 인해 사람들의 건강이 위협받기 시작했다. 1970년대 중반 이후 미국 농부가 하루에 생산하는 작물은 섭취량 기준으로 약 500칼로리에 해당하는 양이었다.[14] 이 중에서 약 200칼로리어치가 우리 식탁에 올라왔고 나머지는 다른 방식으로 소비됐다. 식품 산업은 폭발적으로 팽창했고 소비자의 몸무게 또한 함께 성장했다.

식사량은 점점 늘어났다. 미국 국립보건원 연구 결과에 따르면 지난 20년간 식당에서 제공하는 식사량은 두세 배 늘었다.[15] 표준 사이즈의 베이글은 과거 지름 약 7.6센티미터에 140칼로리였으나, 현재는 약 15센티미터에 350칼로리가 되었다. 스파게티 1인분에는 소스 한 컵에 작은 미트볼 3개가 들어갔고 열량은 약 500칼로리였다. 지금은? 파스타 소스 두 컵에 큰 미트볼 3개가 들어가고 열량은 1000칼로리가 넘는다. 칠면조 샌드위치는 과거 320칼로리였으나 현재는 820칼로리에 달한다. 음식량의 왜곡 현상은 패스트푸드 음식에서 더욱 두드러진다. 미국 질병대책센터가 내놓은 자료에 따르면 패스트푸드가 제공하는 평균 음식량이 얼마나 급증했는지 보여준다. 1950년 이래

감자튀김은 세 배, 햄버거는 네 배, 탄산음료는 여섯 배 증가했다.

식당에서는 음식을 내놓고, 우리는 먹는다. 앞에서 봤듯이 동네의 '주류 접근성'이 중요한 것과 마찬가지로 음식량은 우리의 비만과 각종 성인병을 유발한다. 더 많이 먹는 것이 매우 간편해지고 적게 먹는 것은 대단히 어려워졌다. 우리는 그저 주는 대로 먹는다. 어쨌든 이미 우리 식탁에 올라와 있으니까.[16] 그리고 일단 더 많이 먹기 시작하면 우리는 더 많이 먹는 걸 좋아하게 되고, 생체 시스템 역시 그에 맞게 적응해 더 많은 음식을 달라고 요구한다. 어느새 라지 사이즈가 표준 사이즈가 되고, 스타벅스에서 톨 사이즈 대신 벤티 사이즈를 주문하는 자신을 발견한다.

수많은 식품 기업이 교활한 흉계를 꾸미고 있지만, 우리는 어느 식당에 더 자주 갈 것인지, 아예 식당에 가지 않고 집에서 식사할 것인지 등을 선택함으로써 자신의 식사량을 통제할 수 있다. 이미 가게에 들어갔다면 어떤 사이즈의 음식을 주문할 것인지도 스스로 선택할 수 있다. 이때 기본값은 생산자가 그럴싸하게 포장해놓은 용기의 크기뿐이다. 우리는 식품 기업이 정해놓은 그 '양'을 반드시 따르지 않아도 된다. 하지만 뇌가 위보다 훨씬 늦게 포만감을 감각한다는 사실을 상기하면 '항상 적정량만 먹고 나머지 음식물은 남기기' 미션이 얼마나 어려운 일인지 굳이 설명 안 해도 잘 알 것이다. 따라서 우리에겐 이 그릇된 습관을 고치기 위한 좀 더 강력하고 과감한 제도적 접근이 필요하다. 영양가는 상대적으로 적으면서 열량만 비대하게 높은 음식의 소비를 제한하는 과세 정책을 펼치는 것도 한 방법이다.

캘리포니아주 버클리는 2015년에 설탕이 첨가된 음료에 추가 세금을 부과했다. 음료에 들어간 설탕 28그램당 1센트를 세금으로 걷어갔다. 2014년 멕시코도 비슷한 법을 시행했다. 설탕이 첨가된 모든 음료에 1리터당 1페소의 세금을 소비자에게 부과했다. 소비자는 설탕이 들어간 음료를 집어 들었다가 보건 당국이 자신을 위해 준비해둔 작은 선물을 발견하곤 질색하며 음료를 도로 냉장고에 넣었다. 하지만 이런 정책의 진짜 효과는 몇 푼의 세금에서 나오는 게 아니다. 사람들은 시간이 갈수록 설탕이 들어간 음료가 몸에 좋지 않다는 것을 '추가 과세'를 통해 인식하기 시작했다. 그들의 뇌리 속에 바로 이런 질문이 떠다니기 시작한 것이다. '오죽하면 저럴까?' 어떤 선택이나 행동에 무시하기 힘든 벌칙이 부과되고 그것이 일상적으로 반복되면 집단 전체는 무의식적으로 그 행동을 회피한다. 그리고 더 나아가 그러한 행동을 사회 바깥으로 몰아내려고 노력한다. 사회적 동물인 인간은 변화의 신호를 기민하게 읽어낸다. 사회의 표준이 바뀌면 누가 시키지 않아도 그 변화에 순응하는 것이다.

탄산음료 제조업체들은 정부가 제재를 가해봤자 이미 수많은 소비자가 탄산음료에 들어 있는 안 좋은 물질을 언제 어디서든 섭취하고 있다고 주장한다. 로비 단체 미국음료협회의 언론 담당관 윌리엄 더모디William Dermody는 "세금과 규제와 제한으로는 비만을 야기하는 행동이 바뀌지 않는다"[17]라고 정부를 비판한다. 그러나 우리가 알고 있듯이, 미국의 살인적인 흡연율은 닉슨 정부의 강력한 금연 정책에 의해 절반 가까이 감소했다. 버클리가 탄산음료에 세금을 부과한 지 1년이 흐른 뒤 설탕 첨가 음료의 판매량이 10퍼센트 하락했다.[18] 주민들은 그냥 다른 음료를 샀다. 세금이 부과되지 않은 음료의 판매량은 4퍼센트 증가했다. 특히 생수 판매량이 16퍼센트나 증가했다. 멕시코에서는 설탕 첨가 음료가 국민의 1일 섭취 칼로리 중 10퍼센트를 차지할 정도[19]로 탄산음료의 인기가 높았지만, 세금을 부과한 후 2년간 탄산음료 소비가 약 8퍼센트 하락했다. 멕시코 사람들은 이제 다른 음료를 마신다. 비과세 음료의 판매는 2퍼센트 늘었다. 증세에 가장 큰 타격을 입는 가난한 사람들의 탄산음료 소비는 12퍼센트 줄었던 반면, 부유한 사람들은 5퍼센트 감소에 그쳤다. 2014년부터 멕시코 정부는 '쓸데없이 열량 밀도가 높은 음식'에 8퍼센트의 세금을 부과하고 있다. 제도 시행 후 2년간 정크푸드의 소비가 6퍼센트 감소했다.[20]

물론 이런 과세 정책이 우리의 몸무게에 끼치는 영향은 아직까지 눈에 띄지는 않는다. 현재 우리가 통계적으로 알아낸 사실은 과세가 판매량을 감소시킨다는 것뿐이다. 실망하는 사람이 많겠지만 이것은 거대한 변화의 첫 응답일 뿐이다. 제도와 정책의 변화가 개인의 건강에 미칠 영향은 이제 서서히 우리 일상에 스며들고 있다.

* * *

좋은 습관의 사회화는 비만율과 당뇨병 발병률을 낮추는 데 그치지 않고, 쓰레기 매립량을 감소시키는 등 환경 변화에도 영향을 미친다. 최근 20년 사이에 재활용품 분리 배출은 생존을 위해 모든 지구인이 지켜야 할 강력한 습관으로 정착했다. 하지만 이 습관마저도 지역마다 큰 차이를 보이고 있다. 2011년 기준 캘리포니아주, 메인주, 워싱턴주의 고형 폐기물 수거율은 약 50퍼센트였다. 같은 기간 오클라호마주, 알래스카주, 미시시피주의 수거율은 5퍼센트 미만이었다.[21] 이곳에선 재활용품 수거함이나 관련 센터를 찾으려면 상당한 고생을 해야 한다. 도로변에 놓인 재활용품 수거통을 발견하는 것도 매우 어렵다. 이곳의 주민들에게 재활용품 분리 배출이란 진정한 헌신이 필요한 일인 것이다.

미국의 전체 가정 중 절반 이상에 에너지 사용량을 실시간으로 측정할 수 있는 스마트 계량기가 설치되어 있다.[22] 하지만 문제는 사람들이 이 사실을 전혀 모른다는 점이다. 에너지를 절약하는 일은 생각보다 쉬운 일이다. 시간당 소비량을 확인하는 것만으로도 불필요하게 버려지는 에너지를 아낄 수 있다. 미국 정부가 2016년에 대대적으로 설치한 스마트 계량기 7500만 대 중에서 에너지 사용량을 간편하게 볼 수 있는 디스플레이 장치가 장착된 장비는 수천 대에 불과하다.[23] 나머지 계량기는 소비자가 사용량을 확인하려면 해당 기업의 웹사이트에 접속해야 한다. 그런데 이 웹사이트는 실시간 사용량은 알려주지 않는다.

정보가 이미 존재하지만 우리는 그 정보를 접할 길이 없다. 만약 에어컨을 켤 때마다 분당 얼마나 에너지가 소비되는지, 그리고 얼마나 전기 요금이 부과되는지 실시간으로 확인할 수 있다면 생각보다 많은 사람이 차라리 땀을 줄줄 흘리는 편을 택할지도 모른다. 이는 2부에서 다룬 습관의 중요한 원칙 중 하나인 '보상'의 법칙과도 맞닿아 있다. 무더운 날씨에 실내 온도를 조금씩 높일 때마다 스마트 계량기 화면에 절약되는 돈의 액수가 표시된다고 생각해보라. 이 즉각적 보상은 남극의 빙산이 녹는 속도를 획기적으로 늦출 것이다.

2011년 코네티컷주의 가정집 400곳을 대상으로 진행한 실험이 이를 증명한다.[24] 400곳의 가정집 중 200곳에는 여름 중 두 달간 최신 스마트 계량기를 제공했다. 이 계량기는 전기 사용량, 요금, 월간 추정 사용량, 요금납부일 등을 실시간으로 확인할 수 있는 디스플레이 장치가 장착되어 있었다. 사람들은 계량기 눈금이 올라가는 동시에 요금이 쌓이는 모습을 확인할 수 있었다. 또는 안방의 불을 끄거나 TV를 끌 때 눈금이 올라가는 속도가 낮아지는 장면도 목격할 수 있었다. 심지어 기상청이 '사상 최악의 더위'라고 요란을 떨면 그 기간 동안 전기 요금이 평소보다 더 높아질 것이라는 경고 문자가 표시되기도 했다. 나머지 200곳의 가정집에는 디스플레이 장치가 없는 일반 계량기를 제공했다.

두 달이 지난 뒤 전기 요금이 가장 비쌌던 피크타임 때의 전기 사용량을 확인했다. 전자의 가정집은 다른 지역의 일반 가정집에 비해 22퍼센트가 감소된 반면 후자의 가정집은 고작 7퍼센트 감소에 그쳤다. 22퍼센트라는 수치는 지구 온실가스 배출량을 1~2퍼센트 줄일 수 있는 엄청난 숫자다. 실시간으로 전기 사용량을 알려주는 이 계량기는 우리에게 이렇게 속삭인다.

"불필요한 전등을 모두 꺼라. 그러면 당신은 전기 요금을 덜 내게 될 것이다. 보상을 주는 행동을 계속해서 반복하라. 그러면 당신에게 에너지 절약 습관이 생겨날 것이다."

스마트폰 중독에서 벗어나기

•

'전화기Phone'와 '냉대Snubbing'의 합성어인 **퍼빙**Phubbing은 스마트폰에 빠져 상대를 냉대하는 현상을 비꼬는 신조어다. 퍼빙은 히로시마에 떨어진 원자폭탄이나 체르노빌에서 일어난 최악의 재난보다 인류에 훨씬 더 안 좋은 영향을 끼치고 있다. 시도 때도 없이 스마트폰을 쳐다보는 이 습관이 우리의 정신세계에 가하는 압력은 은밀하고 가공할 만하다. 한 조사에 따르면 업무용 이메일 계정을 가진 미국 근로자 중 59퍼센트가 퇴근 후에도 수시로 스마트폰으로 업무용 이메일을 확인한다.[1] 언제 어디서나 회사를 생각하고 애사심을 고취할 수 있다는 장점에도 불구하고 이런 착취적 습관이 지닌 단점은 명백하다. 일터 밖에서 전자 장비 접촉이 늘어나면 스트레스, 정서 고갈, 부부 갈

등 등 부작용도 커진다.[2] 근무 조건이 안 좋거나 고되고 힘겨운 일을 하는 사람들만의 이야기가 아니다. 업무 종료 후에도 늘 상사, 동료, 고객과 연결되어 있어야 하는 상황 자체가 심각한 스트레스를 유발하는 것이다. 그리고 이 연결의 한가운데에 스마트폰이 놓여 있다. 이 손바닥만 한 기계는 매우 성실하고 끈덕지게 회사와 집의 경계를 허물고 양쪽의 근심과 고민을 쉬지 않고 퍼 나른다. 이런 습관에 지배된 사람들은 스트레스와 연관된 호르몬인 코르티솔 분비가 치솟는 모습을 보였다.[3]

업무용 이메일 계정이 없을지라도 분명 같은 시간만큼 스마트폰을 만지작거릴 것이다. 아마 페이스북이나 트위터를 들여다보거나 새로 나온 게임을 즐길 것이다. 거의 매분 울리는 수많은 피드 알림만으로도 신경이 곤두서고 진행 중인 일의 성과가 떨어진다는 연구 결과도 있다.[4] 앞에서 소개한 '퍼빙'은 우리의 인간관계에도 심각한 영향을 끼친다. 사랑하는 연인과 대화를 나눌 때 상대가 스마트폰만 바라보고 있다면 정성껏 쌓아올린 애정과 보람이 허무하게 무너지는 기분을 느낄 것이다.[5] 스마트폰으로 시작된 작은 갈등은 걷잡을 수 없는 거대한 불길이 되어 관계를 재로 만들기도 한다.[6]

우리의 관계가 이렇듯 고통을 받는 이유는 이상할 것이 없다. 스마트폰에 빠져든다는 건 스스로 경주마의 눈가리개를 쓰는 것이나 마찬가지다. 당신은 그저 눈앞에 있는 스마트폰만 바라볼 뿐, 세상이 돌아가는 모습은 죄다 놓치고 만다. 진동이 울리거나 알림 메시지가 뜨면 우리는 아침을 먹으면서, 차에서 내리면서, 사무실에 들어가면서, 승강기에 오르고 내리면서, 인사를 나누면서, 점심을 먹으면서…

주야장천 스마트폰을 들여다본다.

나는 세상에서 가장 흔한 이 습관을 이 책에서 다룬 습관 설계 법칙을 다시 한번 복습하는 사례로 활용하고자 한다.

가장 먼저 해야 할 일은 우선 <u>스스로</u> 스마트폰을 너무 자주 사용한다는 점을 알아채는 것이다. 너무나 당연한 말처럼 들릴지 모르지만, 좋은 습관이 삶에 적용되어 효과를 발휘하려면 선명한 **자각**이 필요하다. 일단 고리부터 끊어내야 한다. 만약 자신이 얼마나 스마트폰에 목매고 있는지 깨닫지 못하고 있다면, 가족과 동료와 친구 등 주변 사람의 힘을 빌릴 수 있다. "이봐, 너무 정신이 팔려 있잖아. 스마트폰은 잠깐 치워놓는 게 어때?" 이 말을 하루에 한 번이라도 들어봤다면 당신은 내 조언을 들을 자격이 충분하다.

두 번째로 할 일은 스마트폰을 작동하고 가능하게 만드는 **상황 신호를 제어**하는 것이다. 이 게임은 단순하다. 스마트폰을 붙잡게 만드는 신호를 제거하면 된다. 가장 직접적인 방법은 스마트폰을 치워버리는 것이다. 식탁에 앉을 때, 회의실에 들어갈 때, 커피를 마시러 카페에 들어갈 때 스마트폰을 들고 가지 마라. 처음에는 힘들겠지만 소방관이나 경찰관이 아닌 이상 30분쯤 연락이 두절된다고 해서 알아챌 사람은 아무도 없다. 집을 나설 때 우리가 늘 챙기는 세 가지 물건이 있다. 열쇠 꾸러미, 지갑, 그리고 스마트폰. 이 중에서 어딘가로 가기 위해 정말 필요한, 외출의 목적을 달성하는 데 반드시 필요한 물건은 단 두 가지뿐이다. 집 밖으로 나갈 때 특정한 물건을 챙기는 행동은 거의 모든 사람의 일상에 착 달라붙어 있는 매우 강력한 상황 신호다. 우리는 바깥 세상에 나서기 전 온갖 비상 상황에 의연하게 대처할 수 있도록 만반의 준비를 갖춘다. 하지만 2007년 애플이 아이폰을 출시하기 전의 자신을 떠올려보라. 그때도 집을 나설 때 이 세 가지 물건을 챙겼던가? 열쇠와 지갑만 챙겨도 충분했던 것 같은데? 그래도 우리는 여전히 살아남지 않았는가!

스마트폰을 치워버린다고 해서 그 마수에서 빠져나갈 수 있으리라는 말이 너무 순진하게 들릴지 모른다. 다행히도 스마트폰에는 우리가 재설계할 수 있는 신호가 풍부하다. 이를 적절히 활용해 **마찰력을 추가**하여 스마트폰 사용을 더 어렵게 만들 수 있다. 무음 모드로 변경하라. 전원을 꺼버려라. 방해 금지 모드로 설정해 특정한 전화만 받을 수 있게 조치하라. 불필요한 알림 신호를 제거하는 것만으로도 '스마트폰을 들여다봐야지' 하는 원치 않는 생각의 작동을 멈출 수 있다.

우리가 할 수 있는 일은 이 밖에도 무척 많다. 지퍼가 달린 주머니, 백팩, 파우치에 스마트폰을 넣어둬라. 페이스북 메시지를 확인하려면 지퍼를 열고 손을 집어넣어 꺼내야 하도록 만들어라. 급한 통화를 마친 후에는 전원을 꺼둬라. 다행히 우리에겐 고작 채팅 메시지를 확인하려고 스마트폰이 재부팅되는 10초를 기다릴 인내심이 없다. 이 사소한 지연이 별것 아닌 듯 느껴지겠지만, 약간의 망설임만으로도 나쁜 습관으로 향하는 마찰력을 획기적으로 높일 수 있다. 그 정도면 충분하다. 더 강력한 마찰력을 추가하는 방법은 스마트폰에 설치된 페이스북, 네이버, 구글 애플리케이션을 아예 삭제하는 것이다. 이제 사소한 메일 한 통을 확인하려면 웹브라우저를 열어 직접 'gmail.

com'이나 'facebook.com'을 입력해야 될 것이다.

도저히 습관을 없애지 못하겠다면 기존의 습관 위에 새롭고 건강한 행동을 **덮어씌우는 방법**도 있다. 스마트폰을 무의미하게 들여다볼 때마다 사랑하는 가족에게 문자를 보내는 것이다. 사소한 대화라도 좋다. 일주일 만에 뜬금없이 도착한 자식의 문자만으로도 우리의 어머니와 아버지는 미소를 지을 것이다. 동생이나 오빠, 누나와 언니의 반응 역시 마찬가지다. '좀 뜬금없지만 나쁘지 않네.' 이런 새로운 습관이 점차 자리를 잡으면 스마트폰을 집어 드는 일 자체를 곰곰이 다시 생각하게 된다. '내가 지금 왜 스마트폰을 들었더라?' 그러다 점차 가족에게 안부를 묻는 습관이 무의미하게 스마트폰을 들여다보는 습관을 슬그머니 밀어내고 그 자리를 차지하게 될 것이다.

기존 신호를 교란하고 마찰력을 추가하는 방법 말고도 우리는 안 좋은 습관을 대체할 다른 행동이 더 손쉽게 작동되도록 미리 손을 써 둘 수 있다. 즉, 손목시계를 차는 것이다. 시간과 날짜를 확인하려고 스마트폰을 켰다가 무의식적으로 트위터에 접속하고 인스타그램에 시간을 뺏기고 유튜브에 영혼을 털리는 불미스러운 일이 얼마나 잦은가? 주머니에 손을 집어넣는 대신 손목을 슥 쳐다봐라. 보기만 해도 기분이 좋고 손목을 감싼 묵직한 무게감만으로도 삶의 활력을 주는 손목시계를 차라(단, 스마트워치는 안 된다. 그건 반칙이니까). 이 **교체 행동**이 스마트폰의 늪에 빠져들 여지를 사전에 차단해줄 것이다.

그리고 마지막으로 스마트폰을 들여다보지 않는 행동에 **보상**을 줘라. 가장 좋은 보상은 행동 그 자체에 내재된 보상이라고 2부에서 설명했다. 즉시적이고 예측할 수 없다면 더 좋다. 나는 스마트폰을 너무 자주 들여다보지 않는 것 자체가 아주 훌륭한 보상이라고 생각한다. 잠시 커피숍에 앉아 있다고 하자. 화창한 하늘이 펼쳐진 오후다. 우리는 잠시 머리를 식히려고 사무실에서 나왔다. 물론 스마트폰을 꺼내 연예 가십을 확인하기에 더없이 완벽한 순간이다. 그러나 스마트폰은 이미 전원은 꺼져 있고 심지어 지퍼가 달린 패딩 안주머니에 보관되어 있다. 스마트폰을 꺼내는 순간 어머니에게 전화를 걸어 안부를 물어야 한다. 결국 우리는 익숙한 상황 신호를 차단하고 억제력을 발휘해 고질적인 습관을 이겨내는 데 성공했다.

그러나 허전한 두 손을 비비며 카페에 홀로 앉아 있기란 쉽지 않다. 아무런 실익이 없다. 이제 스스로에게 뭔가 멋진 **새로운 할 일**을 선사해야 한다. 아주 오랜 시간 인류에게 힘을 불어넣었으며 가장 낮은 비용으로 가장 높은 성취를 일궈낸 기적 같은 일 말이다. 단지 시간을 때우는 수준이 아니라 우리의 정신을 확장하고 빈칸을 채워주고 소중한 사람에게 들뜬 목소리로 들려줄 재미난 이야기를 얻을 수 있는 위대한 도구. 심지어 들고 다닐 수도 있으며 내구성도 좋다. 지금, 당신에겐 읽을 만한 좋은 책이 있는가?

지금까지 내가 설명한 방법은 빙산의 일각에 지나지 않는다. 우리의 일상을 이루는 요소는 다양하고 그것들이 작동하는 방식은 저마다 다르다. 각자의 삶에서 최선의 방법을 택해 상황 신호를 제어하고 마찰력을 추가하고 지금 하고 있는 행동의 이유와 목표를 재점검하라. 그리고 이 모든 과정을 꾸준히 **반복**하라. 시간이 지나면 처음에는 어렵게 느껴졌던 변화가 점차 몸에 각인될 것이다. 자동화가 시작되는 것이다. 새로운 행동이 어느새 자동으로 마음속에 떠오르게 되고, 나쁜 습관이 설 자리는 점점 좁아질 것이다. 이것이 내가 지난 30여 년간 탐구한 끝에 발견한 인간 행동 연구의 단 하나의 진실이다.

에필로그

무엇이 인간 내면의 충동을 제어하는가

.

이 책은 우리 모두가 매일 행하는 그 무언가에 대한 것이며, 사실상 우리 삶 전부를 다룬다. 여전히 인정하지 않는 사람이 훨씬 많지만, 삶의 상당 부분이 비의식적 자아의 지배를 받는다. 우리가 '습관'이라고 부르는 이 시스템은 결정력, 판단력, 추진력 등 다양한 이름으로 불리는 의식적 자아보다 느리게 움직인다. 그래서 본격적으로 활동하기까지 꽤 긴 시간이 걸리지만 한번 자리를 잡으면 어지간해서는 사라지지 않는다. 이는 마치 힘세고 믿음직한 일꾼과 비슷하다. 시키지 않아도 늘 일하고, 언제나 주인의 명령을 기다리며 같은 자리에서 대기하고 있다.

이때 당신이 할 일은 없다. 그저 우리 안의 머슴이 올바르게 일하도록 상황, 신호, 마찰력, 보상 등 지금까지 배운 습관 설계 도구를 활용해 가장 유리한 환경을 만들어주기만 하면 된다. 이를 통해 얻게 될 이익은 크게 두 가지다. 첫째, 좀 더 많은 목표를 좀 더 쉽게 이룰 수 있다. 둘째, 나는 이것이 더 중요하다고 생각하는데, 삶을 단순하고 고요하게 운영할 수 있다.

우리는 이미 습관적으로 살고 있다. 대다수가 그 사실을 인식하지 못하고 있을 뿐이다. 사람들은 자신의 커다란 잠재력을 무시한 채 늘 하던 대로 살아가고 있다. 더 잘할 수 있는 수많은 기회를 억지로 외면하고 무시하며 그저 열심히 최선을 다한다. 각종 매체와 SNS는 성공한 사람들의 피와 땀과 눈물이 뒤섞인 노력을 칭송하는 한편, 게으르고 인내심이 부족한 사람에게는 보이지 않는 채찍을 휘두른다.

찬란한 풍경과 평화로운 적막이 가득한 이 세상을 오직 버티면서 살아야 한다면 얼마나 괴롭고 무익한 삶이겠는가. 시간이 갈수록 정신이 단단해지고 손아귀에 움켜쥘 수 있는 무언가가 축적되는 삶이 아니라, 끝없이 스스로를 몰아붙이며 내면의 무언가를 고갈하고 탕진하는 삶을 당신은 받아들일 수 있는가? 많은 사람이 헛된 목표와 동기를 세운 뒤 자신을 착취하며 침몰하고 있다. 실현할 수 없는 과제를 수립해놓고 그 목표 지점과 점점 멀어지는 스스로를 바라보며 좌절하다 눈물을 흘린다. 자기혐오에 빠져 보잘것없는 능력과 인내심을 자책하며 아예 아무것도 하지 않는 길을 택한다. '무기력'은 생각보다 합리적이고 손해 볼 일 없는 선택지다. 적어도 밑져야 본전이니까. 그럴수록 우리는 입을 앙다물고 앞으로 나아간다. '네가 늘 포기하고 실패하는 건 네 인내심과 의지력이 부족하기 때문이라고!'

다 거짓말이다. 꿈꾸던 삶과 실제 삶이 조금씩 멀어지고 있다면 당신은 지금까지 살아온 방식을 점검해야 한다. 나는 좀 더 많은 사람이 고통스럽고 힘든 가시밭길을 걷지 말고 과학의 힘을 빌려 새롭고 건강한 습관을 설계함으로써 삶을 견고하게 다지는 자신만의 습관 시스템을 창조해내길 바라는 마음에서 이 책을 썼다. 그동안 방치해둔 무의식과 협력한다면 우리는 더 이상 내면의 충동에 휘둘리지 않고 건설적이고 생산적인 행동을 자동으로 반복할 수 있다. 우리 모두에게는 심오한 무언가가 있다. 그리고 그 무언가가 우리 삶에 복무하고 관여할 때 변화가 시작된다.

성공은 개인적인 용기나 결단으로 완성되지 않는다. 혼자서 무엇부터 달성할지 인기 투표를 한다고 하루아침에 목표가 이뤄지는 것이 아니다. 아무리 놀라운 체력을 지니고 있어도 여전히 탈락의 가능성은 존재하고, 종일 공부를 해도 불합격의 불운은 호시탐탐 당신을 노릴 것이다. 내가 지난 30여 년간 연구한 주제는 이런 것들이다.

성공과 실패의 간극을 무의미한 노력과 고통스러운 끈기 대신 좀 더 즐겁고 유쾌한 과정으로 채운다면 어떻게 될까?

우리가 처한 상황을 재배열해 자동으로 성공에 이르는 길을 닦을 수 있다면 어떻게 될까?

인간의 무의식을 배후에서 조종하는 존재가 있다면 그것은 무엇일까?

내면의 충동을 제어하고 늘 올바른 길로 인도하는 존재는 무엇일까?

성공한 사람들은 이 비밀을 이미 알고 있었다. 그리고 오래전부터 이 전략을 실천해왔다. 강인한 자제력을 지닌 것처럼 보이지만 실은 누구보다 가볍고 쉽게 문제를 해결해왔던 것이다. 이것이 '습관이 지배하는 삶', 혹은 '습관을 지배하는 삶'이 우리에게 보장하는 유일한 약속이다. 우리는 단단한 착각을 멈춰야 한다. 습관은 애쓰지 않는다. 이 힘 위에 올라타 당신만의 시스템을 구축하라. 습관으로 완성된 삶은 결코 무너지지 않는다. 이것이 의지박약과 노력만능이라는 거짓으로부터 우리를 구원해줄 단 하나의 과학이다.

주석

1부 무엇이 우리를 지속하게 하는가

•

1장   비의식적 자아·습관은 영원한 지속이다

1. Dan Ariely and Klaus Wertenbroch, "Procrastination, Deadlines, and Performance: Self-control by Precommitment," *Psychological Science* 13, no. 3 (2002): 219-24, doi:10.1111/1467-9280.00441; Janet Schwartz et al., "Healthier by Precommitment," *Psychological Science* 25, no. 2 (2014): 538-46, doi:10.1177/0956797613510950.

2. "The ASMBS and NORC Survey on Obesity in America," NORC at the University of Chicago, accessed March 10, 2018, http://www.norc.org/Research/Projects/Pages/the-asmbsnorc-obesity-poll.aspx.

3. "New Insights into Americans' Perceptions and Misperceptions of Obesity Treatments, and the Struggles Many Face," NORC at the University of Chicago, October 2016, http://www.norc.org/PDFs/ASMBS%20Obesity/

ASMBS%20NORC%20Obesity%20Poll_Brief%20B%20REV010917.pdf.

4. Icek Ajzen, "Residual Effects of Past on Later Behavior: Habituation and Reasoned Action Perspectives," *Personality and Social Psychology Review* 6, no. 2 (2002): 107–22, doi:10.1207/S15327957PSPR0602_02.

5. Rena R. Wing and Suzanne Phelan, "Long-term Weight Loss Maintenance," *The American Journal of Clinical Nutrition* 82, no. 1 (2005): 222S–25S, doi:10.1093/ajcn/82.1.222S.

6. Wing and Phelan.

7. Interview with David Kirchhoff, former president and CEO of Weight Watchers, May 18, 2017.

8. David A. Kessler, *The End of Overeating: Taking Control of the Insatiable American Appetite* (Emmaus, PA: Rodale Books, 2009).

9. DanielM. Wegner etal., "Paradoxical Effects of Thought Suppression," *Journal of Personality and Social Psychology* 53, no. 1 (1987): 514.

10. DanielM. Wegner, "Ironic Pro-cesses of Mental Control," *Psychological Review* 101, no. 1 (1994): 34, doi:10.1037//0033-295x.101.1.34.

2장 내성 착각·습관은 드러나지 않는다

1. Wendy Wood, Jeffrey M. Quinn, and Deborah A. Kashy, "Habits in Everyday Life: Thought, Emotion, and Action," *Journal of Personality and Social Psychology* 83, no. 6 (2002): 128–197, doi:10.1037/0022-3514.83.6.1281.

2. Jeffrey M. Quinn and Wendy Wood, "Habits Across the Lifespan" (unpublished manuscript, Duke University, 2005).

3. Emily Pronin and Matthew B. Kugler, "People Believe They Have More Free Will Than Others," *Proceedings of the National Academy of Sciences* 107, no.

52 (2010): 2246974, doi:10.1073/pnas.1012046108.

4. Richard E. Nisbett and Timothy D. Wilson, "Telling More Than We Can Know: Verbal Reports on Mental Processes," *Psychological Review* 84, no. 3 (1977): 231–59, doi:10.1037/0033-295X.84.3.231.

5. Nisbett and Wilson, 244.

6. Nisbett and Wilson, 244.

7. John T. Jost and David M. Amodio, "Political Ideology as Motivated Social Cognition: Behavioral and Neuroscientific Evidence," *Motivation and Emotion* 36, no. 1 (2012): 55–64, doi:10.1007/s11031-011-9260-7.

8. John H. Aldrich, Jacob M. Montgomery, and Wendy Wood, "Turnout as a Habit," *Plitical Behavior* 33, no. 4 (2011): 535–63, doi:10.1007/s11109-0109148-3.

9. Partners Studio, "4 Reasons Why Over 50% Car Crashes Happen Closer to Home," *HuffPost*, December 14, 2017, https://www.huffingtonpost.co.za/2017/14/4-reason-why-over-50-car-crashes-happen-closer-to-hom e_a_23307197.

10. "Odds of Dying," National Safety Council Injury Facts, 2016, https://injuryfacts.nsc.org/all injuries/preventable-death-overview/odds-of-dying.

11. Kirsten Korosec, "2016 Was the Deadliest Year on American Roads in Nearly a De-cade," *Fortune*, February 15, 2017, http://fortune.com/2017/02/15/trafficdeadliestyear/; *Global Status Report on Road Safety 2018* (Geneva: World Health Or ganization, 2018), https://www.who.int/violenceinjuryprevention/roadsafety/status/201/en/.

12. Emily Gliklich, Rong Guo, and Regan W. Bergmark, "Texting While Driving: A Study of 1211 U.S. Adults with the Distracted Driving Survey," *Preventive Medicine Reports 4* (2016): 486–89, doi:10.1016/j.pmedr.2016.09.003.

13. Brian J. Lucas and Loran F. Nordgren, "People Underestimate the Value of Per sistence for Creative Performance," *Journal of Personality and Social Psychology*

109, no. 2 (2015): 232-43, doi:10.1037/pspa0000030.

3장 습관 기억·습관은 목표에 집착하지 않는다

1. Edward C. Tolman, "Cognitive Maps in Rats and Men," *Psychological Review* 55, no. 4 (1948): 189-208, doi:10.1037/h0061626.

2. George A. Miller, "The Cognitive Revolution: A Historical Perspective," *Trends in Cognitive Sciences* 7, no. 3 (2003): 141-44, doi:10.1016/S1364-6613(03)00029-9.

3. George A. Miller, Eugene Galanter, and Karl H. Pribram, *Plans and the Structure of Behavior* (New York: Adams-Bannister-Cox, 1986), 2.

4. William James, *The Principles of Psychology*, vol. 1 (New York: Henry Holt, 1890; repr. Cosimo, 2007), 122.

5. Tara K. Patterson and Barbara J. Knowlton, "Subregional Specificity in Human Striatal Habit Learning: A Meta-Analytic Review of the fMRI Literature," *Current Opinion in Behavioral Sciences* 20 (2018): 75-82, doi:10.1016/j.cobeha.2017.10.005.

6. Richard M. Shiffrin and Walter Schneider, "Controlled and Automatic Human Information Pro-cessing: II. Perceptual Learning, Automatic Attending and a General Theory," *Psychological Review* 84, no. 2 (1977): 127-90, doi:10.1037/0033-295X.84.2.127.

7. Walter Schneider and Richard M. Shiffrin, "Controlled and Automatic Human Information Processing: I. Detection, Search, and Attention," *Psychological Review* 84, no. 1 (1977): 166, doi:10.1037/0033-295X.84.1.1.

8. Christopher D. Adams and Anthony Dickinson, "Instrumental Responding Following Reinforcer Devaluation," *Quarterly Journal of Experimental Psychology*

33*B*, no. 2 (1981): 109-21, doi:10.1080/14640748108400816.

9. William James, *Habit* (New York: Henry Holt, 1890), 24.

10. David T. Neal, Wendy Wood, Jennifer S. Labrecque, and Phillippa Lally, "How Do Habits Guide Behavior Perceived and Actual Triggers of Habits in Daily Life," *Journal of Experimental Social Psychology* 48, no. 2 (2012): 492-98, doi:10.1016/j.jesp.2011.10.011.

11. James, *Habit*, 24.

12. Drake Baer, "The Scientific Reason Why Barack Obama and Mark Zuckerberg Wear the Same Outfit Every Day," *Business Insider*, April 28, 2015, http://www businessinside-co-barac-obam-mar-zuckerber-wea-th-sam-outfi, 2015, 4.

13. Alfred N. Whitehead, *An Introduction to Mathematics* (New York: Henry Holt, 1911).

14. Gary Klein, Roberta Calderwood, and Anne Clinton-Cirocco, "Rapid Decision Making on the Fire Ground: The Original Study Plus a Postscript," *Journal of Cognitive Engineering and Decision Making* 4, no. 3 (2010): 186-209, doi:10.15 18/155534310X12844000801203.

15. Klein etal., 193.

16. Klein etal., 194.

17. Interview with Clay Helton, head football coach at the University of Southern California, August 9, 2017, Los Angeles.

4장 반복하는 뇌·습관은 애쓰지 않는다

1. Adwait Khare and J. Jeffrey Inman, "Habitual Behavior in American Eating Patterns: The Role of Meal Occasions," *Journal of Consumer Research* 32, no. 4

(2006): 56775, doi:10.1086/500487.

2. Michael Mosley, "Five-A-Day Campaign: A Partial Success," BBC News, January 3, 2013, http://www.bbc.com/news/health/20858809.

3. Richard Doll and Richard Peto, "The Causes of Cancer: Quantitative Estimates of Avoidable Risks of Cancer in the United States Today," *JNCI: Journal of the National Cancer Institute* 66, no. 6 (1981): 1192–1308, doi:10.1093/jnci/66.6.1192.

4. Xia Wang et al., "Fruit and Vegetable Consumption and Mortality from All Causes, Cardiovascular Disease, and Cancer: Systematic Review and Dose-Response Meta-Analysis of Prospective Cohort Studies," *BMJ* 349 (2014): g4490, doi:10.1136/bmj.g4490.

5. Gloria Stables etal., "5A Day Program Evaluation Research," in 5 *A Day for Better Health Program Monograph*, eds. Gloria Stables and Jerianne Heimen dinger (Rockville, MD: MasiMax, 2001), 89–111.

6. Sarah Stark Casagrande et al., "Have Americans Increased Their Fruit and Vegetable Intake The Trends Between 1988 and 2002," *American Journal of Preventive Medicine* 32, no. 4 (2007): 257–63, doi:10.1016/j.amepre.2006.12.002.

7. Latetia V. Moore and Frances E. Thompson, "Adults Meeting Fruit and Vegetable Intake Recommendations-United States 2013," Centers for Disease Control and Prevention, *Morbidity and Mortality Weekly Report* 64, no. 26 (2015): 709–13, July 10, 2015, https://www.cd-go-mmw-previe mmwrhtm-mm6426html; NatCen Social Research, *Health Survey for England* 2017 (London: NHS Digital, 2018), https://files.digital.nhs.uk/5B/B1297D/HSE%20report%20sum mary.pdf.

8. "What America Thinks: MetLife Foundation Alzheimer's Survey," MetLife Foundation, February 2011, https://www.metlife.com/content/dam/microsites/about/corporate profile/alzheimers 2011.pdf.

9. Khare and Inman, "Habitual Behavior in American Eating Patterns."

10. Adwait Khare and J. Jeffrey Inman, "Daily, Week-Part, and Holiday Patterns in Consumers' Caloric Intake," *Journal of Public Policy and Marketing* 28, no. 2 (2009): 234-52, doi:10.1509/jppm.28.2.234.

11. Barbara J. Rolls, Liane S. Roe, and Jennifer S. Meengs, "The Effect of Large Portion Sizes on Energy Intake Is Sustained for 11 Days," *Obesity* 15, no. 6 (2007): 1535-43, doi:10.1038/oby.2007.182.

12. Pierre Chandon, "How Package Design and Packaged-Based Marketing Claims Lead to Overeating," *Applied Economic Perspectives and Policy* 35, no. 1 (2013): 7-31, doi:10.1093/aepp/pps028.

13. Nicole Diliberti etal., "Increased Portion Size Leads to Increased Energy Intake in a Restaurant Meal," *Obesity Research* 12, no. 3 (2004): 562-68, doi:10.1038/oby.2004.64.

14. Mindy F. Ji and Wendy Wood, "Purchase and Consumption Habits: Not Necessarily What You Intend," *Journal of Consumer Psychology* 17, no. 4 (2007): 261-76, doi:10.1016/S1057-7408(07)70037-2.

15. Barbara J. Knowlton and Tara K. Patterson, "Habit Formation and the Striatum," in *Behavioral Neuroscience of Learning and Memory*, eds. Robert E. Clark and Stephen J. Martin, vol. 37 in *Current Topics in Behavioral Neurosciences* (Cham, Switzerland: Springer International, 2018), 275-95, doi:10.1007/7854_2016_451.

16. Henry H. Yin and Barbara J. Knowlton, "The Role of the Basal Ganglia in Habit Formation," *Nature Reviews Neuroscience* 7, no. 6 (2006): 464-76, doi:10.1038/nrn1919.

17. Bernard W. Balleine and John P. O'Doherty, "Human and Rodent Homologies in Action Control: Corticostriatal Determinants of Goal-Directed and Habitual Action," *Neuropsychopharmacology* 35, no. 1 (2010): 48-69, doi:10.1038/npp.2009.131.

18. Barbara J. Knowlton, Jennifer A. Mangels, and Larry R. Squire, "A Neostriatal Habit Learning System in Humans," *Science* 273, no. 5280 (1996): 1399-1402, doi:10.1126/science.273.5280.1399;Peter Redgrave et al., "Goal-Directed and Habitual Control in the Basal Ganglia: Implications for Parkinson's Disease," *Nature Reviews Neuroscience* 11, no. 11 (2010): 760-72, doi:10.1038/ nrn2915.

19. Knowlton and Patterson, "Habit Formation and the Striatum"; Tara K. Patterson and BarbaraJ. Knowlton, "Subregional Specificity in Human Striatal Habit Learning: A Meta-Analytic Review of the fMRI Literature," *Current Opinion in Behavioral Sciences* 20 (2018): 75-82, doi:1101cobeh 201.10.005.

20. Guy Itzchakov, Liad Uziel, and Wendy Wood, "When Attitudes and Habits Don't Correspond: Self-Control Depletion Increases Persuasion but Not Behavior," *Journal of Experimental Social Psychology* 75 (2018): 110, doi:10.1016/ j.jesp.2017.10.011.

21. A. N. Whitehead, *An Introduction to Mathematics* (New York: Henry Holt, 1911).

22. Jonathan St. B. T. Evans and Keith E. Stanovich, "Dual-Process Theories of Higher Cognition: Advancing the Debate," *Perspectives on Psychological Science* 8, no. 3 (2013): 223-41, doi:10.1177/1745691612460685.

23. Amitai Shenhav etal., "Toward a Rational and Mechanistic Account of Mental Effort," *Annual Review of Neuroscience* 40 (2017): 99-124, doi:10.1146/ annu rev-neuro-072116-031526.

5장   상황제어 · 습관은 투쟁하지 않는다

1. Walter Mischel and Ebbe B. Ebbesen, "Attention in Delay of Gratification,"

Journal of Personality and Social Psychology 16, no. 2 (1970): 329-37, doi:10.1037/h0029815.

2. Yuichi Shoda, Walter Mischel, and Philip K. Peake, "Predicting Adolescent Cognitive and Self-Regulatory Competencies from Preschool Delay of Gratification: Identifying Diagnostic Conditions," *Developmental Psychology* 26, no. 6 (1990): 978-86, doi:10.1037/0012-1649.26.6.978.

3. Tanya R. Schlam et al., "Preschoolers' Delay of Gratification Predicts Their Body Mass 30Years Later," *The Journal of Pediatrics* 162, no. 1 (2013): 90-93, doi:10.1016/j.jpeds.2012.06.049.

4. Shoda, Mischel, and Peake, "Predicting Adolescent Cognitive and Self-Regulatory Competencies."

5. Jeffrey M. Quinn etal., "Can't Control Yourself Monitor Those Bad Habits," *Personality and Social Psychology Bulletin* 36, no. 4 (2010): 499-511, doi:10.1177/0146167209360665.

6. June P. Tangney, Roy F. Baumeister, and Angie Luzio Boone, "High Self- Control Predicts Good Adjustment, Less Pathology, Better Grades, and Interpersonal Success," *Journal of Personality* 72, no. 2 (2004): 274, doi:10.1111/j.0022-3506.2004.00263.x.

7. Tangney, Baumeister, and Boone.

8. Eli J. Finkel and W. Keith Campbell, "Self-Control and Accommodation in Close Relationships: An Interdependence Analysis," *Journal of Personality and Social Psychology* 81, no. 2 (2001): 263-77, doi:10.1037//0022-3514.81.2.263.

9. Kirby Deater-Deckard etal., "Maternal Working Memory and Reactive Negativity in Parenting," *Psychological Science* 21, no. 1 (2010): 75-79, doi:10.1177/0956797609354073.

10. Camilla Stromback etal., "Does Self-Control Predict Financial Behavior and Financial Well-Being" *Journal of Behavioral and Experimental Finance* 14 (2017):

30–38, doi:10.1016/j.jbef.2017.04.002.

11.   Carmen Keller, Christina Hartmann, and Michael Siegrist, "The Association between Dispositional Self-Control and Longitudinal Changes in Eating Behaviors, Diet Quality, and BMI," *Psychology and Health* 31, no. 11 (2016): 1311–27, doi:10.1080/08870446.2016.1204451.

12.   Wilhelm Hofmann et al., "Everyday Temptations: An Experience Sampling Study of Desire, Conflict, and Self-Control," *Journal of Personality and Social Psychology* 102, no. 6 (2012): 1318–35, doi:10.1037/a0026545.

13.   Brian M. Galla and AngelaL. Duckworth, "More Than Resisting Temptation: Beneficial Habits Mediate the Relationship between Self-Control and Positive Life Outcomes," *Journal of Personality and Social Psychology* 109, no. 3 (2015): 508–25, doi:10.1037/pspp0000026.

14.   Galla and Duckworth.

15.   Galla and Duckworth.

16.   Denise T. D. de Ridder etal., "Taking Stock of Self-Control: A Meta-Analysis of How Trait Self-Control Relates to a Wide Range of Behaviors," *Personality and Social Psychology Review* 16, no. 1 (2012): 76–99, doi:10.1177/1088868311418749.

17.   De Ridder etal., 91.

18.   Ruth Umoh, "Bill Gates Said He Had to Quit This Common Bad Habit Before He Became Successful," CNBC, March 16, 2018, https://www.cnbc.com/2018/03/16/bill-gates-quit-this-bad-habit-before-he-became-successful.html.

19.   "I'm Bill Gates, Co-Chair of the Bill and Melinda Gates Foundation. Ask Me Anything," Reddit, accessed May 14, 2018, https://www.reddico/IAmcomment/49jkh/i/bil/gate/cochai/o/th/bil/melind/gates.

20.   Umoh, "Bill Gates Said He Had to Quit This Common Bad Habit."

21. Bill Gates, *Business @ the Speed of Thought: Succeeding in the Digital Economy* (New York: Hachette Book Group, 1999).

22. Christian Crandall and Monica Biernat, "The Ideology of Anti-Fat Attitudes," *Journal of Applied Social Psychology* 20, no. 3 (1990): 227-43, doi:10.1111/j.1559-1816.1990.tb00408.x.

23. Pei-Ying Lin, Wendy Wood, and John Monterosso, "Healthy Eating Habits Protect against Temptations," *Appetite* 103 (2016): 432-40, doi:10.1016/j.appet.2015.11.011.

24. Angela L. Duckworth, Tamar Szabo Gendler, and James J. Gross, "Situational Strategies for Self-Control," *Perspectives on Psychological Science* 11, no. 1 (2016): 35-55, doi:10.1177/1745691615623247.

2부 습관은 어떻게 일상에 뿌리내리는가
●
6장 습관 설계 법칙 1 · 나를 중심으로 상황을 재배열하라

1. Lydia Saad, "U.S. Smoking Rate Still Coming Down," Gallup, July 24, 2008, https://newsgallucopol10904u/smokin/rat/stil/comin/dow.aspx.

2. "Tobacco-Related Mortality," Centers for Disease Control and Prevention, May 15, 2017, https://www.cdc.gov/tobacco/datastatistics/factsheets/healtheffects/tobacc/relate/mortalit/inde.html.

3. Lydia Saad, "Tobacco and Smoking," Gallup, August 15, 2002, http://www.gallu/co/pol/991/tobacc/smokin.aspx.

4. *Smoking and Health: A Report of the Surgeon General: Appendix: Cigarette Smoking in the United States, 1950-1978* (United States Public Health Service, Office on Smoking and

Health, 1979), https://profiles.nlm.nih.gov/ps/access nnbcp.pdf.

5. "Burden of Tobacco Use in the U.S.," Centers for Disease Control and Prevention, last modified April 23, 2018, https://www.cdc.gov/tobacco/campaign/tips/resources/data/cigarette smoking-in-united-states.html; "Tobacco: Data and Statistics," World Health Organization, accessed February 16, 2019, http://www.eurwhinehealt/topic/diseas/preventio/tobacc/dat/an.statistics.

6. "Cigarette Smoking and Tobacco Use Among People of Low Socioeconomic Status," Centers for Disease Control and Prevention, last modified August 21, 2018, https://www.cd/go/tobacc.disparitie/lo-se-inde.html.

7. U.S. Department of Health and Human Services, *The Health Consequences of Smoking: 50 Years of Progress. A Report of the Surgeon General* (Atlanta, GA: U.S. Department of Health and Human Services, Centers for Disease Control and Prevention, National Center for Chronic Disease Prevention and Health Promotion, Office on Smoking and Health, 2014), 86-8.

8. "Quitting Smoking Among Adults-United States, 2000-2015," Centers for Disease Control and Prevention, January 6, 2017, https://www.cdc.gov/tobacco-dat-statistic-mmwr-byyea-201-mm6552a-highlight.html.

9. Eleni Vangeli etal., "Predictors of Attempts to Stop Smoking and Their Success in Adult General Population Samples: A Systematic Review," *Addiction* 106, no. 12 (2011): 2110-21, doi:10.1111/j.1360-0443.2011.03565.x.

10. "Quitting Smoking Among Adults-United States, 2000-2015."

11. Michael Chaiton etal., "Estimating the Number of Quit Attempts It Takes to Quit Smoking Successfully in a Longitudinal Cohort of Smokers," *BMJ Open* 6, no. 6 (2016): e0110-45, doi:10.1136/bmjopen-2016-011045.

12. Jody Brumage, "The Public Health Cigarette Smoking Act of 1970," Robert C. Byrd Center, July25, 2017, https://www.byrdcente_or_byr_cente/blo/th/

publi_healt/cigarett/smokin/ac/o.1970.

13. "State and Local Comprehensive Smoke-Free Laws for Worksites, Restaurants, and Bars-United States, 2015," Centers for Disease Control and Prevention, last modified August 24, 2017, https://www.cdc.gov/mmwr/volumes/65/wr/mm6524a4.htm.

14. Emily M. Mader etal., "Update on Per-for-mance in Tobacco Control: A Longitudinal Analysis of the Impact of Tobacco Control Policy and the US Adult Smoking Rate, 20112013," *Journal of Public Health Management and Practice* 22, no. 5 (2016): E29-E35, doi:10.1097/phh.0000000000000358; Mader etal. also found that smoking cessation services did not have a significant impact on smoking rate, but, noting that other studies have found a positive impact, suggested more such services merit increased funding.

15. Justin McCarthy, "In U.S., Smoking Rate Lowest in Utah, Highest in Kentucky," Gallup, March 13, 2014, http://www.gallup.com/poll/167771/smoking rate lowest utah highest kentucky.aspx.

16. Sheina Orbell and Bas Verplanken, "The Automatic Component of Habit in Health Behavior: Habit as Cue-Contingent Automaticity," *Health Psychology* 29, no. 4 (2010): 374-83, doi:10.1037/a0019596.

17. Morgan Scarboro, "How High Are Cigarette Taxes in Your State" Tax Foundation, May 10, 2017, https://taxfoundation.org/state cigarette taxes/.

18. "Map of Excise Tax Rates on Cigarettes," Centers for Disease Control and Prevention, January 2, 2018, https://www.cdc.gov/statesystem/excisetax.html.

19. "Map of Current Cigarette Use Among Adults," Centers for Disease Control and Prevention, September 19, 2017, https://www.cdc.gov/statesystem/cigaretteuseadult html.

20. Stanton A. Glantz, "Tobacco Taxes Are Not the Most Effective Tobacco

Control Policy (As Actually Implemented)," UCSF Center for Tobacco Control Research and Education, January11, 2014, https://tobacc/ucs/ed/tobacc/taxe/ar/no/mos/effectiv/tobacc-contro-policactuall-implemented.

21. Thomas R. Kirchner et al., "Geospatial Exposure to Point-of-Sale Tobacco: Real-Time Craving and Smoking-Cessation Outcomes," *American Journal of Preventive Medicine* 45, no. 4 (2013): 379–85, doi:10.1016/j.amepre.2013.05.016; see also Steven J. Hoffman and Charlie Tan, "Overview of Systematic Reviews on the Health-Related Effects of Government Tobacco Control Policies," *BMC Public Health* 15 (2015): 744, doi:10.1186/s12889-015-2041-6; and Christopher P. Morley and Morgan A. Pratte, "State-Level Tobacco Control and Adult Smoking Rate in the United States: An Ecological Analysis of Structural Factors," *Journal of Public Health Management and Practice* 19, no. 6 (2013): E20–E27, doi:10.1097/PHH.0b013e31828000de.

22. Kurt Lewin, "Frontiers in Group Dynamics: Concept, Method and Reality in Social Science;Social Equilibria and Social Change," *Human Relations* 1, no. 1 (1947): 5–41, doi:10.1177/001872674700100103.

23. Derek J. Koehler, Rebecca J. White, and Leslie K. John, "Good Intentions, Optimistic Self-Predictions, and Missed Opportunities," *Social Psychological and Personality Science* 2, no. 1 (2011): 90–96, doi:10.1177/1948550610375722.

24. Lee D. Ross, Teresa M. Amabile, and Julia L. Steinmetz, "Social Roles, Social Control, and Biases in Social-Perception Processes," *Journal of Personality and Social Psychology* 35, no. 7 (1977): 485–94, doi:10.1037/0022-3514.35.7.485.

25. Angela L. Duckworth etal., "A Stitch in Time: Strategic Self-Control in High School and College Students," *Journal of Educational Psychology* 108, no. 3 (2016): 329–41, doi:10.1037/edu0000062.

26. Angela L. Duckworth, Tamar Szabo Gendler, and James J. Gross, "Situational Strategies for Self-Control," *Perspectives on Psychological Science* 11, no. 1 (2016):

35-55, doi:10.1177/1745691615623247.

27. Duckworth etal., "A Stitch in Time."

28. Michael R. Ent, Roy F. Baumeister, and Dianne M. Tice, "Trait Self-Control and the Avoidance of Temptation," *Personality and Individual Differences* 74 (2015): 12-15, doi:10.1016/j.paid.2014.09.031.

29. Ent, Baumeister, and Tice.

30. Ent, Baumeister, and Tice.

31. Lenny R. Vartanian et al., "Modeling of Food Intake: A Meta-Analytic Review," *Social Influence* 10, no. 3 (2015): 119-36, doi:10.1080/15534510.2015.1 008037; Tegan Cruwys, Kirsten E. Bevelander, and Roel C. J. Hermans, "Social Modeling of Eating: A Review of When and Why Social Influence Affects Food Intake and Choice," *Appetite* 86 (2015): 318, doi:10.1016/j.appet.2014.08.035.

32. Lenny R. Vartanian etal., "Conflicting Internal and External Eating Cues: Impact on Food Intake and Attributions," *Health Psychology* 36, no. 4 (2017): 365-69, doi:10.1037/hea0000447; Samantha Spanos etal., "Failure to Report Social Influences on Food Intake: Lack of Awareness or Motivated Denial" *Health Psychology* 33, no. 12 (2014): 1487-94, doi:10.1037/hea0000008.

33. Scott E. Carrell, Mark Hoekstra, and James E. West, "Is Poor Fitness Contagious Evidence from Randomly Assigned Friends," *Journal of Public Economics* 95, nos. 78 (2011): 657-63, www.nber.org/papers/w16518.

7장   습관 설계 법칙 2 · 적절한 곳에 마찰력을 배치하라

1. Interview with Professor M. Keith Chen, former head of economic research for Uber, May 15, 2017, Santa Monica, CA.

2.   Gregory J. Privitera and Faris M. Zuraikat, "Proximity of Foods in a Competitive Food Environment Influences Consumption of a Low Calorie and a High Calorie Food," *Appetite* 76 (2014): 175–79, doi:10.1016/j.appet.2014.02.004.

3.   Valerie J. V. Broers et al., "A Systematic Review and Meta-Analysis of the Effectiveness of Nudging to Increase Fruit and Vegetable Choice," *European Journal of Public Health* 27, no. 5 (2017): 912–20, doi:10.1093/eurpub/ckx085;Tamara Bucher et al., "Nudging Consumers Towards Healthier Choices: A Systematic Review of Positional Influences on Food Choice," *British Journal of Nutrition* 115, no. 12 (2016): 225–263, doi:10.1017/s0007114516001653.

4.   J. Nicholas Bodor et al., "Neighbourhood Fruit and Vegetable Availability and Consumption: The Role of Small Food Stores in an Urban Environment," *Public Health Nutrition* 11, no. 4 (2008): 413–20, doi:10.1017/s1368980007000493.

5.   Alexandra E. Evans etal., "Introduction of Farm Stands in Low-Income Communities Increases Fruit and Vegetable among Community Residents," *Health and Place* 18, no. 5 (2012): 1137–43, doi:10.1016/j.healthplace.2012.04.007.

6.   Rachel Bachman, "How Close Do You Need to Be to Your Gym" *The Wall Street Journal*, March 21, 2017, https://www.wsj.com/articles/how/close/do/you-need-to-be-to-your-gym/1490111186.

7.   Leon Festinger, Stanley Schachter, and Kurt Back, *Social Pressures in Informal Groups; A Study of Human Factors in Housing* (New York: Harper, 1950).

8.   Erin Frey and Todd Rogers, "Persistence: How Treatment Effects Persist After Interventions Stop," *Policy Insights from the Behavioral and Brain Sciences* 1, no. 1 (2014): 172–79, doi:10.1177/2372732214550405.

9. Emma Runnemark, Jonas Hedman, and Xiao Xiao, "Do Consumers Pay More Using Debit Cards Than Cash" *Electronic Commerce Research and Applications* 14, no. 5 (2015): 285–91, doi:10.1016/j.elerap.2015.03.002.

10. Jonathan Cantor etal., "Five Years Later: Awareness of New York City's Calorie Labels Declined, with No Changes in Calories Purchased," *Health Affairs* 34, no. 11 (2015): 1893–1900, doi:10.1377/hlthaff.2015.0623; Kamila M. Kiszko et al., "The Influence of Calorie Labeling on Food Orders and Consumption: A Review of the Literature," *Journal of Community Health* 39, no. 6 (2014): 1248–69, doi:10.1007/s10900-014-9876-0; Susan E. Sinclair, Marcia Cooper, and Elizabeth D. Mansfield, "The Influence of Menu Labeling on Calories Selected or Consumed: A Systematic Review and Meta-Analysis," *Journal of the Academy of Nutrition and Dietetics* 114, no. 9 (2014): 1375–88, doi:10.1016/j.jand.2014.05.014; although see Natalina Zlatevska, Nico Neumann, and Chris Dubelaar, "Mandatory Calorie Disclosure: A Comprehensive Analysis of Its Effect on Consumers and Retailers," *Journal of Retailing* 94, no. 1 (2018): 89–101, doi:10.1016/j.jretai.2017.09.007.

11. To Dieu-Hang etal., "House-hold Adoption of Energy and Water-Efficient Appliances: An Analysis of Attitudes, Labelling and Complementary Green Behaviours in Selected OECD Countries," *Journal of Environmental Management* 197 (2017): 140–50, doi:10.1016/j.jenvman.2017.03.070.

12. Allison Aubrey, "More Salt in School Lunch, Less Nutrition Info on Menus:Trump Rolls Back Food Rules," NPR, May 2, 2017, https://www.npr.org/sections-thesal-20100-52644864-trum-administratio-roll-bacobam/er/rules/on-calorie-counts-school.lunch.

13. George Loewenstein, Cass R. Sunstein, and Russell Golman, "Disclosure: Psychology Changes Everything," *Annual Review of Economics* 6 (2014): 391–419, doi:10.1146/annurev-economics-080213-041341.

14. Brian Wansink and Collin R. Payne, "Eating Behavior and Obesity at Chinese Buffets," *Obesity* 16, no. 8 (2008): 1957-60, doi:10.1038/oby.2008.286. Note that these data are from the Corrigendum and verified by http://www.timvan-derzee.com/the-wansink/dossieran.overview.

8장   습관 설계 법칙 3 · 나만의 신호를 발견하라

1. Navin Kaushal and Ryan E. Rhodes, "Exercise Habit Formation in New Gym Members: A Longitudinal Study," *Journal of Behavioral Medicine* 38, no. 4 (2015): 652-63, doi:10.1007/s10865-015-9640-7.

2. L. Alison Phillips, Howard Leventhal, and Elaine A. Leventhal, "Assessing Theoretical Predictors of Long-Term Medication Adherence: Patients' Treatment-Related Beliefs, Experiential Feedback and Habit Development," *Psychology and Health* 28, no. 10 (2013): 1135-51, doi:10.1080/08870446.2013.793798.

3. Gerard J. Molloy, Heather Graham, and Hannah McGuinness, "Adherence to the Oral Contraceptive Pill: A Cross-Sectional Survey of Modifiable Behavioural Determinants," *BMC Public Health* 12 (2012): 83-8, doi:10.1186/1471-2458-12-838.

4. Phillips, Leventhal, and Leventhal, "Assessing Theoretical Predictors of Long- Term Medication Adherence."

5. Brian A. Anderson, "The Attention Habit: How Reward Learning Shapes Attentional Selection," Annals of the New York Academy of Sciences 1369, no. 1 (2016): 24-39, doi:10.1111/nyas.12957.

6. Brian A. Anderson, Patryk A. Laurent, and Steven Yantis, "Value-Driven Attentional Capture," *Proceedings of the National Academy of Sciences* 108, no. 25 (2011): 10367-71, doi:10.1073/pnas.1104047108.

7. Interview with Dr. Tania Lisboa, professional cellist and Research Fellow at London's Royal College of Music, November2, 2017.

8. Lorraine Carli, "NFPA Encourages Testing Smoke Alarms as Daylight Saving Time Begins," National Fire Protection Association, March 6, 2014, https://www.nfpor/New/an/Researc-New-an-mediPres-Roo-New-release201NFPencourage/testin/smok/alarm/a-Dayligh-Savin-Tim-begins.

9. Steve Sternberg, "How Many Americans Floss Their Teeth" U.S. *News and World Report*, May 2, 2016, https://www.usnews.com/news/articles/20160502/how_many_americans_floss_their_teeth.

10. Gaby Judah, Benjamin Gardner, and Robert Aunger, "Forming a Flossing Habit: An Exploratory Study of the Psychological Determinants of Habit Formation," *British Journal of Health Psychology* 18, no. 2 (2013): 338-53, doi:10.1111/j.2044 8287.2012.02086.x.

11. Labrecque etal.

12. Psychologists reading this might wonder how stacking differs from *implementation intentions*, or "if-then" plans. Implementation intentions tie an intention to a future event, without regard for whether that event is a habit or not. Labrecque etal. (2017) found that such standard implementation intentions did not increase students' use of the laundry product across the four weeks of the study.

13. Jennifer S. Labrecque et al., "Habit Slips: When Consumers Unintentionally Resist New Products," *Journal of the Academy of Marketing Science* 45, no. 1 (2017): 119-33, doi:10.1007/s11747-016-0482-9.

14. Labrecque etal., "Habit Slips." This strategy was called *response substitution* in early behavior therapy.

15. Margot Sanger-Katz, "The Decline of 'Big Soda,'" *The New York Times*, October 2, 2015, https://www.nytimes.com/2015/10/04/upshot/soda-

industry-struggles-as-consumer-tastes-change.html.

9장   습관 설계 법칙 4 · 행동과 보상을 긴밀히 연결하라

1. Henry H. Yin and Barbara J. Knowlton, "The Role of the Basal Ganglia in Habit Formation," *Nature Reviews Neuroscience* 7, no. 6 (2006): 464-76, doi:10.1038/nrn1919.

2. Roy A. Wise, "Dopamine and Reward: The Anhedonia Hypothesis 30 Years On," *Neurotoxicity Research* 14, no. 23 (2008): 169-83, doi:10.1007/bf030-33808;Wolfram-Schultz, "Neuronal Reward and Decision Signals: From Theories to Data," *Physiological Reviews* 95, no. 3 (2015): 853-951, doi:10.1152/physrev.00023.2014.

3. Wolfram Schultz, "Dopamine Reward Prediction Error Coding," *Dialogues in Clinical Neuroscience* 18, no. 1 (2016): 23-32.

4. Schultz, "Neuronal Reward and Decision Signals."

5. Tomomi Shindou et al., "A Silent Eligibility Trace Enables Dopamine-Dependent Synaptic Plasticity for Reinforcement Learning in the Mouse Striatum," *European Journal of Neuroscience* (2018): 111, doi:10.1111/ejn.13921.

6. Volkswagen, "The Fun Theory 1-Piano Staircase Initiative," October 26, 2009, video, 1:47, https://www.youtube.com/watch.SByymar3bds.

7. Volkswagen, "The Fun Theory 2-An Initiative of Volkswagen: The World's Deepest Bin," October 26, 2009, video, 1:26, https://www.youtube.com/watch/qRgWttqFKu8.

8. Justine Burns, Brendan Maughan-Brown, and Aurea Mouzinho, "Washing with Hope: Evidence from a Hand-Washing Pi-lot Study among Children in South Africa," *BMC Public Health* 18 (2018): 70-9, doi:10.1186/s12889-

018-5573-8;Abigail Sellman, Justine Burns, and Brendan Maughan-Brown, "Handwashing Behaviour and Habit Formation in the Household: Evidence of Spillovers from a Pi-lot Randomised Evaluation in South Africa," SALDRU Working Paper Series, no. 226 (2018).

9. David Neal etal., *The Science of Habit:Creating Disruptive and Sticky Behavior Change in Handwashing Behavior* (Washington, D.C.: USAID/WASHplus Project, 2015).

10. Benjamin Gardner and Phillippa Lally, "Does Intrinsic Motivation Strengthen Physical Activity Habit Modeling Relationships between Self-Determination, Past Behaviour, and Habit Strength," *Journal of Behavioral Medicine* 36, no. 5 (2013): 488-97, doi:10.1007/s10865-012-9442-0; for similar findings with eating fruits and vegetables, see Amelie U. Wiedemann et al., "Intrinsic Rewards, Fruit and Vegetable Consumption, and Habit Strength: A Three-Wave Study Testing the Associative-Cybernetic Model," *Applied Psychology:Health and Well-Being* 6, no. 1 (2014): 119-34, doi:10.1111/aphw.12020.

11. Eleni Mantzari et al., "Personal Financial Incentives for Changing Habitual Health-Related Behaviors: A Systematic Review and Meta-Analysis," *Preventive Medicine* 75 (2015): 75-85, doi:10.1016/j.ypmed.2015.03.001.

12. Jeffrey T. Kullgren etal., "Individual Versus Group-Based Financial Incentives for Weight Loss: A Randomized, Controlled Trial," *Annals of Internal Medicine* 158, no. 7 (2013): 505-14, doi:10.7326/0003-4819-158-7-201304020-00002.

13. Wendy Wood and David T. Neal, "Healthy through Habit: Interventions for Initiating and Maintaining Health Behavior Change," *Behavioral Science and Policy* 2, no. 1 (2016): 71-83, doi:10.1353/bsp.2016.0008.

14. Rebecca Greenfield, "Workplace Wellness Programs Really Don't Work," *Bloomberg*, January 26, 2018, https://www.bloomberg.com/news/

articles/20180126/workplacewellness-programs-really-dont-work.

15. John Rosengren, "How Casinos Enable Gambling Addicts," *The Atlantic*, December 2016, https://www.theatlantic.com/magazine/archive/2016/12/losing-it-all/505814/.

16. Patrick Anselme, "Dopamine, Motivation, and the Evolutionary Significance of Gambling-Like Behaviour," *Behavioural Brain Research* 256 (2013): 14, doi:10.1016/j.bbr.2013.07.039.

17. Lisa Eadicicco, "Americans Check Their Phones 8 Billion Times a Day," *Time*, December 15, 2015, http://time.com/4147614/smartphone-usage-us-2015.

18. Alicia L. DeRusso etal., "Instrumental Uncertainty as a Determinant of Behavior under Interval Schedules of Reinforcement," *Frontiers in Integrative Neuroscience* 4 (2010): 17, doi:10.3389/fnint.2010.00017.

19. Luxi Shen, Ayelet Fishbach, and Christopher K. Hsee, "The Motivating-Uncertainty Effect: Uncertainty Increases Resource Investment in the Process of Reward Pursuit," *Journal of Consumer Research* 41, no. 5 (2015): 1301-15, doi:10.1086/679418.

20. Kellie Ell, "Video Game Industry Is Booming with Continued Revenue," CNBC, July 18, 2018, https:/.www.cnb-co-20101-vide-gam-industr-is-booming-with-continued-revenue.html.

21. Erol Ozcelik, Nergiz Ercil Cagiltay, and Nese Sahin Ozcelik, "The Effect of Uncertainty on Learning in Game-Like Environments," *Computers and Education* 67 (2013): 12-20, doi:10.1016/j.compedu.2013.02.009; see also Paul A. Howard-Jones etal., "Gamification of Learning Deactivates the Default Mode Network," *Frontiers in Psychology* 6 (2016): 18-91, doi:10.3389/fpsyg.2015.01891.

22. Yin and Knowlton, "The Role of the Basal Ganglia in Habit Formation."

23. Christopher D. Adams, "Variations in the Sensitivity of Instrumental Responding to Reinforcer Devaluation," *The Quarterly Journal of Experimental Psychology Section B* 34, no. 2b (1982): 77-98, doi:10.1080/14640748208400878; Anthony Dickinson, "Actions and Habits: The Development of Behavioural Autonomy," Philosophical Transactions of the Royal Society of London. B: Biological Sciences 308, no. 1135 (1985): 67-78, doi:10.1098/rstb.1985.0010.

24. David T. Neal etal., "The Pull of the Past: When Do Habits Persist Despite Conflict with Motives" *Personality and Social Psychology Bulletin* 37, no. 11 (2011): 1428-37, doi:10.1177/0146167211419863.

10장 습관 설계 법칙 5 · 마법이 시작될 때까지 반복하라

1. Maxwell Maltz, *Psycho-Cybernetics* (New York: Pocket Books, 1989).

2. Phillippa Lally etal., "How Are Habits Formed: Modelling Habit Formation in the Real World," *European Journal of Social Psychology* 40, no. 6 (2010): 998- 1009, doi:10.1002/ejsp.674.

3. Paschal Sheeran etal., "Paradoxical Effects of Experience: Past Behavior Both Strengthens and Weakens the Intention-Behavior Relationship," *Journal of the Association of Consumer Research* 2, no. 3 (2017): 309-18, doi:10.1086/691216.

4. Interview with Professor M. Keith Chen, former head of economic research for Uber, May 15, 2017, Santa Monica, CA.

5. Unna N. Danner, Henk Aarts, and Nanne K. de Vries, "Habit vs. Intention in the Prediction of Future Behaviour: The Role of Frequency, Context Stability and Mental Accessibility of Past Behaviour," British Journal of Social Psychology 47, no. 2 (2008): 245-65, doi:10.1348/014466607x230876.

6. Bas Verplanken, Henk Aarts, and Ad van Knippenberg, "Habit, Information

Acquisition, and the Process of Making Travel Mode Choices," *European Journal of Social Psychology* 27, no. 5 (1997): 539–60, doi:10.1002/(SICI)109 90992(199709/10)27:5⟨539::AID EJSP831⟩3.0.CO;2 A; Henk Aarts, Bas Verplanken, and Ad van Knippenberg, "Habit and Information Use in Travel Mode Choices," *Acta Psychologica* 96, no. 12 (1997): 114, doi:10.1016/s0001-6918(97)00008-5.

7. Steven S. Posavac, Frank R. Kardes, and J. Joko Brakus, "Focus Induced Tunnel Vision in Managerial Judgment and Decision Making: The Peril and the Antidote," *Organizational Behavior and Human Decision Processes* 113, no. 2 (2010): 102–11, doi:10.1016/j.obhdp.2010.07.002.

8. Christopher J. Armitage, "Can the Theory of Planned Behavior Predict the Maintenance of Physical Activity" *Health Psychology* 24, no.3 (2005): 235–45, doi:10.1037/0278-6133.24.3.235.

9. Will Durant, *The Story of Philosophy: The Lives and Opinions of the World's Greatest Philosophers* (New York: Pocket Books, 1926, 1954), 87.

10. Malcolm Gladwell, *Outliers: The Story of Success* (New York: Little, Brown, 2008).

11. Benjamin Morris, "Stephen Curry Is the Revolution," *FiveThirtyEight*, December 3, 2015, http://fivethirtyeight.com/features/stephen-curry-is-the-revolution.

12. Michael Rothman, "Stephen and Ayesha Curry: Inside Our Whirlwind Life," ABC News, accessed May 18, 2018, https://abcnews.go.com/Entertainment/fullpage/stephen-ayesha-curry-inside-whirlwind-life-34207323.

13. Mark J. Burns, "Success Is Not an Accident: What Sports Business Millennials Can Learn from NBA MVP Stephen Curry," *Forbes*, June 13, 2015, https://www.forbes.com/sites/markjburns/2015/06/13/success-is-not-an-accident-what-sport-busines-millennial/ca/lear/fro/nb-mv-stephe-curr/#62c34b3d15fb.

14. Brooke N. Macnamara, David Z. Hambrick, and Frederick L. Oswald, "Deliberate Practice and Performance in Music, Games, Sports, Education, and Professions: A Meta-Analysis," *Psychological Science* 25, no. 8 (2014): 1608-18, doi:10.1177/0956797614535810.

15. Jen Labrecque, Kristen Lee, and Wendy Wood, "Overthinking Habit" (manuscript under revision, University of Southern California, 2018).

16. Claire M. Gillan etal., "Model-Based Learning Protects against Forming Habits," *Cognitive, Affective, and Behavioral Neuroscience* 15, no. 3 (2015): 523-36, doi:10.3758/s13415-015-0347-6.

3부   습관은 어떻게 삶을 변화시키는가
•
11장   습관 단절 · 삶의 거대한 변화에 대하여

1. Shaun Larcom, Ferdinand Rauch, and Tim Willems, "The Benefits of Forced Experimentation: Striking Evidence from the London Underground Network," *The Quarterly Journal of Economics* 132, no. 4 (2017): 2019-55, doi:10.1093/ qje/qjx020.

2. Bas Verplanken etal., "Context Change and Travel Mode Choice: Combining the Habit Discontinuity and Self-Activation Hypotheses," *Journal of Environmental Psychology* 28, no.2 (2008): 121-27, doi:10.1016/ j.jenvp.2007.10.005.

3. Felix Ravaisson, *Of Habit*, trans. Clare Carlisle and Mark Sinclair (London: Continuum, 2008; orig. pub. 1838).

4. Roy F. Baumeister and Ellen Bratslavsky, "Passion, Intimacy, and Time:

Passionate Love as a Function of Change in Intimacy," *Personality and Social Psychology Review* 3, no. 1 (1999): 49–67, doi:10.1207/s15327957pspr0301_3.

5. Baumeister and Bratslavsky.

6. Verplanken etal., "Context Change and Travel Mode Choice."

7. SamK. Hui etal., "The Effect of In–Store Travel Distance on Unplanned Spending: Applications to Mobile Promotion Strategies," *Journal of Marketing* 77, no. 2 (2013): 116, doi:10.1509/jm.11.0436.

8. Hui etal.

9. Tom Ryan, "Older Shoppers Irritated by Supermarket Layout Changes," Retail Wire, March 12, 2012, http://www.retailwire.com/discussion/older/ shoppers/irritated–by–supermarket–layout–changes/.

10. Scott Young and Vincenzo Ciummo, "Managing Risk in a Package Redesign:What Can We Learn from Tropicana" *Brand Packaging* (2009): 18– 21, https://www.highbea.co/do/1G/20813137.html.

11. David L. Alexander, John G. Lynch Jr., and Qing Wang, "As Time Goes By: Do Cold Feet Follow Warm Intentions for Really New versus Incrementally New Products," *Journal of Marketing Research* 45, no. 3 (2008): 307–19, https:// www.jstor.org/stable/30162533.

12. Matthew Lynley, "Bird Has Officially Raised a Whopping $300M as the Scooter Wars Heat Up," *TechCrunch*, June 28, 2018, https://techcrunch. com/2018/06–bir–ha–officiall–raise–whoppin–300–a–th–scoote–war–hea– up.

13. Alexander, Lynch, and Wang, "As Time Goes By," 307–19.

14. Thad Dunning etal., "Is Paying Taxes Habit Forming Experimental Evidence from Uruguay," presentation, University of California, Berkeley, 2017, http://www.thaddunnin–cow–conten–upload–2010–Dunnin–e–Habi2017. pdf.

15. Dunning etal., 34.

16. Thomas Fujiwara, Kyle Meng, and Tom Vogl, "Habit Formation in Voting: Evidence from Rainy Elections," *American Economic Journal: Applied Economics* 8, no. 4 (2016): 160–88, doi:10.1257/app.20140533.

17. Wendy Wood, Leona Tam, and Melissa Guerrero Witt, "Changing Circum-stances, Disrupting Habits," *Journal of Personality and Social Psychology* 88, no. 6 (2005): 91833, doi:10.1037/0022-3514.88.6.918.

18. Jewel Jordan, "Americans Moving at Historically Low Rates," *Census Bureau Reports*, United States Census Bureau, November 16, 2016, https://www.census.gov/newsroom/press releases/2016/cb16-189.html.

19. Mona Chalabi, "How Many Times Does the Average Person Move" *FiveThirtyEight*, January 29, 2015, https://fivethirtyeight.com/features/how-many-times-the-average-person-moves/.

20. United States Department of Labor, "Employee Tenure Summary," Bureau of Labor Statistics, September 22, 2016, https://www.bls.gov/news.release/tenure.nr0.htm.

21. Todd F. Heatherton and Patricia A. Nichols, "Personal Accounts of Successful Versus Failed Attempts at Life Change," *Personality and Social Psychology Bulletin* 20, no. 6 (1994): 664–75, doi:10.1177/0146167294206005.

22. Bryan L. Rogers etal., "Turning Up by Turning Over: The Change of Scenery Effect in Major League Baseball," *Journal of Business and Psychology* 32, no. 5 (2017): 547–60, doi:10.1007/s10869-016-9468-3.

23. These were two *sabermetrics* (in baseball analytics, composite statistical mea sures of individual player per-for-mance): *on-base plus slugging* (OPS), which reflects a player's ability to reach base and hit for power; *weighted runs created plus* (wRC+), which reflects a player's overall offensive contribution relative to other players. See https://www.fangraphs.com.

12장 습관 촉진 · 감당하기 힘든 고통에 대하여

1. "2015 Stress in America," American Psychological Association, accessed March 13, 2018, http://www.apa.org/news/press/releases/stress/2015/snapshot.aspx.

2. GrantS. Shields, Matthew A. Sazma, and Andrew P. Yonelinas, "The Effects of Acute Stress on Core Executive Functions: A Meta-Analysis and Comparison with Cortisol," *Neuroscience and Biobehavioral Reviews* 68 (2016): 651-68, doi:10.1016/j.neubiorev.2016.06.038.

3. David T. Neal, Wendy Wood, and Aimee Drolet, "How Do People Adhere to Goals When Willpower Is Low The Profits (and Pitfalls) of Strong Habits," *Journal of Personality and Social Psychology* 104, no. 6 (2013): 959-75, doi:10.1037/a0032626.

4. Lars Schwabe and Oliver T. Wolf, "Stress Increases Behavioral Resistance to Extinction," *Psychoneuroendocrinology* 36, no. 9 (2011): 1287-93, doi:10.1016/j.psyneuen.2011.02.002.

5. Mike Mannor etal., "How Anxiety Affects CEO Decision Making," Harvard Business Review, July 19, 2016, https://hbr.org/2016/07/how-anxiety-affects-ceo-decision-making.

6. James G. March, "Exploration and Exploitation in Organizational Learning," *Organization Science* 2, no. 1 (1991): 71-87, https://www.jstor.org/stable/2634940.

7. Lars Schwabe and Oliver T. Wolf, "Stress and Multiple Memory Systems: From 'Thinking' to 'Doing,'" *Trends in Cognitive Sciences* 17, no. 2 (2013): 60-68, doi:10.1016/j.tics.2012.12.001.

8. Schwabe and Wolf.

9. Neal, Wood, and Drolet, "How Do People Adhere to Goals When

Willpower Is Low"

10. Neal, Wood, and Drolet.

11. Donald E. Broadbent etal., "The Cognitive Failures Questionnaire (CFQ) and Its Correlates," *British Journal of Clinical Psychology* 21, no. 1 (1982): 116, doi:10.1111/j.2044-8260.1982.tb01421.x.

12. Maria K. Jonsdottir et al., "A Diary Study of Action Slips in Healthy Indi viduals," *Clinical Neuropsychologist* 21, no. 6 (2007): 875-83, doi:10.1080/13854040701220044.

13. Rachel J. Katz-Sidlow et al., "Smartphone Use During Inpatient Attending Rounds: Prevalence, Patterns and Potential for Distraction," *Journal of Hospital Medicine* 7, no. 8 (2012): 595-99, doi:10.1002/jhm.1950.

14. Trevor Smith, Edward Darling, and Bruce Searles, "2010 Survey on Cell Phone Use While Performing Cardiopulmonary Bypass," *Perfusion* 26, no. 5 (2011): 375-80, doi:10.1177/0267659111409969.

15. Jack L. Nasar and Derek Troyer, "Pedestrian Injuries Due to Mobile Phone Use in Public Places," *Accident Analysis and Prevention* 57 (2013): 91-95, doi:10.1016/j.aap.2013.03.021.

16. James Reason and Deborah Lucas, "Absent-Mindedness in Shops: Its Incidence, Correlates and Consequences," *British Journal of Clinical Psychology* 23, no. 2 (1984): 121-31, doi:10.1111/j.2044-8260.1984.tb00635.x.

17. Reason and Lucas.

18. Arun Vishwanath, "Examining the Distinct Antecedents of E-Mail Habits and Its Influence on the Outcomes of a Phishing Attack," *Journal of Computer-Mediated Communication* 20, no. 5 (2015): 570-84, doi:10.1111/jcc4.12126.

19. Arun Vishwanath, "Habitual Facebook Use and Its Impact on Getting Deceived on Social Media," *Journal of Computer-Mediated Communication* 20, no. 1 (2015): 83-98, doi:10.1111/jcc4.12100.

20. Mathew A. Harris and Thomas Wolbers, "How Age-Related Strategy Switching Deficits Affect Wayfinding in Complex Environments," *Neurobiology of Aging* 35, no. 5 (2014): 1095-1102, doi:10.1016/j.neurobiolaging.2013.10.086.

13장 중독과 습관·스스로를 착취하는 삶에 대하여

1. "Drugs, Brains, and Behavior: The Science of Addiction," National Institute on Drug Abuse, last modified July 2018, https://www.drugabuse.gov/publications/drugs-brains-behavior-science-addiction/drug-abuse-addiction.

2. Aldo Badiani et al., "Opiate versus Psychostimulant Addiction: The Differences Do Matter," *Nature Reviews Neuroscience* 12, no. 11 (2011): 685-700, doi:10.1038/nrn3104; Aldo Badiani et al., "Addiction Research and Theory: A Commentary on the Surgeon General's Report on Alcohol, Drugs, and Health," *Addiction Biology* 23, no. 1 (2018): 35, doi:10.1111/adb.12497.

3. David J. Nutt et al., "The Dopamine Theory of Addiction: 40 Years of Highs and Lows," *Nature Reviews Neuroscience* 16, no. 5 (2015): 305-12, doi:10.1038/nrn3939.

4. Kent C. Berridge and Terry E. Robinson, "Liking, Wanting, and the Incentive-Sensitization Theory of Addiction," *American Psychologist* 71, no. 8 (2016): 670-79, doi:10.1037/amp0000059.

5. Rebecca Ahrnsbrak et al., *Key Substance Use and Mental Health Indicators in the United States: Results from the 2016 National Survey on Drug Use and Health*, HHS Publication No. SMA 17-5044, NSDUH Series H-52 (Rockville, MD: Center

for Behavioral Health Statistics and Quality, Substance Abuse and Mental Health Services Administration, 2017); "Alcohol Use: Data and Statistics," World Health Organization, accessed February 16, 2019, http://www.euro-wh-in-e-healt-topic-diseas-preventio-alcoho-us-dat-an-statistics.

6. Eunice Park-Lee etal., *Receipt of Services for Substance Use and Mental Health Issues Among Adults: Results from the 2016 National Survey on Drug Use and Health* (Rockville, MD: SAMHSA: NSDUH Data Review, September 2017).

7. "Drugs, Brains, and Behavior," National Institute on Drug Abuse.

8. Barry J. Everitt and Trevor W. Robbins, "Drug Addiction: Updating Actions to Habits to Compulsions Ten Years On," *Annual Review of Psychology* 67, no. 1 (2016): 23-50, doi:10.1146/annurev-psych-122414-033457.

9. Paul Crits-Christoph et al., "Psychosocial Treatments for Cocaine Dependence: National Institute on Drug Abuse Collaborative Cocaine Treatment Study," *Archives of General Psychiatry* 56, no. 6 (1999): 493-502.

10. Alvin M. Shuster, "G.I. Heroin Addiction Epidemic in Vietnam," *The New York Times*, May 16, 1971, http://www.nytimes.com/1971/05/16/archives/gi heroin-addiction-epidemic-in-vietnam-gi-heroin-addiction-is.html.

11. Jeremy Kuzmarov, *The Myth of the Addicted Army: Vietnam and the Modern War on Drugs* (Amherst, MA: University of Massachusetts Press, 2009).

12. Lee N. Robins etal., "Vietnam Veterans Three Years After Vietnam: How Our Study Changed Our View of Heroin," *American Journal on Addiction* 19, no. 3 (2010): 203-11, doi:10.1111/j.1521-0391.2010.00046.x; LeeN. Robins, "Vietnam Veterans' Rapid Recovery from Heroin Addiction: A Fluke or Normal Expectation" *Addiction* 88, no. 8 (1993): 104-154, doi:10.1111/ j.1360-0443.1993.tb02123.x.

13. Interview with Vietnam War veteran, December, 9, 2017. The name of the interviewee is withheld for confidentiality.

14. Lee N. Robins, Darlene H. Davis, and Donald W. Goodwin, "Drug Use by US Army Enlisted Men in Vietnam: A Follow-up on Their Return Home," *American Journal of Epidemiology* 99, no. 4 (1974): 235–49, doi:10.1093/oxfordjournals.aje.a121608.

15. Robins, "Vietnam Veterans' Rapid Recovery from Heroin Addiction."

16. Robins et al., "Vietnam Veterans Three Years After Vietnam: How Our Study Changed Our View of Heroin."

17. Robins, "Vietnam Veterans' Rapid Recovery from Heroin Addiction."

18. Alix Spiegel, "What Vietnam Taught Us About Breaking Bad Habits," NPR, January 2, 2012, http://www.npr.org/sections/health shots/2012/01/02/144431794/what-vietnam-taught-us-about-breaking-bad-habits.

19. Robins etal., "Vietnam Veterans Three Years After Vietnam."

20. Robins, 1046.

21. Robins, 1031.

22. Patricia F. Hadaway etal., "The Effect of Housing and Gender on Preference for Morphine–Sucrose Solutions in Rats," *Psychopharmacology* 66, no. 1 (1979): 87–91, doi:10.1007/bf00431995; Bruce K. Alexander etal., "Effect of Early and Later Colony Housing on Oral Ingestion of Morphine in Rats," *Pharmacology Biochemistry and Behavior* 15, no. 4 (1981): 571–76, doi:10.1016/0091-3057(81)90211-2; Rebecca S. Hofford etal., "Effects of Environmental Enrichment on Self-Administration of the Short-Acting Opioid Remifentanil in Male Rats," Psychopharmacology 234, no. 2324 (2017): 3499–506, doi:10.1007/s00213017-4734-2.

23. Kenneth J. Thiel etal., "Anti-Craving Effects of Environmental Enrichment," *International Journal of Neuropsychopharmacology* 12, no. 9 (2009): 115–156, doi:10.1017/S1461145709990472;see also Seven E. Tomek

and M. Foster Olive, "Social Influences in Animal Models of Opiate Addiction," *International Review of Neurobiology* 140 (2018): 81–107, doi:10.1016/bs.irn.2018.07.004; Ewa Galaj, Monica Manuszak, and Robert Ranaldi, "Environmental Enrichment as a Potential Intervention for Heroin Seeking," *Drug and Alcohol Dependence* 163 (2016): 195–201, doi:10.1016/j.drugalcdep.2016.04.016.

24. Bruce K. Alexander and Patricia F. Hadaway, "Opioid Addiction: The Case for an Adaptive Orientation," *Psychological Bulletin* 92, no.2 (1982): 367–81, doi:10.1037/0033-2909.92.2.367.

25. "Drugs, Brains, and Behavior," National Institute on Drug Abuse.

26. Anke Snoek, Neil Levy, and Jeanette Kennett, "Strong-Willed but Not Successful: The Importance of Strategies in Recovery from Addiction," *Addictive Behaviors Reports* 4 (2016): 10–27, doi:10.1016/j.abrep.2016.09.002.

27. Snoek, Levy, and Kennett, 107.

28. Jenna Payesko, "FDA Approves Lofexidine Hydrochloride, First Non-Opioid Treatment for Management of Opioid Withdrawal Symptoms in Adults," *Med Magazine*, May 16, 2018, https://www.mdmag.com/medical news/fda-approve-lofexidin-hydrochlorid-firs-nonopioi-treatmen-fo-managemen-o-opioi-withdrawal-symptoms-in-adults.

29. McKay, 752.

30. George M. Hunt and Nathan H. Azrin, "A Community-Reinforcement Approach to Alcoholism," *Behaviour Research and Therapy* 11, no. 1 (1973): 91–104, doi:10.1016/0005-7967(73)90072-7.

31. Kenneth Silverman, Anthony DeFulio, and Sigurdur O. Sigurdsson, "Maintenance of Reinforcement to Address the Chronic Nature of Drug Addiction," *Preventive Medicine* 55 (2012): S46–S53, doi:10.1016/j.ypmed.2012.03.013.

32. Mark D. Litt etal., "Changing Network Support for Drinking: Network Support Project 2-Year Follow-up," *Journal of Consulting and Clinical Psychology* 77, no. 2 (2009): 229-42, doi:10.1037/a0015252.

33. Silverman, DeFulio, and Sigurdsson, "Maintenance of Reinforcement to Address the Chronic Nature of Drug Addiction."

34. Anthony DeFulio and Kenneth Silverman, "Employment-Based Abstinence Reinforcement as a Maintenance Intervention for the Treatment of Cocaine Dependence: Post-intervention Outcomes," *Addiction* 106, no. 5 (2011): 960-67, doi:10.1111/j.1360-0443.2011.03364.x.

35. John Monterosso and Wendy Wood, "Habits of Successful Rehabilitation" (unpublished data, University of Southern California, 2017).

14장 의식과 습관·익숙함이 주는 위대함에 대하여

1. Samantha J. Caton et al., "Repetition Counts: Repeated Exposure Increases Intake of a Novel Vegetable in UK Pre-School Children Compared to Flavour Flavour and Flavour-Nutrient Learning," *British Journal of Nutrition* 109, no. 11 (2013): 2089-97, doi:10.1017/s0007114512004126.

2. Edward Bradford Titchener, *A Textbook of Psychology*, rev. ed. (New York: Macmillan, 1896, repr. 1928), 408.

3. Robert B. Zajonc, "Attitudinal Effects of Mere Exposure," *Journal of Personality and Social Psychology* 9, no. 2 (1968): 127, doi:10.1037/h0025848.

4. Theodore H. Mita, Marshall Dermer, and Jeffrey Knight, "Reversed Facial Images and the Mere-Exposure Hypothesis," *Journal of Personality and Social Psychology* 35, no. 8 (1977): 597-601, doi:10.1037//0022-3514.35.8.597.

5. Stefan Mayer and Jan R. Landwehr, "Objective Mea-sures of Design

Typicality," *Design Studies* 54 (2018): 146–61, doi:10.1016/j.destud.2017.09.004;
Stefan Mayer and Jan R. Landwehr, "Objective Mea-sures of Design Typical
ity That Predict Aesthetic Liking, Fluency, and Car Sales," in *Advances in
Consumer Research* 44 (Duluth, MN: Association for Consumer Research, 2016): 556–
57.

6. Susanne Schmidt and Martin Eisend, "Advertising Repetition: A Meta-
Analysis on Effective Frequency in Advertising," *Journal of Advertising* 44, no.
4 (2015): 415–28, doi:10.1080/00913367.2015.1018460; R. Matthew Montoya
et al., "A Re-Examination of the Mere Exposure Effect: The Influence of
Repeated Exposure on Recognition, Familiarity, and Liking," *Psychological
Bulletin* 143, no. 5 (2017): 459–98, doi:10.1037/bul0000085.

7. Thomas N. Robinson etal., "Effects of Fast Food Branding on Young
Children's Taste Preferences," *Archives of Pediatrics and Adolescent Medicine* 161,
no. 8 (2007): 792–97, doi:10.1001/archpedi.161.8.792.

8. Dinah Avni-Babad, "Routine and Feelings of Safety, Confidence,
and Well-Being," *British Journal of Psychology* 102, no. 2 (2011): 223–44,
doi:10.1348/000712610x513617.

9. Avni-Babad.

10. Avni-Babad.

11. Richard Florida, "The Geography of Car Deaths in America," *CityLab*,
October 15, 2015, http://www.citylab.com/commute/2015/10/the-
geography-of-car-deaths-in-america/410494.

12. Mindy F. Ji and Wendy Wood, "Purchase and Consumption Habits: Not
Necessarily What You Intend," *Journal of Consumer Psychology* 17, no. 4 (2007):
261–76, doi:10.1016/S1057-7408(07)70037-2.

13. Allen Ding Tian etal., "Enacting Rituals to Improve Self-Control," *Journal
of Personality and Social Psychology* 114, no. 6 (2018): 851–76, doi:10.1037/

pspa0000113.

14. Michaela C. Schippers and Paul A.M. Van Lange, "The Psychological Benefits of Superstitious Rituals in Top Sport: A Study Among Top Sportspersons," *Journal of Applied Social Psychology* 36, no. 10 (2006): 253–253, doi:10.1111/j.0021–9029.2006.00116.x.

15. Nicholas M. Hobson, Devin Bonk, and Michael Inzlicht, "Rituals Decrease the Neural Response to Per-for-mance Failure," *PeerJ* 5 (2017): e33–63, doi:10.7717/peerj.3363.

16. Cristine H. Legare and Andre L. Souza, "Evaluating Ritual Efficacy: Evidence from the Supernatural," *Cognition* 124, no. 1 (2012): 115, doi:10.1016/j.cognition.2012.03.004.

17. Michael I. Norton and Francesca Gino, "Rituals Alleviate Grieving for Loved Ones, Lovers, and Lotteries," *Journal of Experimental Psychology: General* 143, no. 1 (2014): 266–72, doi:10.1037/a0031772.

18. Alison Wood Brooks et al., "Don't Stop Believing: Rituals Improve Performance by Decreasing Anxiety," *Organizational Behavior and Human Decision Processes* 137 (2016): 71–85, doi:10.1016/j.obhdp.2016.07.004.

19. Norton and Gino, "Rituals Alleviate Grieving for Loved Ones, Lovers, and Lotteries."

20. Brooks et al., "Don't Stop Believing."

21. Daniel L. Wann et al., "Examining the Superstitions of Sport Fans: Types of Superstitions, Perceptions of Impact, and Relationship with Team Identification," *Athletic Insight* 5, no. 1 (2013): 21–44. Retrieved from http://libproxy.usc.edu/login?url=https://search.proquest.com/docview/162331504 7accountid=-14749.

22. Mihaly Csikszentmihalyi, *Flow: The Psychology of Optimal Experience* (New York: Harper Perennial, 1996).

23. Samantha J. Heintzelman and Laura A. King, "Routines and Meaning in Life," *Personality and Social Psychology Bulletin* (published online September 18, 2018): doi:10.1177/0146167218795133.

24. Matthew Hutson, "Everyday Routines Make Life Feel More Meaningful," *Scientific American*, July 1, 2015, https://www.scientificamerican.com/article/everyday-routines-make-life-feel-more-meaningful/.

25. Aditi Shrikant, "11 Se-nior Citizens on the Best Products of the Past Century," *Vox*, December 11, 2018, https://www.vox.com/the goods/2018/12/11/18116313/best products-seniors-elderly-tide-samsung.

15장 사회와 습관 · 당신은 혼자가 아니다

1. Richard H. Thaler and Cass R. Sunstein, *Nudge: Improving Decisions about Health, Wealth, and Happiness*, updated ed. (New York: Penguin, 2009), 8.

2. Lee Shepherd, Ronan E. O'Carroll, and Eamonn Ferguson, "An International Comparison of Deceased and Living Organ Donation/Transplant Rates in OptIn and Opt-Out Systems: A Panel Study," *BMC Medicine* 12, no. 1 (2014): 131, doi:10.1186/s12916-014-0131-4.

3. Shlomo Benartzi, "Save More Tomorrow," 2017, http://www.shlomobenartzi.com/save-more-tomorrow.

4. "2014 State Indicator Report on Physical Activity," Centers for Disease Control and Prevention (Atlanta, GA: U.S. Department of Health and Human Services, 2014), https://www.cdc.gov/physicalactivity/downloads/pastateindicatorreport2014.pdf.

5. Molly Warren, Stacy Beck, and Jack Rayburn, *The State of Obesity: Better Policies for a Healthier America 2018* (Washington, D.C.: Trust for America's Health, 2018),

168.

6.   Mariana Arcaya etal., "Urban Sprawl and Body Mass Index among
     Displaced Hurricane Katrina Survivors," *Preventive Medicine* 65 (2014): 40–46,
     doi:10.1016/j.ypmed.2014.04.006;see also Jana A. Hirsch etal., "Change in
     Walking and Body Mass Index Following Residential Relocation: The Multi-
     Ethnic Study of Atherosclerosis," *American Journal of Public Health* 104, no. 3
     (2014): e49–e56, doi:10.2105/ajph.2013.301773.

7.   Adam Martin etal., "Impact of Changes in Mode of Travel to Work on
     Changes in Body Mass Index: Evidence from the British House-hold Panel
     Survey," *Journal of Epidemiology and Community Health* 69, no. 8 (2015): 753–61,
     doi:10.1136/jech-2014-205211.

8.   Matthew Hall, "Bird Scooters Flying Around Town," *Santa Monica Daily
     Press*, September 26, 2017, http://smdp.com/bird-scooters-flying-around-
     town/162647.

9.   National Association of City Transportation Officials, *Equitable Bike Share
     Means Building Better Places for People to Ride*, July 2016, https://nacto.org/wp-
     conten-upload-2010-NACT-Equitabl-ikeshar-Mean-BikLane-pdf.

10. NYC DOT, *Cycling in the City:Cycling Trends in NYC*, 2018, http://www.nyc-go-
     htm-do-download-pd-cyclin-i-th-cit.pdf.

11. Allison B. Brenner etal., "Longitudinal Associations of Neighborhood
     Socioeconomic Characteristics and Alcohol Availability on Drinking: Results
     from the Multi-Ethnic Study of Atherosclerosis (MESA)," *Social Science and
     Medicine* 145 (2015): 17–25, doi:10.1016/j.socscimed.2015.09.030; see also
     Sarah Foster etal., "Liquor Landscapes: Does Access to Alcohol Outlets
     Influence Alcohol Consumption in Young Adults," *Health and Place* 45 (2017):
     17–23, doi:10.1016/j.healthplace.2017.02.008.

12. Hunter Schwarz, "Where in the United States You Can't Purchase Alcohol,"

The Washington Post, September 2, 2014, https://www.washingtonpos-co-blog-govbea-w20100-wherith-unite-state-yo-can-purchas-alcohol.

13. Jennifer Ahern etal., "Alcohol Outlets and Binge Drinking in Urban Neighborhoods: The Implications of Nonlinearity for Intervention and Policy," *American Journal of Public Health* 103, no. 4 (2013): e81-e87, doi:10.2105/ajph.2012.301203.

14. Michael Pollan, "The Way We Live Now: 10-12-03; The (Agri)Cultural Contradictions of Obesity," *The New York Times Magazine*, October 12, 2003, http://www.nytime-co-20011-magazin-th-wa-wliv-no110th/agri/cultural-contradictions-of-obesity.html.

15. "Portion Distortion," National Heart, Lung, and Blood Institute, last modified on April1, 2015, https://www.nhlbi.nih.gov/health/educational/wecan/eat right/portion distortion.htm.

16. Gareth J. Hollands et al., "Portion, Package or Tableware Size for Changing Selection and Consumption of Food, Alcohol and Tobacco," *Cochrane Database of Systematic Reviews* 9, no. CD011045 (2015): https://www.ncbi.nlm.nih.gov/pmc/articles/PMC4579823/; Natalina Zlatevska, Chris Dubelaar, and Stephen S. Holden, "Sizing Up the Effect of Portion Size on Consumption: A Meta-Analytic Review," *Journal of Marketing* 78, no. 3 (2014): 140-54, doi:10.1509/jm.12.0303.

17. Margot Sanger-Katz, "Yes, Soda Taxes Seem to Cut Soda Drinking," *The New York Times*, October 13, 2015, https://www.nytimes.com/2015/10/13-upshot/yes-sod-taxe-see-t-cu-sod-drinkin html.

18. Lynn D. Silver etal., "Changes in Prices, Sales, Consumer Spending, and Beverage Consumption One Year after a Tax on Sugar-Sweetened Beverages in Berkeley, California, US: A Before-and-After Study," *PLoS Medicine* 14, no. 4 (2017): e1002-283, doi:10.1371/journal.pmed.1002283.

19. M. Arantxa Colchero etal., "In Mexico, Evidence of Sustained Consumer Response Two Years After Implementing a Sugar-Sweetened Beverage Tax," *Health Affairs* 36, no. 3 (2017): 564-71, doi:10.1377/hlthaff.2016.1231.

20. Lindsey Smith Taillie etal., "Do High vs. Low Purchasers Respond Differently to a Nonessential Energy-Dense Food Tax Two-Year Evaluation of Mexico's 8% Nonessential Food Tax," *Preventive Medicine* 105 (2017): S37-S42, doi:10.1016/j.ypmed.2017.07.009.

21. Drew DeSilver, "Perceptions and Realities of Recycling Vary Widely from Place to Place," Pew Research Center, October 7, 2016, http://www.pewresearch.org-fac-tan-20110-perception-an-realitie-o-recyclin-var/widelfro/place/to.place.

22. Adam Cooper, "Electric Company Smart Meter Deployments: Foundation for a Smart Grid," Institute for Electric Innovation, December 2017, http://www.edisonfoundatio-ne-ie-publication-Document-IE-Smart%2-Meter%20-Report%20201-FINA.pdf.

23. Chris Mooney, "Why 50 Million Smart Meters Still Haven't Fixed America's Energy Habits," *The Washington Post*, January 29, 2015, https://www.washingtonpost-co-new-energ-environmen-w-20102-american-ar-thi-clos-t-finally-understanding-their-electricity-bills.

24. Katrina Jessoe and David Rapson, "Knowledge Is (Less) Power: Experimental Evidence from Residential Energy Use," *American Economic Review* 104, no. 4 (2014): 1417-38, doi:10.1257/aer.104.4.1417.

부록 스마트폰 중독에서 벗어나기

1. Frank Newport, "Email Outside of Working Hours Not a Burden to U.S.

Workers," Gallup, May 10, 2017, https://news.gallup.com/poll/210074/
email-outside-working-hours-not-burden-workers.aspx.

2.   Jan Dettmers, "How Extended Work Availability Affects Well-Being: The
     Mediating Roles of Psychological Detachment and Work-Family Conflict,"
     Work and Stress 31, no. 1 (2017): 24-41, doi:10.1080/02678373.2017.129816
     4; Jim Harter, "Should Employers Ban Email After Work Hours" Gallup,
     September 9, 2014, https://www.gallu-co-workplac23651-employer-ba-
     emai-wor-hour.aspx.

3.   Jan Dettmers etal., "Extended Work Availability and Its Relation with Start-
     of-Day Mood and Cortisol," *Journal of Occupational Health Psychology* 21, no. 1
     (2016): 105-18, doi:10.1037/a0039602.

4.   Cary Stothart, Ainsley Mitchum, and Courtney Yehnert, "The Attentional
     Cost of Receiving a Cell Phone Notification," *Journal of Experimental
     Psychology:Human Perception and Pefomance* 41, no. 4 (2015): 893-97, doi:10.1037/
     xhp0000100.

5.   James A. Roberts and MeredithE. David, "My Life Has Become a Major
     Distraction from My Cell Phone: Partner Phubbing and Relationship
     Satisfaction among Romantic Partners," *Computers in Human Behavior* 54 (2016):
     134-41, doi:10.1016/j.chb.2015.07.058; Brandon T. McDaniel and Sarah
     M. Coyne, "'Technoference': The Interference of Technology in Couple
     Relationships and Implications for Women's Personal and Relational Well-
     Being," *Psychology of Popular Media Culture* 5, no. 1 (2016): 85-98, doi:10.1037/
     ppm0000065.

6.   Daniel Halpern and James E. Katz, "Texting's Consequences for Romantic
     Relationships: A Cross-Lagged Analysis Highlights Its Risks," *Computers in
     Human Behavior* 71 (2017): 386-94. doi:10.1016/j.chb.2017.01.051.

감사의 글

•

나는 지난 수십 년에 걸쳐 사람들의 습관을 연구해왔고 여러 과학 저널에 100편이 넘는 논문을 게재했다. 이 흥미로운 연구에 너무 몰두한 나머지 습관의 과학을 삶에 적용하는 대중교양서를 써야겠다는 생각을 오랫동안 하지 못했다. 그러나 서점에 발을 들일 때마다 연구자로서의 책임감을 느꼈다. 사람들에게 습관의 진정한 힘과 그것이 우리 삶에 어떤 영향을 미치는지 과학적 근거를 토대로 해 알려줄 책이 필요하다는 생각이 들었다. 습관 형성을 다루는 수많은 책이 이미 출간됐지만, 개중에는 명백한 과학적 진실이 무시되거나 올바르지 못한 방식으로 오용된 책이 너무 많았다. 인지도가 대단한 소위 파워 블로거들의 글도 있었지만 최근 새롭게 발견된 연구 결과에 수십 년은 뒤처져 있었다. 어제 나온 신간도, 오늘 나온 신간도 내가 연구실에서 늘 마주하는 현실과는 괴리가 있었다. 이것이 내가 책을 쓰게 된 이유다.

결국 나는 잉크웰 출판 에이전시 리처드 파인의 권유에 응해 출간 제안서를 쓰게 됐다. 그는 갈팡질팡했던 나의 초고를 담당 편집자 콜린 디커먼에게 소개해줬고, 콜린의 뛰어난 편집과 리처드의 조언에 힘입어 『해빗』이 탄생했다. 두 사람의 안내와 조언이 없었다면 내 원고는 결코 빛을 보지 못했을 것이다. 또한 내 글을 더 빛나게 만들어준 교열 전문가 윌리엄 캘러헌에게도 감사를 보낸다.

출간 제안서를 쓰는 데만 1년이 걸렸다. 그 정도면 나는 거의 일이 끝났다고 생각했으나, 아니었다. 책으로 출간할 수 있는 원고의 형태를 갖추기까지 2년이 넘는 시간이 걸렸다. 그동안 정말 많은 원고를 쓰고 버려야 했다. 마치 책 한 권을 쓰기 위해서는 그만큼의 분량을 버려야 하는 것 같았다. 이 시간은 내게 정말 놀랍고 기적 같은 순간이었다. 집필 기간 동안 운이 좋게도 서던캘리포니아대학교, 소르본대학교 행동과학연구소, 유럽경영대학원 등의 후원을 받았다. 피에르 샹동 교수의 추천을 받아 소르본대학교 행동과학과의 초빙석학 자리까지 얻게 되었다. 그 덕분에 화창한 파리의 날씨를 벗 삼아 이 책의 두 번째, 세 번째 수정 원고를 집필했다. 소르본대학교와 유럽경영대학원에서 머문 시간은 프랑스 동료 학자들과 교류하고 그들로부터 소중한 삶의 지혜를 배운 멋진 기회였다. 와인과 치즈도 나쁘지 않았다.

좋은 책은 수많은 좋은 사람의 도움을 통해 완성된다. 내가 이 책에서 소개했던, 시대를 앞서간 수많은 실험과 연구에 참여한 과학자들에게 그 누구에게보다 먼저 감사를 표한다. 더불어 앤절라 더크워스(『그릿』 저자), 애덤 그랜트(『오리지널스』 저자), 조나 버거(『컨테이저스 전략적 입소문』 저자), 샘 고슬링(『스눕』 저자), 로버트 치알디니(『설득의 심리학』 저자), 제임스 페니베이커(『단어의 사생활』 저자), 팀 윌슨 등 위대한 저자들로부터 조언을 얻은 일은 인생에서 가장 뜻깊은 일 중 하나였다. 그들이 쓴 책들을 나는 여전히 경이롭게 읽고 있다.

내 진정한 친구이자 오랜 협력자 데이비드 닐은 이 책을 쓰는 동안 사려 깊은 조언과 격려를 아끼지 않았다. 바버라 놀턴, 데이비드 멜니코프, 존 몬테로소, 바스 버플랑켄 등 수많은 동료 학자가 내 원고를 읽고 소중한 의견을 덧붙여줬다. 이 책은 그러한 지혜를 그러모아 탄생했다. 이 책에 인용된 수많은 연구 사례와 실험 결과를 수집해준 크리스틴 리를 포함해 내가 가르치는 대학원생들은 습관 과학을 연구하는 데 끊임없는 영감의 원천이 되어줬다.

책을 쓰겠다는 계약서에 저자의 가족들이 서명할 칸은 없다. 만약 그런 선택의 기회가 주어진다고 해도 아마 대다수는 서명하지 않을 것이다. 선택의 기회조차 주어지지 않았던 내 가족들은 어쩔 수 없이 부족한 저자의 유능한 조수 역할을 분담해줬다. 대학 교수인 내 아버지는, 뭐 늘 어떤 일에든 조언하기를 즐기시지만, 특별히 이 책을 쓰는 데 더 많은 조언을 해주셨다. 책이 완성되어 세상에 나온 모습을 함께 봐주실 수 있었다면 좋았을 텐데. 그랬다면 분명 가차 없이 혹평을 하셨겠지만 말이다. 나의 놀라운 두 아들 딜런과 개럿은 지치지도 않고 엄마의 한탄과 하소연을 들어주었으며, 내게 응원과 함께 다

양한 습관 관련 블로그와 팟캐스트 정보를 알려줬다. 그리고 처음에
는 이 책에 거명되는 걸 불편해 했지만 결국 딱 한 차례 이름을 올릴
수 있게 허락해줬다.

　마지막으로 남편 스티브 오트먼에게 고맙다는 말을 전한다. 그는
내가 아는 한 가장 관대한 사람이다. 이 책을 쓰는 동안 배우자로서
삶의 모든 영역에서 나를 지지해줬다. 때론 치어리더로, 때론 편집자
로, 때론 참모로, 때론 글쓰기 선생님으로 종횡무진 활약했다. 심지어
자신의 일을 중단하고 나와 함께 파리에서 8개월을 여행자처럼 지냈
다. 내가 그런 도움을 받을 만한 자격이 있는 사람인지 묻는다면, 글
쎄 나 역시 궁금하다(그러나 굳이 의문을 갖진 않겠다). 언제나 그리운 내
사랑, 당신은 내 케이크 위의 체리랍니다(Mon amour, tu est la cerise sur
mon gateau).

옮긴이 김윤재

연세대학교 인문학부에서 국문학과 영문학을 전공했고, 현재 출판 기획과 번역에 종사하고 있다. 옮긴 책으로 『트리거』, 『퍼즈』, 『자동 부자 습관』 등이 있다.

해빗
내 안의 충동을 이겨내는 습관 설계의 법칙

초판 1쇄 발행 2019년 12월 17일
초판 22쇄 발행 2024년 7월 12일

지은이 웬디 우드
옮긴이 김윤재
펴낸이 김선식

경영총괄 김은영
콘텐츠사업본부장 임보윤
책임편집 성기병 **디자인** 윤유정 **크로스교정** 조세현 **책임마케터** 이고은
콘텐츠사업1팀장 성기병 **콘텐츠사업1팀** 윤유정, 문주연, 조은서
마케팅본부장 권장규 **마케팅2팀** 이고은, 배한진, 양지환 **채널2팀** 권오권
미디어홍보본부장 정명찬 **브랜드관리팀** 안지혜, 오수미, 김은지, 이소영
뉴미디어팀 김민정, 이지은, 홍수경, 서가을
크리에이티브팀 임유나, 변승주, 김화정, 장세진, 박장미, 박주현
지식교양팀 이수인, 염아라, 석찬미, 김혜원, 백지은
편집관리팀 조세현, 김호주, 백설희 **저작권팀** 한승빈, 이슬, 윤제희
재무관리팀 하미선, 윤이경, 김재경, 임혜정, 이슬기
인사총무팀 강미숙, 지석배, 김혜진, 황종원
제작관리팀 이소현, 김소영, 김진경, 최완규, 이지우, 박예찬
물류관리팀 김형기, 김선민, 주정훈, 김선진, 한유현, 전태연, 양문현, 이민운
외부스태프 표 김연정

펴낸곳 다산북스 **출판등록** 2005년 12월 23일 제313-2005-00277호
주소 경기도 파주시 회동길 490
전화 02-704-1724 **팩스** 02-703-2219 **이메일** dasanbooks@dasanbooks.com
홈페이지 www.dasan.group **블로그** blog.naver.com/dasan_books
종이 아이피피 **출력** 민언프린텍 **후가공** 제이오엘앤피 **제본** 다온바인텍

ISBN 979-11-306-2759-5 (03190)

다산북스(DASANBOOKS)는 독자 여러분의 책에 관한 아이디어와 원고 투고를 기쁜 마음으로 기다리고 있습니다.
책 출간을 원하는 아이디어가 있으신 분은 다산북스 홈페이지 '투고원고'란으로 간단한 개요와 취지, 연락처 등을 보내주세요.
머뭇거리지 말고 문을 두드리세요.